Paul Barz
Bach, Händel, Schütz

Paul Barz

Bach, Händel, Schütz

Meister der Barockmusik

Arena

CIP-Kurztitelaufnahme der Deutschen Bibliothek

Barz, Paul:
Bach, Händel, Schütz: Meister d. Barock-
musik/Paul Barz. – 1. Aufl. – Würzburg:
Arena, 1984.
ISBN 3-401-04022-7

1. Auflage 1984
© 1984 by Arena-Verlag Georg Popp, Würzburg
Alle Rechte vorbehalten
Schutzumschlaggestaltung: Karl Müller-Bussdorf
Lektorat: Rainer Brand
Gesamtherstellung: Richterdruck Würzburg
ISBN 4-401-04022-7

Inhalt

Musik her!

Im Frühjahr 1521 rumpelt quer durch Deutschland ein Wagen. Eigentlich ist es ein recht schäbiges Gefährt. Aber die Menschen am Wegrand sehen ihm mit größerer Neugier entgegen als der vielspännigen Prunkkarosse eines Fürsten oder Bischofs. Denn in diesem Karren sitzt Deutschlands populärster Mann: Martin Luther.

Begeisterung überall, wo er sich zeigt: Knapp vier Jahre ist es her, daß Luther in Wittenberg seine berühmten fünfundneunzig Thesen gegen den Ablaßhandel verkündet hatte, und es war gewesen, als hätte endlich einer ausgesprochen, was alle schon lange dachten. Niemand mag davon überraschter gewesen sein als Martin Luther selbst. Und in der Folge wird es ihm ähnlich gehen wie dem Seefahrer Christoph Columbus. Der hatte den Seeweg nach Indien finden wollen und Amerika entdeckt. Luther will keine andere Kirche als die jetzige, nur die jetzige anders als bisher. Doch schafft er schließlich eine neue Kirche.

Zunächst ist Luther aber zum Reichstag nach Worms unterwegs, um sich vor Kaiser Karl V. zu rechtfertigen. Jubel begleitet ihn. Er ist nun schon ein Idol, der Held dieser Jahre. Immer wieder läßt er halten, geht in die Kirchen, predigt zu den Menschen. Die allgemeine Begeisterung erfaßt schließlich auch ihn selbst. Nichts, meint er, könne ihm noch widerstehen: »Wenn noch so viele Teufel zu Worms wären als Ziegel auf den Dächern, ich wollte doch hinein«, ruft er seinen Gefährten zu – und nur ganz heimlich stellen die Freunde sich die Frage, ob Luther auch wieder aus Worms herauskommt oder nicht kurzerhand verbrannt wird wie zahllose Ketzer vor ihm.

Luther wird nicht verbrannt. Er hält sich tapfer, widerruft nichts. Das Stoßgebet der Landsknechte schließt seine Rede: »Gott helfe mir. Amen.« Kaiser Karl, blutjung noch und mit den Gedanken mehr in seinen spanischen Stammlanden als bei deutschen Problemen, winkt ihn lediglich aus dem Saal. Dies ist eben schon eine andere Zeit als das Jahrhundert zuvor, als die Mächtigen mit widerspenstigen Rebellen wie dem Böhmen Jan Hus oder dem Italiener Savonarola kurzen Prozeß machten. Eine neue Zeit hat angefangen. Oder eben auch: die Neuzeit.

Niemals wird man sich ganz einig sein, wann genau diese Neuzeit angefangen hat. Die einen nehmen Luthers Thesenanschlag aus dem Jahr 1517, andere die Entdeckung Amerikas von 1492. Dritte gehen noch weiter zurück, bis ins Jahr 1445, als in Mainz dem Drucker Johann Gensfleisch, auch Gutenberg genannt, die Erfindung beweglicher, gegossener Bleibuchstaben gelang und der Siegeszug der Druckkunst begann. Und Pessimisten meinen schließlich, so richtig hätte die Neuzeit bis heute nicht begonnen. Fest steht aber in jedem Fall: Spätestens vom frühen 16. Jahrhundert an wird Europa nie mehr sein, was es die Jahrhunderte zuvor gewesen war. Der große Zweifel am gültigen Weltbild ist unübersehbar geworden.

Gott über alles, die Kirche seine Vertreterin auf Erden, der Glaube das umfassende Gefühl und der Mensch ein Nichts, das einzig im Jenseits auf Erlösung hoffen darf – so läßt sich dieses Weltbild mit wenigen Strichen umreißen. Es war nicht von heute auf morgen entstanden und wird auch nicht von einem Tag zum anderen abgeschafft. Aber mit den Jahrzehnten zeichnen sich in seinem Fundament feine Risse ab, und schließlich kommt es zum großen Einbruch. Auf einmal werden Strömungen sichtbar, die bisher nur heimlich im Untergrund gewühlt hatten. Der naive Zeitgenosse um 1600 reibt sich die Augen: Das ist ja nicht nur ein neues Jahrhundert. Das ist auch eine völlig neue Zeit. Obgleich die Erkenntnisse dieser Zeit so neu gar nicht mehr sind.

Als beispielsweise Columbus nach Amerika aufbricht, glaubt niemand mehr ernsthaft, die Erde sei eine Scheibe und keine Kugel. Wenigstens die Gebildeten kennen sehr wohl die Überlegungen der alten Griechen, die schon mehr als tausend Jahre zuvor das Sonnensystem zu ergründen begonnen hatten. Aber sie haben ihr Wissen für sich behalten. Bis es eben nicht mehr zu verbergen ist. Ein Columbus tritt vor und zieht nur noch die praktische Konsequenz. Astronomen wie Tycho Brahe und später Kepler oder Galilei führen die Erkenntnisse ihres Kollegen Kopernikus von der Sonne als Mittelpunkt des Planetensystems weiter. Die Kirche reagiert entsetzt, gerade weil sie sehr genau weiß, wie richtig solche Überlegungen sind. Kopernikus hatte man noch übergehen können. Zu seiner Zeit war noch niemand an seinen Gedankengängen interessiert. Aber ein Galilei wird vor die Inquisition zitiert. Doch ist nichts mehr rückgängig zu machen. Die Zeit ist reif.

Auch für einen Mann wie Luther ist sie überreif. Denn eigentlich weiß jeder, allen voran die Kirche selbst, daß eine Reformation überfällig ist, und nicht wenige Katholiken flüstern hinter vorgehaltener Hand, diesen Luther hätte der Himmel geschickt. Denn nachdem sich der Schock erstmal gelegt hat, entschließt sich der Katholizismus zu einer eigenen, seiner »Gegenreformation«, und sie rettet sehr wahrscheinlich die katholische Kirche vor ihrem Untergang.

Suche nach neuen Wegen, Suche nach sich selbst: Das ist das Motto dieses neuen Zeitalters. Es ist ein Zeitalter des Übergangs – und eine Zeit der großen Hoffnungen. Ihre Kinder geben sich so optimistisch wie noch nie: »O Jahrhundert, o Wissenschaften«, jauchzt der Dichter Ulrich von Hutten und fährt begeistert fort: »Es ist eine Lust zu leben!« Dabei ist für zahllose Menschen dieser Zeit das Leben gar nicht lustig.

In Deutschland werden die im Zug der Reformation ausgebrochenen Bauernkriege mit unvorstellbarer Grausamkeit niedergeknüppelt. In England läßt Heinrich VIII. die Köpfe rollen, schickt seine Tochter Maria, auch »die Blutige« genannt, Anhänger des neuen Glaubens zu Tausenden aufs Schaffott. In Spanien wütet die Inquisition. In Frankreich kommt es zur Bartholomäusnacht, bei der binnen weniger Stunden mehr als zwanzigtausend Protestanten hingemetzelt werden. Und in ganz Europa schichten die Hexenjäger ihre Scheiterhaufen. So ist es wohl mehr ein grundsätzlicher Optimismus, der einen Mann wie Hutten beflügelt, seine prinzipielle Hoffnung auf einen Neubeginn, aus dem sich irgendwann einmal eine neue, bessere Welt herausschälen wird. O Jahrhundert, o Wissenschaften . . .

Wie immer ist Kunst der große Spiegel für alles andere. Auch sie steht über Jahrhunderte hin ganz im Dienst von Kirche und Glauben, kreist einzig um Gott und seine Herrlichkeit. Erst allmählich ändert sich das. Große Dome werden nicht mehr gebaut, dafür um so größere Paläste. Die Architekten erproben neue Formen und Techniken. Die Maler und Bildhauer – sie schauen in die Antike zurück. Sie sehen, wie dort der Mensch gezeigt wurde. Die sogenannte »Renaissance« ist nicht nur die Wiedergeburt antiker Kunst. Ihre Künstler meinen das Heute, wenn sie sich nun mit dem Vorgestern beschäftigen. Die Kunst der alten Griechen dient nur als Modell.

9

Wie verhält es sich denn wirklich mit dem Menschen? Ist er tatsächlich nur der armselige Wurm und sein Körper nur eine klägliche Hülle? Die Bildwerke der Antike sprechen eine andere Sprache. Ihre vollendeten Linien künden von der Schönheit des Menschen und verherrlichen Macht und Kraft seines Körpers. Und die Künstler der Renaissance heben nun ihrerseits an, diesen Körper zu preisen. Ihre Werke geben dem Menschen sein im Halbdunkel des Mittelalters verlorengegangenes Selbstgefühl zurück: Sieh dir diese Statuen, diese Gemälde an! Dann weißt du, wie schön du bist...

Venus, schaumgeborene Liebesgöttin der Antike, steigt auf einem Gemälde des Malers Botticelli in strahlender Nacktheit aus der Flut. Michelangelo meißelt seinen nackten David. Und auch wo Kunst weiterhin im Dienst des Glaubens steht, gewinnt sie irdische Züge: Raffaels Madonnen sind nicht mehr weltentrückte Himmelsgeschöpfe, sondern bildhübsche junge Frauen, wie man sie in jedem Dorf der Toscana sieht. Und Jesus, der abgezehrte Heiland früherer Zeiten, wird zum blondgelockten Schönheitsideal.

Im Mittelpunkt all dieser Kunst steht aber die Musik. Kein Künstler dieses Jahrhunderts, der nicht wenigstens die Grundregeln der Komposition beherrscht. Kein Gebildeter, der nicht mehrere Instrumente spielt. Vielleicht hat zu keiner anderen Zeit Musik so sehr in der Mitte aller Kultur gestanden wie zu Beginn der Neuzeit. Und auch das ist kein Zufall. Gerade in der Musik tastet sich der Mensch noch zögernd an sich selbst heran. Worte können Gedanken fassen, Bilder Oberfläche zeigen. Aber Musik drückt Empfindungen aus, für die es weder Worte noch Bilder gibt. An solch unbestimmten Empfindungen, die sich dennoch ausdrücken wollen, ist beim Menschen dieser Zeit kein Mangel. Und sein neugewonnenes Selbstgefühl macht ihn mutig genug, nach dem Ausdruck dieser Gefühle zu suchen.

»Musik her...« heißt es in William Shakespeares Märchenspiel vom »Sommernachtstraum«. Feenkönig Oberon ruft es aus, als Worte allein die überwältigende Fülle des überquellenden Gefühls nicht mehr fassen können. Also, Musik her: Es ist ein Motto dieser Zeit.

Wieder geht eine lange Entwicklung voraus. Irgendwann vor der Jahrtausendwende ist ein unbekanntes Genie auf den Gedanken gekommen, Musik brauche nicht nur aus *einer* Stimme zu bestehen, sie könne sich auch aus *verschiedenen* Stimmen zusammensetzen. Und diese Stimmen brauchen nicht nur miteinander, sie können auch gegeneinander eingesetzt zu werden. Die sogenannte »Polyphonie«, die Mehrstimmigkeit, ist entdeckt und in der Folge die Kontrapunktik, die Kunst musikalischer Gegensätzlichkeit. Die Musik hat ihre eigene Sprache mit ganz neuen Ausdrucksmöglichkeiten gefunden, und wieder wird es Jahrhunderte dauern, bis der Mensch zu ahnen beginnt, was sich in dieser Sprache alles sagen läßt: Sehnsüchte und Hoffnungen, Ängste und Verzweiflung, Lebensmut und Todesfurcht, stille Demut und stolzes Aufbegehren, Verzicht und Begierde, Liebe und Haß. Dann aber ist der Ruf nicht mehr aufzuhalten: Musik her ...

Die neue Sprache hat ihre neuen Formen gefunden. Schon vom 12. Jahrhundert an werden *Motetten* gesungen, geistliche Texte noch ohne Instrumentalbegleitung. Die *Kantate* entwickelt sich, die Verknüpfung von Einzel- und Chorstimmen mit Musikinstrumenten. Diese Instrumente werden immer vielfältiger und ausgeklügelter. Schon kommt der Gedanke auf, sie allein, ohne Gesang, spielen zu lassen. Das *Konzert* kommt auf, die Komposition für mehrere Instrumente. Und Musik kann nun auch festgehalten und weitergegeben werden. Vom 14. Jahrhundert an ist die noch heute gebräuchliche Notenschrift entwickelt worden. Auch hier bringt Gutenberg die Revolution. Melodien werden nun tausend- und schließlich millionenfach vervielfältigt und verbreitet. Musik ist eine eigene Welt mit eigenen Gesetzen geworden.

Auch sie wird zunächst noch ganz von der Kirche beherrscht. Es gibt die höfische und die Volksmusik. Aber im Mittelpunkt hat weiterhin der Lobgesang auf Gott zu stehen. Jetzt aber schickt der Mensch sich an, auch die Musik als seinen ganz ureigenen Ausdruck zu erobern. Es wird ein stiller, aber um so nachdrücklicherer Eroberungszug.

Mit all den neuen Techniken und Formen ist kirchliche Musik immer raffinierter und ausdrucksvoller, kurz: »weltlicher« geworden, zum Entsetzen frommer Seelen, die Welt und Kirche streng getrennt sehen wollen. Selbst noch im 18. Jahrhundert hat das seinen Nachklang, als Thomas-Kantor Bach bei Amtsantritt ermahnt wird, seine Musik dürfe nicht zu »opernhafftig« klingen, und bei seiner Matthäus-Passion ein altes Weiblein schaudernd ausruft, dies gehöre wohl eher aufs Theater als ins Gotteshaus. Andererseits aber: warum, könnte sich schon im 16. Jahrhundert mancher gefragt haben, kirchliche Musik, wenn sie doch »weltlich« klingt? Warum nicht weltliche Musik? Warum ihre Ausdrucksformen in den Dienst Gottes stellen und nicht in den des Menschen, der sie schließlich geschaffen hat?

Noch bis weit ins 17. Jahrhundert hinein rangiert weltliche Musik deutlich an zweiter Stelle. Sie wird vom Komponisten geliefert, aber nicht ernstgenommen. Noch bei einem für seine Zeit so modernen Komponisten wie Heinrich Schütz fällt auf, daß er zwar seine großen kirchlichen Kompositionen sorgsamst drucken und verbreiten läßt, sich aber um Schicksal und Bestand seiner zahllosen weltlichen Kompositionen kaum gekümmert zu haben scheint. Seine Passionen sind erhalten geblieben, nicht aber seine einzige Oper, von seinen ungezählten Ballett- und Schauspielmusiken ganz abgesehen. Aber hundert Jahre nach Schütz ist für seinen Kollegen Händel der Notendruck all seiner Werke schon ganz selbstverständlich und ihr Verkauf ein blendendes Geschäft – zwei Stationen, die den Weg der Musik in die Freiheit weltlicher Kunst innerhalb von nur hundert Jahren kennzeichnen.

Aber auch schon zur Schütz-Zeit ist diese Entwicklung längst nicht mehr aufzuhalten. Immer schon hat sich kirchliche Musik kräftig bei der weltlichen bedient. Noch der Choral »O Haupt voll Blut und Wunden«, den Bach in seine Matthäus-Passion übernimmt, ist eigentlich ein populäres Tanzlied. Aber nun hält sich die weltliche Musik auch kräftig an kirchliche Formen. Dem geistlichen Konzert steht das weltliche gegenüber. Es gibt kirchliche *und* weltliche Kantaten. Und aus der Kantate mit ihren verschiedenen Stimmen entwickelt sich schließlich die Oper. Sie ist die nachdrücklichste, ganz und gar weltliche Antwort auf den sakralen Meßgesang, die Hohe Messe des Theaters.

Es klingt wie ein Widerspruch und ist doch logisch, daß auf diesem Weg in den katholisch beherrschten Ländern rascher vorangeschritten wird als in protestantischen Bereichen. Denn der Katholizismus dieser Zeit lehnt Musik als selbständigen Bestandteil des Gottesdienstes ab. So entwickeln Komponisten im Süden rascher als im Norden ihre weltlichen Alternativen.

Die venezianischen Kirchenkonzerte des Schütz-Lehrmeisters Gabrieli sind schon mehr künstlerische als religiöse Ereignisse, und die Heimat der Oper ist nicht zufällig Italien, ihr erster Meister Monteverdi nicht zufällig Italiener. Im protestantischen Norden sieht es anders aus.

Wir müssen noch einmal in das Jahr 1521 und zu Martin Luther zurückgehen. Nach dem Reichstag zu Worms dürfte ihm klar geworden sein, daß eine umfassende Gesamtreform der bestehenden Kirche nicht durchzusetzen ist. Es wird also eine neue Kirche kommen müssen. Das hat viele Folgen, in der Politik wie in der Kunst.

Politisch bindet sich diese neue Kirche nicht mehr an den Papst in Rom. Sie wählt die Fürsten in den zahllosen deutschen Kleinstaaten zu ihren weltlichen Schutzherren. Diese Fürsten begrüßen den unverhofften Machtzuwachs begierig und machen rasch noch ihren Reibach mit dem beschlagnahmten Kirchengut. Deutschland aber, als »Heiliges Römisches Reich Deutscher Nation« immer schon ein Wirrwarr unterschiedlichster Staatsformen vom Mini-Fürstentum bis zur Freien Reichsstadt, wird für weitere dreihundert Jahre der wild zerzauste Flickerlteppich sein, auf dem ein natürlich gewachsener Nationalstaat nie gedeihen kann.

Soweit das politische Konzept dieser neuen Kirche. In der Religion stellt sie aber ganz das Wort in den Mittelpunkt. Für jedermann soll es verständlich sein. Er soll glauben, indem er begreift. Aber Luther weiß zugleich, was Menschen eigentlich wollen und brauchen. Er selbst ist schließlich kein weltabgewandter Asket. Er liebt gutes Essen und Trinken. Er schafft den Zölibat, die Ehelosigkeit der Priester, ab und preist in deftiger Deutlichkeit die Wonnen ehelicher Liebe. Und er, selbst ein Genie des Wortes, weiß auch, wo Worte ihre Grenzen haben und der Mensch nicht nur verstehen, sondern auch fühlen will. Was aber spricht das Gefühl stärker an als Musik?

So ist der hochmusikalische Luther eigentlicher Vater der protestantischen Kirchenmusik. Für den gläubigen Protestanten muß sie den äußeren Glanz katholischer Gottesdienste, den Prunk seiner Gemälde und Skulpturen ersetzen: Choräle statt Weihrauch, aufrauschende Orgelmusik statt Gold- und Seidenglanz der Priestergewänder – und die großen Passionen, die musikalische Schilderung von Christi Leidensweg, sind die Deckengemälde des Protestantismus.

Im beginnenden 17. Jahrhundert ist das für die großen Komponisten von entscheidender Bedeutung. Der Katholizismus duldet sie gerade noch. So gehen sie ihren eigenen, schließlich weltlichen Weg: Im katholischen Frankreich gilt ein Mann wie Lully, der Komponist des Königs, als der große Musiker. Im katholischen Italien bringt Komponisten wie Monteverdi oder Scarlatti nicht kirchliche, sondern weltliche Musik den Weltruhm. Im anglikanischen England, dessen religiöse Ausdrucksformen mehr dem Katholizismus als dem Protestantismus deutscher Art gleichen, ist der Opernkomponist Henry Purcell größter Musiker seines Jahrhunderts. Im protestantischen Raum bleibt aber Kirchenmusik noch die große Herausforderung. Dort treffen wir Männer wie Schütz oder Bach. Vielleicht haben sie ebenso viel weltliche wie geistliche Musik komponiert. In der Erinnerung bleiben sie aber die Kirchenmusiker.

Erst bei Georg Friedrich Händel verkehren sich die Verhältnisse. Auch er schreibt kirchliche Musik. Aber im Mittelpunkt seines Schaffens und auch seines Erfolgs steht sein weltliches Werk. Allerdings: Händel stammt zwar aus dem protestantischen Mitteldeutschland. Doch seine Schule ist Italien, seine große Lehrmeisterin die italienische Oper. Protestantische Musik ist für ihn keine Herausforderung mehr. Der Schritt in den Freiraum der Weltlichkeit ist endgültig vollzogen.

Es ist ein langer Weg von Heinrich Schütz bis zu Georg Friedrich Händel, vom letzten großen Diener der Musik bis zu ihrem ersten großen Herrn, mit dem großen Rätsel Bach dazwischen. Und dieser Weg beginnt an jenem Tag des ausgehenden 16. Jahrhunderts, als vor einem Gasthaus des sächsischen Städtchens Weißenfels eine Kutsche hält und ihr Insasse, ein Graf aus Hessen, die Fassade betrachtet. Hier wird man also die Nacht verbringen, im Weißenfelser Gasthaus »Zum Schützen«. Und damit der Abend nicht zu lang wird, winkt der Graf den Musikanten: Musik her . . .

HEINRICH SCHÜTZ
Der große Diener

O, du Orpheus unserer Zeiten,
den Thalia hat gelehrt,
dessen Lied und goldne Saiten
Phoebus selbst mit Freuden hört ...

Martin Opitz
über Heinrich Schütz

Reise in eine andere Welt

In den schmalen Straßen rasselt und rattert es. Pferdehufe schlagen auf das Buckelpflaster. Wagenräder schieben sich durch Kot und Dreck. Behäbig schaukelnde Karossen ziehen lange Staubfahnen hinter sich her. Ein großer Herr hält seinen Einzug ins sächsische Weißenfels.

Mitten in der Stadt, vor einem ausladend stattlichen Gebäude, kommt der Zug zum Stehen. In diesem Gasthof mit der breiten Toreinfahrt und seinem vorspringenden Erker will man übernachten. An der Mauer glänzt ein Schild mit einem Esel und einer Sackpfeife darauf. Das stammt noch aus der Zeit, als dieses Gasthaus »Zum goldenen Esel« hieß und Herberge für vorüberziehende Musikanten war. Aber das ist lange her. Inzwischen hat der Besitzer gewechselt. Und nach diesem neuen Besitzer Christoph Schütz heißt jetzt der Gasthof »Zum Schützen«.

Christoph Schütz, eigentlich Jurist, weiß, was sich gehört. Höflich erwartet er seine Gäste in der Toreinfahrt und tritt ihnen mit tiefer Verbeugung entgegen. Denn immerhin handelt es sich bei diesem Herrn, der gerade aus seinem Wagen steigt, um den Landgrafen von Hessen. Aber Christoph Schütz versinkt auch nicht in Demut. In seinem Haus ist man gottesfürchtig und obrigkeitstreu. Aber man kennt auch seinen eigenen Wert.

Die Familie Schütz kommt eigentlich aus dem Fränkischen. Doch schon um 1470 geht ein Schütz nach Sachsen, in das Land mit Deutschlands reichsten Silbervorkommen. Mit Silber macht denn auch dieser Ulrich Schütz sein Glück. Um 1448 gehört er zu den wohlhabendsten und angesehensten Bürgern seiner neuen Heimat Chemnitz. Er wird in den Rat der Stadt und schließlich zum Bürgermeister gewählt.

Glück gehört zum Haus Schütz. Bürgerliche Tüchtigkeit ist sein Wappenzeichen. Jahrhunderte hindurch sind seine Mitglieder erfolgreiche

Kaufleute, wohlhabende Grundbesitzer, Männer in angesehenen öffentlichen Ämtern. Ehen verbinden sie mit vielen Familien des niederen Adels, so daß sie fast schon selbst dazu gehören. Und auch Christoph Schütz, Urenkel des Chemnitzer Bürgermeisters, ist ein ehrenwerter Sproß dieses wohlgeformten Stammes.

Von Chemnitz war er zuerst nach Gera und dann nach Köstritz gezogen. Schon in Köstritz hatte er einen Gasthof geführt, den »Goldenen Kranich«. In seiner späteren Heimat Weißenfels lebte aber sein älterer Bruder Albrecht, Besitzer des »Goldenen Esel«. Albrecht stirbt 1590. Sein Bruder ist Erbe und Nachlaßverwalter. Er zieht nach Weißenfels und mit ihm seine Jahr um Jahr umfangreicher werdende Familie. Aus einer ersten Ehe hat er bereits zwei Kinder. In zweiter Ehe heiratet er Euphrosyne, die Tochter des Bürgermeisters von Gera. Gemeinsam haben sie neun weitere Kinder, und jedem einzelnen scheint von Geburt an sein künftiger Lebensweg vorbestimmt: ein guter Bürger wie die Vorfahren zu sein.

So begegnen sich in diesem Jahr 1598 zwei Welten: der Bürger Christoph Schütz, redlich, tüchtig, ohne Ehrgeiz, mehr zu werden, als er ist, und Landgraf Moritz von Hessen, ein Mann Mitte zwanzig. Sein Porträt zeigt ein glattes, offenes Gesicht mit klarem, intelligenten Blick. Sorgsam ist der Schnurrbart in die Höhe gezwirbelt, glatt das Haar über der hohen Stirn zurückgekämmt. Hier steht kein finsterer Despot vor uns, sondern ein liebenswerter Mann von Welt, hochgebildet, hochmusikalisch. Stets führt er auf Reisen sein eigenes Orchester mit.

Solche zwei Männer verbindet eigentlich nichts. Ihre Begegnung müßte ohne jede Folgen bleiben.

Und doch wird an diesem Tag des Jahres 1595 Geschichte gemacht: Musikgeschichte.

Wir wissen nicht im einzelnen, wie das vor sich ging. Wir kennen nur die Folgen. Aber stellen wir uns vor: Musikliebhaber Moritz sitzt bei Tisch. Er wünscht musikalische Unterhaltung. Seine Musikanten spielen auf. Kinder singen, vielleicht Choräle oder ein Volkslied. Der Graf in seinem Sessel lächelt liebenswürdig: Alles sehr hübsch, sehr nett, wirklich! Er nimmt noch einen Zug aus seinem Glas und wischt sich die vom Essen fettigen Finger an einem Tüchlein ab. Und dann horcht er auf. Denn dort singt eine Knabenstimme, bei der sein geschultes Ohr gleich erkennt: Dieser Junge singt nicht nur hübsch. Dieser Knabe kann noch mehr. Er besitzt eine natürliche Begabung für Musik schlechthin. Wie schade, daß solch ein Talent in einem Nest wie Weißenfels verkümmern muß!

Frage an den Hausherrn: Wer ist der Junge? Christoph Schütz: Mein Sohn! Ein schmaler Knabe steht vor dem Landgrafen, gerade dreizehn Jahre alt. Er ist der drittälteste Sohn aus des Vaters zweiter Ehe, geboren am 14. Oktober 1585 in Köstritz. Sein Vorname: Heinrich.

Der Landgraf nickt vor sich hin: Heinrich Schütz also – fast schon etwas alt, der Junge. Spätestens in zwei, drei Jahren hat ihn der Stimmbruch eingeholt. Dann ist es um seinen silberhellen Knabensopran geschehen. Doch geht es nicht nur um seine Stimme. Wer so musikalisch ist wie Heinrich Schütz, kann auch Instrumente spielen und am Ende selber komponieren. So häufig sind echte Talente schließlich nicht, daß man an dem hier achtlos vorübergehen sollte. Also wird man etwas für den begabten Jungen tun. Wozu ist man schließlich Landgraf?

Der Graf wendet sich wieder dem Vater zu: Ob der wohl bereit wäre, ihm den Sohn anzuvertrauen. In Kassel gibt es eine Schule, das Mauritianum. Erst vor drei Jahren hat sie der Landgraf selbst gegründet. Acht Freiplätze stehen dort zur Verfügung. Heinrich Schütz könnte einen solchen Freiplatz bekommen.

Der Vater müßte begeistert sein. Er ist es nicht. Er zögert. Er bittet sich, können wir vermuten, Bedenkzeit aus. Der Landgraf läßt sie ihm, nickt ihm ein letztes Mal zu. Sein Wagenzug setzt sich wieder in Bewegung, rollt aus Weißenfels hinaus und mit ihm der höfische Glanz, der sich für einen Tag über Heinrich Schütz' Vaterhaus gelegt hat. Die fremde, so ganz andere Welt, die hier für wenige Stunden eingekehrt war, verschwindet in Staubwolken am Horizont. Für den Landgrafen ist es keine große Sache gewesen. Solche Einladungen spricht er öfter aus. Der Vater muß die Dinge ernster sehen.

Wie schon gesagt: Im Haus Schütz hat man nichts gegen die Obrigkeit. Man ist ihr treu, Sohn Heinrich ist sogar nach dem sächsischen Landesherrn benannt. Aber man hält sie sich doch auch in respektvoller Entfernung. In Weißenfels geben Kaufleute und Handwerker den Ton an. Hier wird in klaren, vernünftigen Ordnungen gedacht. Und nun fällt in diesen überschaubaren, innen wie außen abgesicherten Umkreis ein Strahl flimmernder Verlockung aus einer ganz anderen Welt. Vater Schütz seufzt tief auf und wird sehr nachdenklich.

Es ist nun nicht so, daß ihm nichts an einer guten Ausbildung seines Sohnes liegen würde. Im Gegenteil: Bildung wird in seinen Kreisen

Landgraf Moritz von Hessen

sehr hoch gehalten, höher als an manchem Fürstenhof, wo sich
Adlige genieren, in ihrem Leben je ein Buch zu lesen. Von Heinrich
Schütz wird hingegen berichtet, wieviel gute Lehrer ihm und seinen
Geschwistern die Eltern gegeben haben und wie umfassend seine Bildung war. Nur bleibt das eben im Weißenfelser Rahmen und über-
schreitet seine Grenzen nicht. Jetzt aber die Reise in eine andere
Stadt, ein anderes Land, dieser Wechsel in eine der gefährlich funkelnden Residenzen . . .
Viel Zeit vergeht. Erst dann hat sich der Vater entschieden: Ja, Heinrich soll nach Kassel ziehen. Er selbst wird den Sohn dorthin begleiten. Sie brechen auf. Wir schreiben nun schon das Jahr 1599.
Knapp 200 Kilometer liegen zwischen Weißenfels und Kassel. Für
den Knaben Heinrich Schütz ist es jedoch die Reise in eine ganz

andere Welt. Die Weißenfelser Enge scheint vergessen. Jetzt nimmt den vierzehnjährigen Jungen hier an der Fulda eine der schönsten deutschen Residenzstädte auf. Denn immer schon hatten die hessischen Landesherren versucht, aus ihrem kleinen Fürstenhof ein leuchtendes Juwel zu machen. Ihre Untertanen belegen sie denn auch in Dankbarkeit mit den schmeichelhaftesten Beinamen.

»Der Großmütige« wurde beispielsweise Philipp, Großvater des jetzigen Landgrafen, genannt. »Der Weise« hieß sein Vater Wilhelm. Er selbst trägt den Beinamen »der Gelehrte«. Zunächst braucht das nicht viel zu sagen. Denn bei der verwirrenden Fülle damaliger Fürsten und ihrer häufigen Namensgleichheit wird oft nach solchen beschreibenden Beinamen gegriffen, ohne daß ihre Aussage auch wirklich zutrifft. So kann ein ausgemachter Dummkopf »der Kluge« heißen, ein Raufbold »der Friedliche« oder ein berüchtigter Geizhals »der Großzügige«. Landgraf Moritz trägt jedoch seinen Beinamen zu Recht.

Dieser Mann ist eine Ausnahme unter den rotgesichtig daherpolternden, ihre Humpen voll Bier und Wein schwenkenden, sich in Jagd und Raufereien austobenden Fürsten seiner Zeit, die oft kaum lesen und schreiben können. Moritz schreibt und liest. Er übersetzt die Schriften aus der Antike. Er verfaßt ein Bühnenstück, »Die Belohnung der Gottesfurcht«. Er beherrscht eine Unzahl von Sprachen, und seine Umwelt hört mit offenem Mund, wie er selbst eine persische Gesandtschaft in ihrer Muttersprache begrüßt. Ob sie ihn verstanden haben, weiß man nicht. Aber fest steht jedenfalls, daß die Bildung dieses Grafen fast grenzenlos ist. Und seine ganze Liebe gilt dabei der Musik.

Schon sein Vater hatte den bedeutenden Komponisten Georg Otto von Dresden nach Kassel kommen lassen. Otto wird auch der Lehrer von Moritz, der bald selbst mit beträchtlichem Geschick und einiger Begabung komponiert. Ein Künstler also, der seine Residenzstadt wie ein Kunstwerk behandelt: Er hat den Marstall ausbauen lassen, und der Volksmund hält für den langgestreckten Bau seinen Spottnamen bereit. »Musis et Mulis« müßte er heißen, meint man in Kassel: »Für die Musen und die Maulesel«. Denn hier sind nicht nur die Pferde des Landgrafen untergebracht. Hier richtet der Graf auch seine Bibliothek ein, eine Münzwerkstatt, ein Laboratorium.

Aber auch ein anderes Bauwerk entsteht in dieser Zeit in Kassel, Deutschlands größtes Zeughaus mit zweihundert Geschützen und

Waffen für fünfundzwanzigtausend Soldaten. Denn auch Moritz ist nicht nur der feinsinnige Gelehrte. Notfalls herrscht er auch mit harter Hand, und zu seiner Residenz gehören Schloß und Marstall ebenso wie der düstere Zwehrenturm, das Gefängnis für hochgestellte Feinde des Landesherrn, »eng, stinkend und unflätig«, wie es in einem zeitgenössischen Bericht heißt.

Hier leuchtende Pracht, dort düster drohende Gewalt, hier Kunst, Musik, Wissenschaft, dort klirrende Ketten, modrige Gewölbe, nackte Macht – solche Widersprüche bestimmen die Welt, in die der junge Schütz eintritt. Er wird Schüler im »Collegium Mauritianum«, kurz das Mauritanum genannt.

Auch das ist eine Schöpfung des Landgrafen. Dort sollten eigentlich nur seine Söhne in der Gesellschaft hochgestellter Gleichaltriger unterrichtet werden. Doch unversehens war aus der kleinen Fürstenschule ein Bildungsinstitut geworden, auf das ganz Kassel stolz ist. Im Mauritanum werden nun nicht nur die Pagen des Hofs, sondern auch die jungen Chorsänger ausgebildet, und Musik ist das eigentliche Hauptfach.

Der Landgraf geht auf Entdeckungsfahrt. Überall spürt er Talente für Chor und Orchester auf, in Dresden ebenso wie in Paris. Er holt sie nach Kassel, sie bekommen ihre Freistelle im Mauritanum. Wobei es manchmal auch zu einem Fehlgriff kommen kann. Einen jungen Franzosen schickt man zum Beispiel bald wieder zurück. Denn man denke, sein Großvater ist ein Schweineschlächter gewesen! Der arme Junge kann zwar nichts dafür, aber irgendwo hat auch die Toleranz des Landgrafen ihre Grenze. Aus gutem Haus muß schon sein, wer in den Genuß seines Collegiums kommen will. Heinrich Schütz droht solche Gefahr nicht. In Ruhe kann er einige Jahre lang die bunte, reiche Welt der Residenzstadt auf sich wirken lassen.

Man weiß hier Feste zu feiern, und dann leuchtet aller Glanz eines jungen, lebensfrohen Jahrhunderts auf, dessen kommende Katastrophen sich noch nicht am Horizont abzeichnen. Es geht zu Reiterspielen auf die Rennbahn hinaus, die der Landgraf neben seinem Schloß anlegen ließ. Oder die Musikanten streifen die Kostüme von Faunen und antiken Helden über und tollen im farbenfunkelnden Mummenschanz durch die Stadt. Viele Gäste kommen nach Kassel, darunter auch die berühmtesten Musiker dieser Zeit. Der Landgraf ist ihnen stets der großzügige Gastgeber.

Schüler Schütz, ein halbes Kind noch, wird von diesen Besuchern nicht viel mitbekommen haben. Vielleicht, daß er sie zuweilen an der gräflichen Tafel sieht, wenn er dort bedienen muß. Denn auch das gehört zum Unterricht der jungen Chorsänger: der Pagendienst bei Hof. Und so mag denn Schütz in ehrfurchtsvoller Nähe sein, wenn etwa neben dem Landgrafen John Lowland Platz nimmt, der berühmte Lautenspieler aus England. Oder die Pagen mögen sich angestoßen haben: Sieh nur, der Herr dort, das ist Alessandro Orologio, der große Musiker, der im Dienst des Kaisers steht. Oder der andere da, das ist der noch berühmtere Michael Praetorius, nimmermüder Herold neuer Kirchenmusik.

Das sind nur Augenblicke und kurze Eindrücke, vielleicht nicht weiter wichtig für den jungen Mann aus Weißenfels. Aber immerhin bringen sie ihn in Berührung mit der großen Welt der Musik, und in solchen Augenblicken mag auch die unbestimmte Sehnsucht entstehen, selbst einmal zu dieser Welt zu gehören. Aber wer kümmert sich schon um die Träume eines Halbwüchsigen, der aus großen Augen die Berühmtheiten seiner Zeit anstarrt? Noch ist Schütz der kleine Unbekannte am landgräflichen Hof.

Ein anderer Magnet dieser Jahre wird das Theater. Komödienspiel gehört zum höfischen Leben, der Landgraf selber führt Regie, und eines Tages mag ihm der Gedanke kommen: Warum immer nur in den Sälen oder Zimmern des Schlosses spielen, im Garten oder auf den Treppen seiner Residenz? Warum nicht dem Theaterspiel einen eigenen festen Raum geben oder besser noch: ein eigenes festes Haus?

Die Idee eines feststehenden Theaters ist geboren. Nur hundert Jahre später wird fast jeder Fürstenhof und auch manche Stadt, deren reiche Bürger es den adligen Herren gleichtun wollen, ein solches Theater haben. Eine Tradition entsteht, die bis heute anhält: die des festen Hof- oder Staatstheaters. In Kassel wird der Anfang gemacht. Das Ottoneum, benannt nach Moritz' ältestem Sohn, entsteht.

Dort drängt sich nun der Hof auf den vier steil ansteigenden Rängen, wenn zur Vorstellung gerufen wird. Der Landgraf sitzt in seiner Loge, umgeben von seiner Familie. Irgendwo hockt aber auch der junge Schütz. Er starrt auf die weit ins Parkett vorspringende Bühne, wo nun die Komödianten mit ihrem Spiel begonnen haben. Sie kommen aus England, und sie spielen Stücke, wie man sie bisher in Deutschland nicht gekannt hat, voll wilder Leidenschaft und maßloser Gefühle, von Menschen, deren Seele bis in ihre letzte Faser aufgerissen wird, so daß der Zuschauer schaudernd erkennen kann, was sie denken und fühlen, wie sie lieben und hassen können. Im Ottoneum wispert es: Was sind das für Stücke, wer ist ihr Dichter? Ein gewisser William Shakespeare soll es sein, Theaterdirektor in London und Lieblingsdichter der englischen Königin. William Shakespeare – der größte Dramatiker aller Zeiten zieht in Deutschland ein. Und der junge Mann dort oben im vierten Rang des Ottoneum empfängt Eindrücke, die ihn ein Leben lang begleiten werden.

Das sind die Sonntage im Leben des jungen Heinrich Schütz. Der Alltag sieht anders aus. Da findet er sich in einer strikt und streng arbeitenden Unterrichtsmaschinerie wieder, die ihn kaum zu Atem kommen läßt.

Denn auf dem Mauritianum geht es nur selten festlich-fröhlich zu. Regeln diktieren das Leben bis in jede Kleinigkeit, und der Landgraf selber wacht darüber. Ein jeder Schüler muß stets sauber gekleidet sein. Jeder trägt als Einheitstracht den gleichen schwarzen Rock. Auch privat darf man sich nur französisch oder lateinisch unterhalten. Über die Gesundheit der Chorsänger wacht der Leibarzt des Landgrafen und verordnet Bier, wenn einmal die Stimme versagt. Vom Landesherrn kommt aber immer wieder die Ermahnung: Übt eure Stimmen, vergeßt nicht die Musik! Jeden Tag wird eine Singstunde abgehalten, die Chorsänger bekommen noch Extra-Unterricht, und viermal in der Woche ist Dienst in der Kirche, am Mittwoch, Sonnabend und gleich zweimal am Sonntag.

Es ist eine harte Fron, in die diese noch ganz unausgereiften Halbwüchsigen genommen werden. Aber sie hat auch ihr Gutes. Eine Bildung wie hier kann nur eine solche Schule vermitteln, und nur sie hat solche Lehrer, allesamt Spitzenkräfte ihres Fachs. Für neuere Sprachen hat der Landgraf sogar einen Franzosen engagiert, Monsieur Le Doux, der auch Komödien schreibt. Die Schüler haben gelegentlich die Ehre, sie aufzuführen.

Immer wieder aber die Musik: Der junge Schütz wird in ihre feinsten Einzelheiten, in alle Raffinessen damaliger Kompositionstechnik eingeführt. Material gibt es genug. Jedes Jahr schickt der Landgraf seine Beauftragten nach Italien oder zur Messe nach Frankfurt, um neue Instrumente und Noten zu kaufen. Im Marstall stapeln sich die Schätze. Und der Junge sitzt davor oder hockt im Orchester, das bei großen Anlässen bis zu hundert Musiker beschäftigt. Er nimmt die seltenen Instrumente in die Hand: Das also ist ein Fagott, und das sind Schnabelflöten, so unterscheiden sich deutsche von englischen Gamben, und solche Klangbilder lassen sich aus einer Violina di brazzio locken . . . Schütz sieht, hört und lernt.

Uns sonst? Gibt es noch anderes im Leben des Jungen außer Musik, der Schule und der strengen Disziplin im Mauritianum? Freunde etwa, eine Freundin vielleicht, ein junges Mädchen, das seine erste Liebe ist? Wir wissen es nicht. Nur einige Verse finden sich, die allererste Schütz-Komposition, wo rührend holprig von einer Herzliebsten Abschied genommen wird: »Ach, wie soll ich doch in Freuden leben, weil ich von der muß sein, die mir allein tut Freude geben . . .« Wer damit gemeint ist, wird man nie erfahren.

Wir wissen nicht einmal, wie lange Schütz in Kassel lebt. Er selbst nennt später den Zeitpunkt seines Stimmbruchs. Doch muß sein Aufenthalt wenigstens einige Jahre gedauert haben. Leichten Herzens geht er jedenfalls nicht von Kassel fort. Denn nun kommt die Entscheidung auf ihn zu, wohin er eigentlich gehört: in die Welt von Musik und Kunst im Glanz fürstlicher Gönner – oder in die bürgerliche Welt seiner Eltern in Weißenfels.

In den ersten Jahren des neuen Jahrhunderts verläßt also Schütz Kassel. Aber seine Lehrzeit ist noch nicht zu Ende, die endgültige Richtung seines Wegs noch lange nicht festgelegt.

»Welch ein Mann, ihr Götter, war das!«

Vor dem jungen Mann liegt ein Ring. Er kennt das Wappen auf seinem Stein. Und er sieht auf den Besucher, der ihm diesen Ring gebracht hat. Auch er ist ihm bekannt. Es ist der Beichtvater des Komponisten Giovanni Gabrieli. Gabrieli selbst hat nicht kommen können. Er liegt im Sterben. Und als letzte Gabe vom Totenbett schickt er seinen Wappenring: ein Gruß für den jungen Henrico Sagittario.

Sagittario ist kein anderer als Heinrich Schütz.

Drei Jahre lebt er nun schon in der Lagunenstadt Venedig. 1609 war er dorthin gekommen.

Jetzt nähern sich die schönen Jahre ihrem Ende, und der Gedanke fällt ihm schwer. Denn hier am Lido mag Schütz erkannt haben, wer er ist und was er will. Die Stadt ist ihm eine zweite Heimat geworden, und der Weg zurück über die Alpen kann nichts als Ernüchterung bringen. Und nun liegt auch noch dieser Ring vor ihm wie die Mahnung an ein Erbe, das er eigentlich antreten müßte.

In diesem Jahr 1612 ist Schütz nicht mehr der naive Knabe seiner Kasseler Jahre. Er ist ein Mann von bald schon 27 Jahren, beinahe zu alt, um noch nicht zu wissen, wohin ihn sein Weg führen soll. Aber da sind immer noch die beiden Welten, zwischen denen er sich hin- und hergezogen fühlt. Und bis zu seinem Aufbruch nach Venedig schien die bürgerliche Welt der Eltern in diesem inneren Kampf Siegerin zu sein.

Der Vater hat den Sohn nach Kassel ziehen lassen. Das war gut und nützlich so. Der Sohn konnte davon nur profitieren. Aber danach wird es Zeit, daß er etwas »Richtiges« wird – kein Musikus, kein Künstler. Etwas Richtiges – das ist beispielsweise ein Jurist. Schon Vater Schütz hatte Jura studiert, warum nun nicht auch der Sohn? Dann kann er Stadtschreiber werden oder vielleicht Bürgermeister, und die gute alte Tradition im Hause Schütz würde würdig fortgeführt.

Also Jura: Das Studium beginnt. Über seinen Anfängen liegt Dunkel. Wir wissen nicht, wann Schütz Kassel verläßt. Wir wissen ebensowenig, wohin er danach gegangen ist, vielleicht an die Universität von Leipzig, vielleicht nach Frankfurt. Das Dunkel lichtet sich erst wieder 1608. Da findet sich im Eintragungsregister der Marburger Landesuniversität unter dem Datum des 18. April die Notiz: »Henricus Schütz, Weißenfelsiensis, Misnicus«.

Er ist nicht der einzige seiner Familie, der um diese Zeit in der Stadt an der Lahn Wohnort nimmt. Auch sein Bruder Georg läßt sich dort im gleichen Jahr immatrikulieren und später noch ein weiterer Henricus, sein Vetter. Praktische Gründe, ein Zufall? Oder auch, mehr insgeheim, der Wunsch der Eltern, den in höfische Fernen entschwundenen Sohn wieder kräftig in die Mitte seiner Familie zu stellen? Jedenfalls scheint sich Schütz in Marburg nicht unwohl zu fühlen. Er legt eine Disputation über die Gesetze vor und ist ein fleißiger Student. Doch die Musik?

In dieser musizierfreudigen Zeit hat auch das kleine Universitätsstädtchen seine musikalische Szene. Doch im Vergleich zu Kassel, selbst zu Weißenfels nimmt sie sich bescheiden aus. Einige Orgeln stehen in den Kirchen, eine auch im Marburger Schloß. Ob Schütz je daran gesessen hat? Seine Welt sind jetzt Akten und Studierbücher, und an dieser Stelle könnte die Geschichte des Musikers Schütz zu

Ende sein: Die Kasseler Jahre werden mit der Zeit ferne Erinnerung, Landgraf Moritz und sein Hof entschwundene Gestalten aus fernen Jugendtagen. Schütz disputiert über die Gesetze. Sie sind jetzt sein Notenblatt.

Doch kommt es anders. Zwar hat Schütz Kassel hinter sich gelassen. Aber Kassel holt ihn wieder ein.

Es beginnt damit, daß Schütz zwei prominente Kommilitonen bekommt, Moritz und Wilhelm, die Söhne des Landgrafen. Der Vater hat sie zum Studium an die Lahn geschickt und spendet zugleich sechshundert Gulden für den Ausbau der Universität. Die gelehrten Herren wissen es dem spendablen Grafen zu danken. Seine Söhne – man staune! – werden prompt Ehrenrektoren der Universität. Erfreut greift der Graf gleich ein zweites Mal in die Tasche und spendiert den Professoren neue Talare und Barette aus feinstem Samt. Aber er beläßt es nicht bei Geld.

Im Juni 1608 kommt der Landgraf selbst nach Marburg, mitsamt Hofstaat und Familie. Ein halbes Jahr lang wird das Städtchen seine Residenz und erstrahlt im landgräflichen Glanz. Aber auch Moritz strahlt: In Marburg wird ihm eine Tochter geboren. Da soll denn die ganze Stadt mit dem Vater fröhlich sein, und Marburgs Studentenschaft strömt herbei, schwingt die Becher und labt sich an den Köstlichkeiten, die auf schwerem Silber serviert werden. Einige laben sich besonders gründlich. Sie lassen nicht nur die Köstlichkeiten, sondern auch das Silber mitgehen. Es kommt zu Beschuldigungen, Untersuchungen, Ehrenerklärungen. Die Universitätsstadt hat ihren Skandal.

Bei diesem Fest könnte es gewesen sein, daß der Landgraf seinen früheren Günstling wiedersieht: Sieh an, der junge Schütz – das ist also aus ihm geworden, ein angehender Jurist. Aber die Musik, für die der junge Mann doch so begabt war? Fast vergessen, keine Zeit mehr und kaum noch Gelegenheit dafür, nicht hier in Marburg und auch nicht später in Weißenfels, wohin Schütz zurückkehren wird. Der Landgraf wird wieder einmal äußerst nachdenklich: wirklich ein Jammer um dieses Talent ...

Wir können uns vorstellen, was in Moritz von Hessen vor sich geht: Da mischen sich Besitzerstolz und Entdeckerfreude mit ganz nüchternen praktischen Überlegungen. Schließlich wird die Position des Hofkomponisten irgendwann einmal neu zu besetzen sein. Georg Otto, der altbewährte Lehrmeister aus Moritz' Jugendtagen, ist schließlich schon fast sechzig Jahre alt.

Ein weiteres Mal spielt der Landgraf Schicksal. Wieder wird um Heinrich Schütz gerungen, heftiger noch als das erste Mal. Denn die Eltern setzen sich jetzt in aller Entschiedenheit zur Wehr: Ihr Sohn soll kein Musikus werden! Doch hält der Landgraf einen Trumpf bereit, gegen den schließlich auch Vater Schütz machtlos ist: Venedig!

Von keiner anderen Stadt Europas geht um diese Zeit ein solcher Goldglanz aus wie von der »Königin der Adria«. Ihr Reichtum scheint unermeßlich, ihre Macht fast unbegrenzt. Sie kontrolliert die Märkte, beherrscht das Mittelmeer. Und längst Legende ist die Geschichte, wie auf seinem Sterbebett ein venezianisches Stadtoberhaupt die Lippen im halblauten Gemurmel bewegt. Er spricht nicht Gebete, sondern sagt Zahlenreihen auf: »Wir haben dreitausend Fahrzeuge stehen, unser Arsenal kann in vierzehn Tagen fünfundzwanzig Galeeren ausrüsten, unsere Staatseinkünfte sind höher als die von Frankreich, England, Spanien, Mailand, Florenz und der Kurie, es sind die höchsten Staatseinkünfte der Welt. Wir sind die Herrscher über das ganze Gold der Christenheit . . .«

Aber die Serenissima, die »Durchlauchtigste«, wie die Venezianer ihre auf Pfählen ins Meer hinausgebaute Stadt nennen, verdient nicht nur Geld. Sie gibt es auch aus. Und sie hat Geschmack dabei. Venedig wird eine Hauptstadt der Künste. Ihre Maler, Bildhauer, Architekten – sie haben Weltruf. Vor allem ist aber venezianische Musik weltberühmt. Sie hat ihren Tempel in der Kirche von San Marco, dem gewaltigen Kuppelbau mitten in der Stadt, wo die angeblichen Gebeine des Evangelisten Markus begraben liegen. Hier in San Marco lebt und lehrt als Erster Organist Giovanni Gabrieli. An Europas Musikhimmel ist Gabrieli der hellste Stern.

In dieser Zeit ohne Massenmedien läßt sich der Weltruhm dieses Mannes kaum vorstellen. Selbst wer in Dänemark, in Spanien oder in irgendeinem Winkel deutscher Provinz lebt, hat den Namen wenigstens gehört. Fürsten, die es mit ihren Musikern gut meinen, schicken sie zu Gabrieli in die Lehre. Und nun soll auch Schütz, wenn er nur will, Gabrieli-Schüler werden. Diese Verlockung ist zu groß. Dafür nimmt Schütz selbst Streit mit den Eltern in Kauf. Seufzend geben sie schließlich nach. Und ihr Sohn zieht ein weiteres Mal in eine andere Welt, hin nach Venedig, nach San Marco, hin zu Gabrieli.

1557 ist Gabrieli als Sproß einer alten venezianischen Musikerfamilie geboren worden. Sein Onkel Andrea Gabrieli ist bereits Organist an der Markuskirche. Er nimmt den Neffen in die Schule und erzieht ihn zu seinem Nachfolger. Von 1584 an, nach einigen Jahren in München, wird dann Gabrieli selbst Erster Organist. Das ist nun schon eine allererste Position in der damaligen musikalischen Welt, und die Schüler aus allen Ländern drängen zu Gabrieli, wie sie zuvor zu seinem Onkel gedrängt sind. Er ist ein guter Lehrer. Denn auch das gehört zum Wesen dieser Zeit: daß die großen Künstler nicht eifersüchtig über ihr Werk wachen, sondern ihr Wissen und Können weitergeben. Der Künstler, selbst ein so berühmter wie Gabrieli, ist ein Diener seiner Kunst. Seine eigene Persönlichkeit hat gänzlich hinter seinem Werk zu verschwinden. So ist nicht einmal ein Bild von Gabrieli erhalten geblieben. Allein seine Musik zählt. Sie wird nun die große Lehrmeisterin für Schütz.

Der junge Mann aus Deutschland sitzt im Markusdom. Die Klangmassen Gabrielischer Tonschöpfung durchfluten das feierliche Halbdunkel, ihr warmer Goldglanz breitet sich aus. Der junge Mann horcht in sie hinein und überläßt sich diesen musikalischen Fluten, wie er sie so noch nie gehört hat. Nicht, daß sie ihm im Prinzip gänzlich unbekannt sind. Venedigs Musik macht schließlich in ganz Europa Schule. Aber das hier ist doch noch etwas anderes als in Kassel die Rückgriffe Georg Ottos auf venezianische Klangfarben und Kompositionstechniken. Sie waren Kopie gewesen. Jetzt erlebt Schütz das Original. Und es mag ihm ähnlich gehen wie einst bei den Shakespeare-Aufführungen im Ottoneum: Eine neue Welt tut sich ihm auf. Er schreibt dem Landgrafen: »Sie haben mir den Anstoß gegeben, nach Italien zu gehen und mich in jene Woge zu stürzen, die ganz Italien mit höherem Rauschen als jede andere dahin reißt, daß sie der Himmelsharmonie ähnelt . . .«

Aber Schütz ist auch schon Fachmann genug, um sich nicht allein schwelgerischem Schwärmen zu überlassen. Er genießt nicht nur. Er lernt auch. Und ein wacher Kopf wie der seine begreift bald, was Reiz und Besonderheit venezianischer Musik ausmacht.

Das Prinzip ist eigentlich ganz einfach: In San Marco stehen sich zwei Orgeln gegenüber, neben jede kann ein Chor gestellt werden: Stimmen und Instrumentalklang treffen sich also im Raum und zaubern jene Echo-Wirkung, die bald schon als typisch für Venedigs Musik gilt. Dabei war es eigentlich kein Venezianer, sondern der Niederländer Adrian Willaert, der im frühen 16. Jahrhundert diese Technik für ganz neue Effekte einsetzte. Sie hatten Schule gemacht. Willaerts Nachfolger Cyprian van Rore, Guiseppe Zarlino und schließlich die beiden Gabrieli verfeinerten und erweiterten sie. Schließlich werden bis zu vier Chöre eingesetzt und dazu noch ein Chor aus Instrumenten. Eine Musik entsteht, die die gesungenen Texte nicht nur untermalt, sondern in ihren weichen, satten Farben selbst schon ein Gemälde ist.

So hört nun Schütz, wie Gabrieli hohe Stimmen von hochklingenden Instrumenten, dunkle Töne von dunklen Klängen untermalen läßt, wie er mit Steigerungen und Gegensätzen arbeitet. Musik hebt zu »sprechen« an, und Schütz beginnt diese Sprache zu verstehen. Er weiß jetzt, woher Gabrielis Musik ihren feierlichen Schmelz, ihre Klangbilder den inneren Glanz bekommen. Das ist zunächst hohe, kaum begreifliche Kunst. Aber dahinter steht präzise ausgetüfteltes Handwerk. Ein Musiker, ahnt Schütz, muß ebenso Schwärmer wie Techniker sein. Und erfüllt von solchen Erkenntnissen mag er dann in Venedigs Farbenwelt hinausgehen, in die Straßen dieser Stadt, die von Musik wie durchzogen sind. Unendlich fern mag ihm dann die Welt seiner Kindheit und der europäische Norden in all seiner spröden Strenge vorkommen.

Der Landgraf ist großzügig gewesen. Er zahlt Schütz nicht nur die Reise, sondern auch zweihundert Taler im Jahr, viel Geld um diese Zeit. Davon läßt sich bequem leben. Schütz kann sich ganz auf seine Studien konzentrieren. Er braucht sich auch nicht einsam zu fühlen. Schließlich kommen Menschen aus aller Welt in die Lagunenstadt, und zumal aus Deutschland reißt der Strom nie ab. Die Deutschen haben in Venedig ihre eigene kleine Kolonie und im »Fondigo« am Rialto ihren ständigen Treffpunkt. In diesem »Haus der Deutschen«, mit vollem Namen »Fondaco dei Tedeschi«, verkehren Künstler ebenso wie Kaufleute, eben alle, die nach Venedig kommen, und auch Schütz dürfte dort oft anzutreffen sein. Im Mittelpunkt dieser venezianischen Jahre stehen aber allein die Musik und Gabrieli.

Zwar hält er auch zu anderen Musikern freundschaftliche Verbindung, so zum gleichaltrigen Giulio Cesare Martinengo, einem früh Vollendeten und früh Verstorbenen, der um diese Zeit schon Kapellmeister von San Marco ist. Aber nichts geht über den Meister selbst. Schütz verehrt diesen Mann abgöttisch, »der mich zum Teilhaber des Goldes seiner Künste gemacht hat«. Und noch lange nach Gabrielis Tod schwärmt er: »Welch ein Mann, ihr Götter, war das! Hätte ihn das wortreiche Altertum gekannt, den Amphionen würde es ihn vorgezogen haben; oder wünschten die Musen Vermählung, so besäße Melpomene keinen anderen Gemahl als ihn, solch ein Meister des Gesangs war er . . .«

Schütz verehrt Gabrieli. Aber auch Gabrieli wird allmählich auf ihn aufmerksam: Wie dieser hochgeschossene junge Deutsche mit dem hellwachen Blick aufzugreifen weiß, was man ihm beibringt; wie er es auf seine ganz eigene Weise umzusetzen versteht; wie er nicht in sklavischer Phantasielosigkeit nachahmt, sondern seine eigenen und zum Teil ganz neuen Vorstellungen einbringt. Mit wachsender Neugier sieht Gabrieli auf Schütz. Landgraf Moritz hat recht getan, gerade ihn nach Venedig zu schicken. Denn der Altmeister von San Marco, der *Magister nationum,* wie er schmeichelnd genannt wird, ein Lehrer der Welt, bestätigt das landgräfliche Urteil. Hier ist eine ganz große Begabung, vielleicht größer als Gabrielis eigenes Talent.

Ein Konflikt könnte sich anbahnen: Alt gegen Jung, Neues gegen Tradition. Doch nichts davon in der Beziehung zwischen Gabrieli und seinem Schüler Schütz. Hier bewährt sich das Gesetz des Meister-Schüler-Prinzips, daß ein Schüler eines Tages dem Meister auch überlegen sein kann. Gabrieli zeigt weder Neid noch Eifersucht. Im Gegenteil: Er fördert den jungen Schütz, läßt sich von ihm an der Orgel vertreten – und seine Gedanken könnten auch schon weitergehen.

Er ist nicht mehr jung. Sein Haus will bestellt sein. Ein Erbe muß gefunden werden, einer, der ihm so folgt, wie er einst seinem Onkel Andrea gefolgt ist. Und warum könnte nicht dieser Erbe Henrico Sagittario heißen, der Deutsche Heinrich Schütz? Er ist zwar Protestant und San Marco ein katholisches Gotteshaus. Doch noch herrscht zwischen den Religionen friedliches Nebeneinander, und in Venedig, wo das Rechnungsbuch die eigentliche Bibel ist und nur zählt, was sich in Zahlen ausdrücken läßt, gibt man sich doppelt tolerant. Zudem dürften auch schon im alternden Gabrieli Gedanken an eine Ablösung der Musik von rein geistlichen Aufgaben spuken. Seine »Symphoniae sacrae«, die »heiligen Symphonien«, hören sich in ihrer kompositorischen Raffinesse schon recht weltlich an. Und Gabrieli ist nicht nur der Schüler seines konservativen Onkels Andrea. Zu seinen Lehrmeistern aus Münchner Tagen gehört auch der Flame Orlando di Lasso, ein in allen musikalischen Sätteln gerechter Abenteurer und Kavalier, der feierliche Motetten ebenso schreiben konnte wie spritzige Chansons und deftige Gassenhauer.

Das alles lehrt einen Mann wie Gabrieli weltläufige Toleranz. Ein deutscher Protestant als künftiger Erster Organist von San Marco – dieser Gedanke ist gar nicht so abwegig.

Viel spricht dafür, daß Gabrieli Heinrich Schütz tatsächlich solch ein Angebot gemacht hat. Das aber ist nun eine ungeheure Versuchung. Man denke: Aus einem unbekannten jungen Mann wird gleichsam über Nacht ein Musiker von Weltrang. Und doch widersteht Schütz. Die Gründe sind kaum nachzuvollziehen: Fühlt er sich überfordert? Ist es der Gedanke an die Eltern, der ihn zurückhält? Oder fühlt sich der Sachse aus dem Norden im südlichen Venedig eben doch nicht heimisch? Schütz wird sich selbst dazu nie äußern.

Gabrieli dürfte von Schütz' Ablehnung tief enttäuscht sein. Und noch auf seinem Sterbebett mag den alten Mann der Gedanke leiten, den Meisterschüler vielleicht doch noch umzustimmen. Er zieht den Wappenring vom Finger und reicht ihn dem Beichtvater: ein letzter Gruß, ein Abschiedsgeschenk für Heinrich Schütz – und vielleicht die allerletzte Mahnung, Gabrielis Erbe in San Marco anzutreten.

So liegt nun dieser Ring vor Henrico Sagittario, wie sie ihn hier am Lido nennen. Er betrachtet ihn, dreht ihn zwischen den Fingern. Sein Leben lang wird er dem verstorbenen Lehrmeister das ehrende Andenken bewahren. Aber zugleich weiß er auch, daß seine Zeit hier in Venedig zu Ende ist. Sie ist ein schöner, bunter Traum gewesen. Der Traum ist nun vorbei.

Giovanni Gabrieli stirbt 1612. Im gleichen Jahr müßte Schütz eigentlich in seine Heimat zurückkehren. Denn nur drei Jahre Aufenthalt hat ihm der Landgraf bewilligt. Aber Schütz will noch nicht zurück. Er schreibt an die Eltern. Für sie muß es ein Schlag sein: Der Sohn will noch ein weiteres Jahr an der Lagune bleiben – ob sie ihm nicht das nötige Geld schicken könnten? Christoph Schütz begreift jetzt wohl, daß er diesen Sohn in seine eigene Welt nicht mehr zurückholt. Mag er also noch ein weiteres Jahr dort unten bleiben. Schließlich ist der Vater ein wohlhabender Mann. Er kann es sich leisten.

Doch ist es nur ein letzter Aufschub. Das Jahr vergeht. In dieser Zeit verstirbt auch Schütz' anderer großer Freund Martinengo, und so liegen düstere Schatten über seinem Abschied, als der junge Musiker 1613 nach Deutschland zurückkehrt. Aus Henrico Sagittario wird wieder Heinrich Schütz. Und doch ist er ein anderer geworden. Kassel hatte ihn zum Musiker gemacht. In Venedig wird er Komponist. Und in seinem Gepäck befindet sich ein Notenbündel, säuberlich gedruckt und dem Herrn Landgrafen gewidmet: Es ist seine erste größere Komposition, seine italienischen Madrigale.

Ein Kampf um Schütz

So schiebt sich denn im Jahr 1613 der Reisewagen über die Alpen und trägt Heinrich Schütz fort von Fondigo und San Marco. Von diesen Jahren bleibt zunächst nur dieses schmale Buch, in Pappe gebunden und mit rotem Papier beklebt: »Il primo libre de Madrigali . . .«

Im mittelalterlichen Italien war das Madrigal aufgekommen, zunächst nur ein Liebesgedicht vor meist ländlich-idyllischem Hintergrund. Vom 14. Jahrhundert an waren Madrigale auch vertont worden, und im 16. Jahrhundert sind sie *die* weltliche Musikform schlechthin. Hier regt sich schon das zunächst noch sachte Aufbegehren gegen die Allmacht kirchlicher Musik. Denn in den Madrigalen werden nicht fromme, sondern sehr irdische Empfindungen ausgedrückt, von niederdrückender Trauer bis zum aufjubelnden Entzücken. Das fasziniert die großen Komponisten. Ob Palestrina, Orlando di Lasso oder die beiden Gabrieli: Sie alle schreiben Madrigale.

Um 1600 ist eigentlich die große Kunst des Madrigals vorbei. Doch gerade Giovanni Gabrieli pflegt sie weiterhin. Eine Madrigalkomposition ist zumeist die erste Aufgabe, die er einem neuen Schüler stellt, und wie Schütz schließen diese Schüler ihre Zeit bei Gabrieli stets mit einer Madrigalkomposition ab. Der kluge Pädagoge verfolgt damit einen bestimmten Zweck. Musik ist für ihn nicht nur die technisch gekonnte Aneinanderreihung schöner Klänge. Sie soll auch ihre eigene Sprache haben. Der Komponist soll mit ihr »erzählen«, und das jeweils auf seine eigene ganz unverwechselbare Art: Musik als Ausdruck der Persönlichkeit. Aber diese Persönlichkeit muß ein junger Mensch erst mal finden. Und Gabrieli wählt dafür bewußt das von geistlichen Zwängen freie Madrigal, wo sich der Komponist ganz auf sich selbst, seine Gedanken und Empfindungen konzentrieren kann.

Auch Schütz muß die Sprache der Musik erst finden. Das geht nicht ohne Rückschlag ab. In den wenigen schriftlichen Zeugnissen aus dieser Zeit lesen wir immer wieder Stoßseufzer über die Mühen seines Studiums. Aber Gabrieli ist ein geduldiger Lehrer und Schütz ein gelehriger Schüler. Allmählich begreift er, worauf es seinem Meister ankommt, wenn er die Einzelstimme gegen den Chor stellt, Stimmlagen miteinander kombiniert und Gesang mit Instrumentalmusik unterlegt. Der Hörer soll begreifen, welche Gefühle der Komponist ausdrücken will. Er soll mitfühlen können. Auch der Musiker ist ein Dichter, ein Poet, der *poeta musicus*. Das klingt so einfach. Das ist so schwer.

Um 1611 hat Schütz mit seinem ersten eigenen Werk begonnen. Er wählt neunzehn Texte von verschiedenen Autoren aus. Der letzte, wahrscheinlich von Schütz selbst, ist eine Huldigung für Landgraf Moritz. Dort rauscht in Anspielung auf seinen Vornamen »Mauritius« das »Mare«, das Meer, und seine Kraft wird achtstimmig gepriesen. Verhaltener, durchzogen von »Süße voll Bitterkeit«, wie es in einem der Texte heißt, klingen die anderen für nur fünf Stimmen komponierten Madrigale. Die erlesene Zuhörerschaft, die erstmals diese Komposition hört, ist des Lobes voll. Schütz hat seine Abschlußprüfung bestanden.

Stolz notiert er später: Sein Publikum waren die »damals vornehmsten Musiker Venedigs«, und sicher ist auch Lehrmeister Gabrieli dabei. Er darf zufrieden nicken. Sein Meisterschüler hat hier tatsächlich seine ganz eigene musikalische Sprache gelernt, ist ein *poeta musicus* geworden. Er hat seine Lektion begriffen. Aber er ahmt nicht nach. In südlich aufjubelnde Klänge mischt er einen ganz eigenen, herben, sehr nördlich-deutschen Ton. Und das ist es, was dann auch später in Deutschland die Zuhörer seiner ersten großen Kirchenmusiken begeistern wird: daß hier einer von den Italienern gelernt hat und doch ganz ein Deutscher geblieben ist. Das ist ein neuer Klang, den diese Zeit versteht. Und so ist dieser Schütz seiner beiden ersten Jahrzehnte als Komponist ein ganz und gar moderner Musiker, vielleicht der modernste überhaupt. Seine persönliche Tragik, einmal als konservativer Altmeister zu enden, der die Zeit nicht mehr begreift, zeichnet sich in diesen zwanzig Jahren noch nicht ab.

Die Uraufführung seiner ersten Komposition ist für Schütz ein stolzer Tag, und er eilt denn hin zur Druckerei der Brüder Gardano, läßt dort seine Madrigale drucken, versieht das Deckblatt mit einer pompösen Widmung für den großen Gönner im fernen Kassel und schickt das erste Exemplar an ihn – doch nun, zwei Jahre später? Jetzt ist auch dieser Erfolg zur schönen Erinnerung geworden.

Immer weiter führt die Reise von Venedig fort: nach Kassel zu einer kurzen Dankvisite beim Landgrafen und weiter nach Weißenfels, wo die Eltern warten. Verwandte, alte Freunde strömen herbei. Schütz wird bestaunt und ausgefragt: Wie war es denn nun so in der Fremde?

Was soll er antworten, was von Venedig erzählen, von der Musik und seinem Umkreis dort? Was würde diese Welt davon verstehen? Soll er den Band mit den Madrigalen hervorziehen und sagen: Das ist nun meine Welt, hiervon will ich leben? Um ihn herum hat aber schon das eifrige Getuschel eingesetzt. Ausführlich zerbricht man sich seinen Kopf. Er ist jetzt ein Mann von bald dreißig, da geht es doch nicht so weiter mit ihm. Jetzt muß doch endlich etwas aus ihm werden.

Wie Schütz damals empfunden hat, wissen wir recht genau. Er selbst schreibt später: »Als ich nun 1613 aus Italien wieder zurück nach Deutschland gelangte, beschloß ich mit meinen in der Musik nunmehr gelegten guten Fundamenten noch etliche Jahre mit denselben mich gleichsam verborgen zu halten, bis ich dieselben noch etwas weiter excoliret haben und hierauf mit der Veröffentlichung einer würdigeren Arbeit mich würde hervortun können. Es ermangelte damals auch meiner Eltern und Anverwandten Rat nicht, welcher Meinung war, daß meine zwar geringen Qualitäten ich mich bedient zu machen und Förderung zu erlangen trachten, die Musik aber als eine Nebensache tractiren sollte; derer wiederholten Vermahnung Folge zu leisten, ich endlich überredet wurde, und meine außer Händen gelegte Bücher wieder hervorzusuchen gleich begriffen war . . .«

Das ist aufschlußreich. Man meint geradezu, den Vater zu hören, wie er auf den Sohn einredet, unter kräftigem Kopfnicken aller herbeigeeilten Verwandten: Die Musik – sie läuft nicht davon. Damit kann man sich immer noch beschäftigen. Die Bücher dort, das Studium, die Zukunft als Jurist – das ist die Wirklichkeit. Die ernährt ihren Mann. Und der Sohn will ja wohl auch einmal Familie haben, wird doch wohl nicht ewig der verbummelte Musikus bleiben wollen . . .

Aber man hört auch Schütz selbst. Man ahnt seine Zweifel und Ängste. Man spürt die tiefe Unsicherheit sich selbst gegenüber. Und so nickt er denn zu den Worten des Vaters, greift wieder zu den Büchern und macht sich auf den Weg. Leipzig ist sein Ziel. Er wird dort nun Jura studieren wie vordem in Marburg. Und wieder stehen wir an einem Punkt, wo die Geschichte des Musikers Schütz eigentlich abgeschlossen sein könnte. Wieder kommt es aber zu einer Wende. Niemand wird sich wundern, daß sie Landgraf Moritz herbeiführt. Moritz wird vom abermaligen Entschluß zum Jura-Studium erfahren haben. Er dürfte verblüfft und ärgerlich gewesen sein. Da fördert er diesen Schütz schon mehr als zehn Jahre, und nun soll alles nur Spielerei gewesen sein, ein wenig Kunst zum Hausgebrauch. Offenbar wird man den begabten Mann zu seinem Glück zwingen müssen.

Der Landgraf schreitet zur Tat. Aber der Fall liegt diesmal schwieriger als bei den ersten beiden Malen. Da hatten noch das Stipendium am Mauritianum und der Studienaufenthalt in Venedig genügt. Diesmal jedoch, das dürfte der Landgraf begreifen, muß anderes her. Er muß Schütz die Basis für eine sichere Existenz bieten. Doch wie sie schaffen? Die Lage ist vertrackt. Denn einer solchen Begabung käme eigentlich nur ein einziger Posten zu, der des Hofkomponisten. Doch Hofkomponist ist nach wie vor der alte Georg Otto. Wie aber sonst Schütz am Kasseler Hof angemessen beschäftigen?

Der Landgraf läßt sich etwas einfallen. Er schafft einen neuen Posten, den eines Hoforganisten. Für einen Gabrieli-Schüler ist das eigentlich etwas dürftig. Aber Schütz weiß natürlich, was diese Berufung bedeutet. Ohne materielle Sorgen kann er darauf warten, früher oder später Georg Ottos Nachfolger zu werden. Einstweilen kommen aber auch noch andere ehrenvolle Aufgaben auf ihn zu. Er wird zur Erziehung der Prinzen herangezogen und dient seinem Fürsten als eine Art Privatsekretär. Kein Grund also, länger zu zögern: Schütz bricht sein Jura-Studium ein zweites Mal ab. Noch 1613 zieht er nach Kassel.

Der Landgraf ist Sieger – und ist es doch nicht. Denn zwar scheint es Schütz nicht vorbestimmt, biederer Jurist zu werden. Aber auch in Kassel wird er nie Hofkomponist. Schütz hat im neuen Amt noch nicht richtig Fuß gefaßt, als sich auch schon eine weitere Wende abzeichnet.

Mit einer Reise, gleichfalls noch 1613, fängt es an. Sie führt nach Dresden, in die Residenz des sächsischen Kurfürsten. Im Gefolge des Landgrafen befindet sich auch sein frischgebackener Hoforganist. Stolz zeigt ihn Moritz vor: Das ist seine Entdeckung. Jetzt kommt der junge Mann gerade aus Venedig zurück, jawohl, beim großen Gabrieli hat er gelernt und ist sein Meisterschüler gewesen. Und wie schön er musizieren kann . . .

Die Herren am sächsischen Hof sind beeindruckt. Dieser junge Mann ist wirklich ein großes Talent. Man wird ihn sich merken müssen, Und schon bald nach dieser ersten Dresden-Visite trifft in Kassel eine Bitte ein: Die Taufe eines Prinzen steht auf dem Programm – ob nicht der junge Herr Schütz bei den Festlichkeiten die musikalische Leitung übernehmen könne? Noch fühlt sich der Landgraf geschmeichelt, wie er um diese Zeit seinen Organisten überhaupt recht gern auszuleihen scheint: Fällt doch dessen Ruhm auch auf ihn als seinen Entdecker und Förderer zurück! Und so darf Schütz nicht nur im Herbst 1614 ein weiteres Mal nach Dresden ziehen, sondern bald darauf auch an den Hof von Bückeburg, wo ein Schwager des Landgrafen, der Graf von Schaumburg-Lippe, seine kleine, aber feine Residenz unterhält. Er kann sie sich leisten. Mit achthundert Talern Honorar wird Schütz nahezu fürstlich entlohnt. Dennoch bleibt der Besuch in Bückeburg nur Abstecher. Die Einladung nach Dresden hat größere Folgen.

In Dresden regiert Kurfürst Johann Georg, ein anderer Mann als Moritz, mehr von der bieder-derben Art. Doch auch sein schlichtes Gemüt weiß: Eine Residenz, die auf sich hält, braucht ein glänzendes Musikleben. Das ist schon eine Frage des politischen Prestiges. So vermerkt denn 1614 das Protokoll eines deutschen Fürstentags, mit wieviel Musikern ein jeder Potentat angereist kommt, der hessische Landgraf nur mit dreien, der sächsische Kurfürst jedoch mit 21 und der Herzog von Brandenburg sogar mit 39 Mann, darunter Italiener und Engländer. Man zeigt seine Musiker wie stolz errungene Trophäen vor, und wie man sich gegenseitig die besten Köche wegzuschnappen versucht, wird auch um die besten Musiker gefeilscht. Schütz und sein Landgraf bekommen das bald zu spüren.

Denn in der Kunst macht's nicht die Masse. Das weiß man auch am Dresdener Hof. Man braucht die faszinierende Persönlichkeit. Damit sieht es aber trübe aus. Der alte Rogier Michael ist zwar ein renommierter Hofkapellmeister, aber kränkelt seit langem und tritt 1613 in den Ruhestand. Schon zuvor hatte man den bekannten Komponisten Hans Leo Haßler engagieren wollen, einen Schüler Andrea Gabrielis. Aber Haßler stirbt schon 1612. So wird sich denn um den in Wolfenbüttel ansässigen Michael Praetorius bemüht. Er gastiert denn auch häufig in der kurfürstlichen Residenz, doch eben nur auf Zeit. Er ist am Braunschweiger Hof auf die Dauer unabkömmlich.

Nun läßt aber dieser junge Schütz aufmerken. Wie denn, wenn man ihn gewönne? Wahrscheinlich ist es nicht der völlig unmusikalische Kurfürst selbst, der als erster den Gedanken hat. Aber in Christoph von Loß besitzt er einen fähigen und kundigen Berater. Der beobachtet Schütz bei dessen zwei Dresdener Gastspielen genau. Dann taucht er die Feder in die Tinte und schreibt sein Gutachten: »Wenn die Musica in der Kirche und vor der Tafel auf die Maße wie bisher ange-

Kurfürst Johann Georg I. von Sachsen

stellet und gehalten werden soll, (ist) einer solchen Person gar nicht zu entraten, die dann sonderlich im Componiren wohl geübet, der Instrumente wohl kundig, auch der Concert erfahren sein muß, worinnen ich meines wenigen Ermessens erwähnten Schütz itzo Niemandes vorzuziehen ist...« Also kurz: Loß rät, Schütz schleunigst in sächsische Dienste zu nehmen.

Doch so einfach geht das nicht. Denn natürlich will Moritz seinen gerade dem Jura-Studium entrissenen Jung-Star nicht gleich wieder hergeben. Und so entspinnt sich über fast ein Jahr ein Kampf um Schütz, bei dem er selbst am wenigsten zu Wort gekommen zu sein scheint. Von Anfang an ist dabei der Landgraf im Nachteil. Denn Kursachsen ist immerhin das größte protestantische Kurfürstentum, sein sächsischer Kollege ist ungleich mächtiger als der Landgraf. Und doch setzt sich Moritz zur Wehr, zäh um diesen Schütz bemüht, der auf immer in sächsische Fernen zu entschwinden droht.

1615 läßt ihn Moritz ein weiteres Mal nach Sachsen ziehen, doch für höchstens zwei Jahre und jederzeit wieder abrufbar. Schütz' Dresdener Arbeit steht in dieser Zeit noch ganz im Schatten des berühmten alten Praetorius. Doch macht er auf die sächsischen Herren genügend Eindruck, daß sie sich immer intensiver um seine feste Verpflichtung bemühen.

Der Fall Schütz wird zur kleinen Staatsaktion. Kuriere preschen hin und her. Briefe werden überbracht, höflich im Ton, doch immer nachdrücklicher in der Sache. Zunächst ist noch Moritz am Zug. Noch vor Ablauf der zwei Jahre ruft er Schütz nach Kassel zurück, weil ihn die Prinzen angeblich als Erzieher brauchen. Dann wieder, immer besorgter, schlägt er einen Kompromiß vor: Soll also Schütz in Dresden arbeiten, offiziell jedoch in hessischem Dienst. In Sachsen ahnt man wohl jetzt schon, daß man gewonnen hat. Also bleibt man fest: Der ganze Schütz soll es sein, punktum!

Im Januar 1617 ist es soweit. Von nun an steht Schütz in sächsischem Dienst. Tapfer bemüht sich der Landgraf um die Rolle des stolz lächelnden Verlierers. Er schreibt an »Euer Liebden«, dem gar nicht so lieben Kurfürsten: »Die Hauptsach und dem allbereithabenden Diener Schütz betreffend, erfreue ich mich nicht wenig, daß nicht allein meine geringe Willfahrung E. L. so anständig gewesen, sondern auch, daß seine Person und Dienste deroselben so annehmlich, daß Sie nochmals sich seiner ganz ohne Limitation begehren . . .«

In Klarschrift und ohne höfische Schnörkel: Moritz gibt Schütz frei. Doch wird er den Verlust nie ganz verwinden, und für den Komponisten bleibt er wohl der »andere« Vater, für dessen Weg sich Schütz endlich entschlossen hatte. Und noch 1619, als Georg Otto stirbt, versucht Moritz, den Komponisten zurückzuholen. Doch nun ist Schütz schon zu fest an den sächsischen Hof gebunden. Er lehnt ab. Der Landgraf muß sich fügen. Und zum Abschied schenkt er ihm eine Kette, deren Medaillon sein Bildnis zeigt. Schütz ist gerührt. Bis an sein Ende wird er diese Kette tragen. Noch sein letztes Porträt zeigt sie an seinem Hals. Aber seine künstlerische Heimat ist jetzt Dresden. Sie wird sich ihrem neuen Sohn gegenüber nicht nur gnädig zeigen.

»O, du Orpheus unserer Zeiten . . .«

Im Juli 1617 legt Dresden seine schönsten Farben auf, und viel Musik muß her, dies noch zu unterstreichen. Schon vom Schloßbalkon her strömt auf die eintretenden Gäste eine üppige Klangflut nieder, und im Riesensaal des Schlosses jubiliert ein Nymphenchor: »Wohlauf dem Kaiser lobesam . . .« Das ist jedoch nur der Auftakt.
Ein Festspiel hebt an. Apoll und die Musen treten auf. Sie alle finden sich im frommen Wunsch: »Daß diese Gesellschaft werth möcht unvergessen sein . . .« Kurfürst Johann Georg nickt dazu kräftig. Denn genau das wünscht er sich: daß niemand diese Gesellschaft so rasch wieder vergißt. Und er neigt sich mit vertraulichem Lächeln dem Ehrengast an seiner Seite zu. Der lächelt zurück: der katholische Kaiser Matthias, der in diesen Juli-Tagen dem mächtigsten protestantischen Fürsten seine Visite macht.
Wie lange liegen jetzt schon die großen Religionskriege gleich nach der Reformation zurück! Längst scheinen sie Geschichte zu sein. Natürlich ist der einen Partei nach wie vor der Glaube der anderen ein Dorn im Auge. Doch längst hat man sich geeinigt, wie das künftig zu halten sei. Wieder sind die Landesfürsten die Sieger. Denn *cuius regio, eius religio* heißt nach dem Augsburger Religionsfrieden von 1555 die Devise: Die Untertanen haben zu glauben, was ihr Landesherr glaubt, ob katholisch oder protestantisch. Ein halbes Jahrhundert lang scheinen damit alle Probleme gelöst. Und nur Pessimisten oder sehr genaue Beobachter spüren, wie es weiterhin unter der Oberfläche schwelt und irgendwann einmal zum großen Brand kommen muß. Selbst ein so wenig erleuchteter Fürst wie Johann Georg mag das fühlen. Um so glücklicher macht ihn dieser kaiserliche Besuch. Zeigt er doch aller Welt, daß immer noch das von ihm so eifrig propagierte Nebeneinander der Konfessionen möglich ist.
Es ist eine glänzende Gesellschaft, die sich in seiner Residenz versammelt hat: der Kaiser selbst und seine Gemahlin, sein Vetter Ferdinand, der bald schon selber Kaiser sein wird, und in der Schar der Edelleute ein schmalgesichtiger Mann mit früh ergrautem Haar und

dunkel schillerndem Blick. Schon raunt und wispert es um diesen Wallenstein, dessen Ehrgeiz noch größer sein soll als sein unbestreitbares Genie. Doch erst einmal finden sich alle zum höflichen Applaus für das soeben vorübergerauschte Festspiel, und wohlwollend nickt der Kurfürst seinem Hofkomponisten zu: ein wirklich guter Mann, den man da dem hessischen Kollegen weggefangen hat. In Heinrich Schütz hat die Dresdener Musik ganz offenbar ihren Meister gefunden.

Wir haben kein Bild vom Schütz dieser Zeit. Nur aus späteren Gemälden können wir schließen, wie er damals ausgesehen hat: sehr hochgewachsen, überschlank, fast hager, mit hellem durchdringendem Blick. Allgemein wird sein Wesen gelobt: ruhig, freundlich, von natürlicher Autorität, ohne Launen und Allüren. Seine neue Heimat ist mit ihm zufrieden – und er mit ihr.

Um diese Zeit zählt Dresden zu den schönsten Städten Deutschlands, und die schon sprichwörtliche Lebenslust der Dresdener gibt dieser Stadt ein fast südliches Gepräge. Hell schimmern die Prunkbauten der kurfürstlichen Schlösser, und geht Schütz durch ihre Gemächer und Galerien, sieht er die erlesensten Kunstwerke an ihren Wänden, von italienischen Meistern, von Cranach und Dürer. Im berühmten Grünen Gewölbe aber, der Schatzkammer des Kurfürsten, finden sich Sammlungen wie sonst nirgends in Deutschland. Dort steht Schütz vor Musikinstrumenten von einer Kostbarkeit, wie er sie nicht einmal am Hof in Kassel gesehen hat. Eines fehlt allerdings: Charme und Verstand einer Persönlichkeit vom Format des Landgrafen.

Moritz wird der »Gelehrte« genannt. Kurfürst Johann Georg trägt einen nicht so schmeichelhaften Beinamen. Er heißt »der gekrönte Rüpel«. Ganz so arg mag er nun doch nicht sein. Aber fest steht, daß sich dieser Mann am wohlsten auf der Jagd oder bei der anschließenden Festtafel fühlt, wenn das erlegte Wild serviert wird. Kunst? Musik? Alles schön und gut. So was muß es auch geben. Und wenn man es sich leisten kann, leistet man es sich eben.

Im Umkreis dieses Mannes geht Schütz an seine Arbeit. Sie ist in allen Einzelheiten festgelegt. Schütz leitet Chor und Orchester. Er hat für die Ausbildung der Chorknaben zu sorgen und alle anfallenden Kompositionen »seinem besten Verstande und Vermögen nach« zu liefern, »gute und nützliche Messen, Motetten und Gesänge nach Art und Kunst der Musica«. Das liest sich klar und einfach. Tatsächlich erwartet Schütz eine wahre Sisyphos-Arbeit.

Schon während seiner Gastspiele in den vorausgegangenen Jahren wird ihm aufgefallen sein: Zwar hat Dresden seine gute musikalische Tradition, und immer noch finden sich hier fähige Leute. Aber insgesamt ist dieses Musikleben hoffnungslos überaltert. Schütz muß sich an das schwierige Geschäft einer durchgreifenden Erneuerung machen. Er zieht Nachwuchs heran, frischt Chor und Orchester auf, sichtet kritisch das Repertoire. Das alles dürfte Schütz nicht nur Freunde eingetragen haben, denn manch alter Zopf wird nur unter Schmerzen gekappt. Doch hat er Erfolg. Das Musikprogramm beim kaiserlichen Besuch wird ein erster glänzender Erfolg.

Nur wenige Monate später kann sich Schütz ein weiteres Mal beweisen. Genau hundert Jahre ist es her, daß Reformator Luther seine neunzig Thesen an die Wittenberger Schloßkirche genagelt hat. Drei Tage lang erdröhnen jetzt in Erinnerung an diese Stunde Dresdens Kirchen unter den Klängen großer Festgottesdienste, und kräftig fällt der Kurfürst ein, wenn sein Lieblingschoral angestimmt wird: »Allein zu dir, Herr Jesu Christ . . .« Wiederum hat Schütz die musikalische Leitung, und ein weiteres Mal besteht er die Probe mit Glanz. Niemand zweifelt noch, daß Dresden genau diesen Mann gebraucht hat.

Auch Schütz selbst mag allmählich alle noch nagenden Zweifel an seiner Berufswahl vergessen. Er ist jetzt ein angesehener Mann, der von den vierhundert Gulden seines Jahresgehalts recht gut leben kann. Schon hat er ein stattliches Haus mit prächtigem Erker bezogen, zunächst nur zur Miete. Später wird er es kaufen. Und sein künstlerischer Ruf reicht schon weit ins Land hinaus. Immer wieder darf er auf Reisen gehen, nach Magdeburg oder Bayreuth, und ist dort der renommierte Sachverständige in allen musikalischen Fragen. Dann geht es wieder nach Dresden zurück. Dort wartet der nüchtern graue Alltag eines kurfürstlichen Hofkapellmeisters auf ihn.

Schütz darf sich für nichts zu schade sein. Die Musiker des Orchesters haben etwa fast ein Jahr lang kein Gehalt bekommen, und Schütz beugt sich seufzend über sein Schreibpult, verfaßt an den Kurfürsten eine lange Epistel. Oder auch: Ein Schlingel von Chorknabe läßt sich von seinem Bruder zur gemeinsamen Flucht verführen. Schütz ist zur Stelle. Er schickt Kundschafter aus, die Flüchtlinge wieder einzufangen. Christoph von Loß gegenüber beteuert er: »Kann ich's doch bei Gott bezeugen, daß ich ihm niemals einen Schlag gegeben, daß er weder aus Furcht noch sonst Mangels weggelaufen sei . . .« Andere seiner Schützlinge machen ihm mehr Freude. Beispielsweise: »Johannes ist ein feiner sittsamer Mensch, hat in der Composition gar einen guten und fundamental Anfang gemacht, daß wohl heut oder morgen von ihm etwas zu hoffen ist . . .«

Wir wissen nicht genau, wer dieser Johannes ist. Wir sehen aber Pflichten und Sorgen eines Hofkapellmeisters. Die großen Konzerte und Festspiele, die festlichen Gottesdienste glänzen als einsame Höhepunkte. Den Alltag bestimmen Verwaltungsarbeit und organisatorische Aufgaben. Das eigene Werk kommt, wenn überhaupt, an zweiter Stelle.

Die meisten Kompositionen dieser frühen Dresdener Jahre sind rasch wieder vergessene Pflichtübungen. Dieser Umkreis nimmt keine Rücksicht auf Inspiration und Genius. Knapp heißt es etwa bei einer fürstlichen Taufe, bei der ein Ballett uraufgeführt werden soll: »Hierzu müssen noch die Musica bestellet werden«. Schütz nimmt die Bestellung entgegen. Er schreibt Ballette und Festspiele, Trauermusiken oder Jubelhymnen, ganz nach Bedarf. Ob der Kurfürst Geburtstag hat oder seine Mutter stirbt: Der Hofkomponist hat zur Stelle zu sein und das Gewünschte zu liefern, möglichst noch mit eigenem Text. Kein Widerspruch: Ein Künstler ist ein Handwerker. Und Schütz beherrscht sein Handwerk perfekt.

Dann klopfen wieder Freunde und Verwandte an. Eine Hochzeit findet statt oder auch ein Leichenbegängnis – Schütz, nicht wahr, wird doch dafür die Musik schreiben? Natürlich schreibt er sie, für Freunde wie Joseph Avenarius oder Michael Thoma, für seinen Bruder Georg. Jeder soll sein Hochzeitslied haben. Und vielstimmig tönt nach seiner Melodie der Chor: »Wohl dem, der ein tugendsames Weib hat« – so bei der Vermählung von Avenarius. Oder auch nüchterner, bei der Heirat von Michael Thoma: »Haus und Güter erbt man von den Eltern . . .« Und schließlich fast zärlich, als Bruder Georg heiratet: »Siehe, wie fein und lieblich ist's, daß Brüder einträchtig nebeneinander wohnen . . .«

In diesen Jahren 1618/19 mehren sich in Schütz' Freundeskreis die Hochzeiten. Wann aber, fragen sich die anderen immer häufiger, wird Schütz bei einer Hochzeit nicht nur freundlich lächelnder Gast sein? Wann schreibt er sein eigenes Hochzeitslied? Wann heiratet er selbst? Schütz ist jetzt schon vierunddreißig Jahre alt. Im Beruf hat er zu jener Ordnung gefunden, nach der sich sein im Kern tiefbürgerliches Wesen sehnt. Nun will er diese Ordnung auch privat. Dazu gehört auch die Ehe. Keine Affären, keine große Leidenschaft: Man kommt um den Eindruck nicht herum, daß Schütz bei seiner Brautschau genauso nüchtern und zielbewußt vorgeht wie bei seinen amtlichen Pflichten. Und die Wahl der Frau wirkt auch ein wenig wie das Statussymbol eines verhinderten Juristen.

Gerade achtzehn ist die Auserwählte, also fast halb so alt wie Schütz, und im übrigen genau das, was man eine gute Partie nennt. Magdalena Wildeck kommt aus angesehenem und wohlhabendem Haus. Der Vater, ein Steuerbuchhalter, dürfte der Typ eines Dresdener Besitzbürgers sein. Sie selbst wird die »schöne Wildeckin« genannt. Wir können sie uns also als ein hübsches Mädchen vorstellen, als die wohlbehütete »höhere Tochter« aus besseren Kreisen. Undenkbar, daß sich eine solche Frau mit irgendeinem hergelaufenen Musikus verbunden hätte. Der Herr Hofkapellmeister gilt jedoch als angemessene Partie. Am 1. Juni 1619 wird Hochzeit gefeiert.

Offenbar ist es ein großes gesellschaftliches Ereignis. Die Gäste lassen sich nicht lumpen. Üppige Geschenke treffen ein, Goldmünzen, Silberbecher, größere Geldbeträge, ein ganzes Faß besten Rheinweins. Doch an diesem Tag nimmt Schütz nicht nur Geschenke entgegen. Er schenkt auch selbst. Pakete gehen hinaus, nicht nur an Freunde, sondern auch an die Ratsherren vieler deutscher Städte. Höfliche Begleitschreiben sind beigelegt. Dresdens Hofkapellmeister beehrt sich, die Herren mit seiner zweiten großen Komposition bekanntzumachen. Es ist dies wohl das »würdige Werk«, das er hatte schaffen wollen, während die Madrigale noch nicht würdig genug waren: wiederum recht bezeichnend für die Rangordnung geistlicher gegenüber weltlicher Musik in dieser Zeit. Denn wirklich würdig kann nur ein Stück Kirchenmusik sein: Heinrich Schütz hat zwanzig Psalmen Davids vertont, jene farbgesättigten und klangerfüllten Bet- und Lobgesänge des legendären Bibelkönigs.

Der Gedanke mag ihm schon in Venedig gekommen sein. Denn während in Deutschland Psalmen noch kaum vertont werden, sind sie für venezianische Komponisten eine Lieblingsvorlage. Der Grund liegt nahe. Ähnlich wie bei den Madrigalen, nur eben auf »höherer« sakraler Ebene, reizt es bei den Psalmen, den Bildern der Sprache Bilder aus Musik entgegenzustellen. Denn Psalmen geben keine biblischen Inhalte wieder. Sie sind Poesie und damit auch das richtige Thema für den *poeta musicus* Schütz.

Das sind nun keine Pflichtübungen mehr. Jetzt entfaltet Schütz ganz persönlichen künstlerischen Ehrgeiz. Schon die Wahl der Psalmen ist bezeichnend. Deutlich stammt sie von ihm selbst und von keinem Geistlichen, denn kaum noch läßt sich Schütz von liturgischen Überlegungen leiten. Es kommt ihm vor allem auf Kraft und Schönheit der Sprache an.

Schütz studiert die Psalmen genau, Zeile um Zeile, Wort um Wort. Man meint geradezu zu sehen, wie er jeden Satz auf seinen Inhalt abklopft und diesen Inhalt so exakt wie möglich in Musik umsetzen will. Ein Tüftler ist am Werk, ein Rechner, der seine Wirkungen genau vorbereitet und einsetzt. Nichts an diesen Psalm-Vertonungen soll dem Zufall überlassen sein.

Auf Schütz mag diese Arbeit wie eine Befreiung wirken. Nach den für nur fünf Stimmen komponierten Madrigalen darf er jetzt aus dem Vollen schöpfen und nach Belieben Einzelstimmen, Chöre, Instrumente von der Laute bis zur Orgel einsetzen. Er tobt sich aus. Nach dem Feinstrich der Madrigale malt er jetzt ein üppiges, nahezu monumentales Klanggemälde. Es darf in allen Farben seiner Palette leuchten. Und fast meint man, im Hintergrund dieser Psalmen auch ein Jauchzen zu hören: Seht nur, was ich alles darf und kann! Hört nur hin, wie sich die Töne zu Bildern formen! Und Schütz ist denn auch sehr um die Wirkung seines Werks besorgt. Ein ausführliches Vorwort schreibt bis in alle Einzelheiten vor, wie man mit welchen Mitteln den größten und eindrucksvollsten Effekt erreichen kann.

Im gleichen Jahr 1619 dürften die Psalmen erstmals aufgeführt worden sein. Wahrscheinlich sind sie ein großer Erfolg, nicht nur in Dresden, sondern auch in vielen anderen Städten. Dafür hat schließlich Schütz selbst mit seiner Hochzeitsgabe vorgesorgt. Und auch er selbst scheint mit seinem Werk nicht unzufrieden zu sein. Zwar spricht er bescheiden von einem »Versuch« und »schlechten Werklein«. Aber das brauchen wir nicht so ernst zu nehmen. Schütz kennt inzwischen seinen Wert. Er steht zu seinem Werk. Und wenn er es auch dem Kurfürsten gewidmet hat, so ist doch für seine eigene Einschätzung die Vordatierung der schon abgeschlossenen Komposition auf seinen Hochzeitstag viel aufschlußreicher. Dies ist *seine* Musik. Er bekennt sich dazu voll Stolz im Unterton.

Mit diesen Psalmen tritt Schütz in die erste Reihe der jüngeren deutschen Komponisten seiner Zeit. Der Augenblick ist günstig. Die alte Generation, von Georg Otto bis Praetorius, tritt gerade ab. Eine junge Generation meldet ihren Führungsanspruch an. Schütz steht bereit. Jetzt zahlt sich sein langes Zögern aus. Noch immer ist er der relativ junge Mann. Zugleich bringt er aber eine Reife mit, wie sie die ganz jungen Komponisten noch nicht haben können. So fällt ihm in dieser Generation fast automatisch die Rolle eines *princeps* zu, eines »Fürsten« neuer deutscher Musik, und nicht mehr lange wird es dauern, bis ihn sein Dichterfreund Martin Opitz ansingt: »O, du Orpheus unserer Zeiten . . .« Orpheus, der Sänger aus antiker Sagenzeit, der Steine rühren und wilde Tiere zähmen konnte – es gibt kein größeres Kompliment.

Deutlich haben Schütz' Psalm-Vertonungen sein Selbstbewußtsein gestärkt. Zwar werden weitere vier Jahre vergehen, bis er mit seinem nächsten Werk an die Öffentlichkeit tritt. Aber dieses Werk kommt dann fast schon einer Herausforderung gleich: Schütz vertont die Auferstehungsgeschichte. Oder, mit dem vollen Titel: »Historia der fröhlichen und siegreichen Auferstehung unseres einzigen Erlösers und Seligmachers Jesu Christi, in fürstlichen Kapellen oder Zimmern um die osterliche Zeit zu geistlicher Recreation füglich zu gebrauchen.«

Das ist fast ein Abenteuer. Denn die Dresdener Kirchenmusik hat schon ihre Ostergeschichte. Ein Vorgänger von Schütz, Antonius Scandellus, hat sie komponiert. Das war zwar schon 1568. Doch der Ruhm des Komponisten bleibt über fünfzig Jahre hin ungetrübt, und seine Ostergeschichte wird Jahr um Jahr getreulich aufgeführt, auch noch von Schütz selbst. Jetzt tritt er in bewußte Konkurrenz zu diesem Werk und stellt Scandellus' veralteter Klangsprache seine eigene neue entgegen.

Schütz geht behutsam vor. Er beläßt es bei Scandellus' Texten aus den Evangelien der Apostel Lukas, Markus und Johannes. Bei der Vertonung bedient er sich aber all der Mittel, die er in Venedig gelernt hat. Seine Musik sagt nicht auf, sondern erzählt. Das Zusammenspiel von Einzelstimmen, Chor und Instrumenten spricht seine eigene Sprache. Und wie schon bei den Psalmen scheut er nahezu theatralische Wirkungen nicht, wenn er beispielsweise anregt, nur den Sprecher der Texte mit dem Buch in der Hand vortreten zu lassen, während der Chor als Ausdruck gleichsam überirdischer Stimmen hinter einem Vorhang verborgen bleiben soll. Hier werden nicht nur Klangbilder geschaffen. Hier inszeniert ein Komponist sein Werk.

Man wird denn auch von seiner »Klang-Regie« sprechen. Genau das ist das richtige Wort. Hier geht der Komponist wie ein kundiger

Regisseur vor, der ein Werk nicht nur vom Blatt ablesen läßt, sondern sorgsam Szene nach Szene aufbaut. Er setzt Pausen, steigert Spannung. Er dämpft das Tempo, um es dann wieder anzutreiben, dem nächsten Höhepunkt zu. Das ist alles sehr kunstvoll und sehr überlegt. Und das stößt schon ganz entschieden an die herkömmliche Grenze vertrauter Kirchenmusik. Nur ein Schritt noch – und das eigentliche Musikdrama müßte im Schütz-Werk folgen. Doch wird Schütz diesen Schritt nie tun. Dennoch weist ihn auch schon sein übriges Werk als einen der ersten deutschen Musikdramatiker aus.

Schütz' Auferstehungshistorie löst 1623 das Werk von Scandellus ab. Es gibt keinen Skandal. Schütz' Autorität ist groß genug, daß auch dieser Vorstoß gegen die Tradition kopfnickend hingenommen wird. Und der Komponist schreitet den einmal gewählten Weg in bedächtiger Steigerung weiter. Sein nächstes großes Werk zeichnet sich schon ab. Es wird wieder eine Überraschung bringen.

In den Psalmen hatte Schütz seine Mittel bis zum Äußersten erprobt. Es war, als hätte er sich dabei aller in der Gabrieli-Schule gewonnenen Farben und Nuancen seiner Klangsprache vergewissern wollen. Danach weiß er, daß er sie beherrscht. Jetzt, in der Auferstehungshistorie, wendet er sie mit dem Blick auf die anderen, das Publikum, an, steht als der große Erzähler vor ihm. Mit seiner vierten Komposition zieht er sich wieder auf sich selbst zurück. Die nun entstehenden »Cantiones sacrae« schreibt er wie im Zwiegespräch mit sich selbst.

Die wogende Monumentalität der Psalm-Vertonungen scheint vergessen. Jetzt wählt er die betont »kleine« Form und schreibt seine »Heiligen Gesänge« für nur vier Stimmen. Das drängt nicht nach außen, stellt sich nicht aus. Das »erzählt« auch nicht im Sinn der Auferstehungshistorie. Diese Motetten müssen im kleinen Raum gespielt werden, am besten nur mit einem einzigen Zuhörer, mit sich selbst. Es sind Gebete in Musik.

Schütz zeigt sich damit als Kind der Zeit. Die lautstark nach außen getragenen Auseinandersetzungen um Glauben und Religion scheinen eine Sache des letzten Jahrhunderts gewesen zu sein. Dieser Kampf ist vorbei. Der Mensch besinnt sich wieder auf sich selbst und scheint darüber nachzudenken, was seinem Glauben eigentlich widerfahren ist. Nach allen äußeren Konflikten fragt er nun nach der eigenen, urpersönlichen Bedeutung im Angesicht Gottes. Auch Schütz wird von dieser Bewegung erfaßt. Seine 1625 abgeschlossenen »Cantiones sacrae« belegen das.

Dieses Jahr 1625 könnte ein Höhepunkt in seinem Leben sein. Doch wird es zum Tiefpunkt. Schütz muß erfahren, daß alle Sicherheit nur Schein ist. Nur vermeintlich ruht sein Haus auf festem Fundament. In diesem Jahr steht Schütz bis in den Kern erschüttert am Totenbett seiner Frau.

Die Blattern sind wieder einmal ausgebrochen. Auch Magdalena Schütz erkrankt daran. Es gibt keine Rettung. Sie weiß es. Befaßt sieht sie ihrem Ende entgegen. Erst kurz zuvor war ihre Schwester Anna Maria den gleichen Tod gestorben, und Schütz hatte noch die Trauermusik geschrieben. Nun stirbt auch die eigene Frau und wird am 9. September 1625 zu Grabe getragen. Zurück bleibt der noch nicht vierzigjährige Witwer, Vater zweier kleiner Töchter: 1621 war die Tochter Anna Justina geboren worden, zwei Jahre später Euphrosyne. Die Großmutter nimmt sie in Pflege. Um Schütz beginnt sich aber jener Ring innerer Vereinsamung zu legen, den er bis zu seinem eigenen Tod nie mehr durchbrechen wird.

Heinrich Schütz heiratet kein zweites Mal. Gründe können nur vermutet werden: Will er keine andere an der Stelle der geliebten Toten sehen? Oder wirkt sein Leben lang der Schock nach, daß eben auf Erden nichts sicher ist und im Hintergrund immer schon die Katastrophe droht? Ist das die Erkenntnis, die dem Komponisten der »Cantiones sacrae« gekommen ist? Wir wissen es wieder einmal nicht. Dieser in seiner Musik so klare Mann bleibt als Mensch in vielem ein Rätsel. Der Hofkapellmeister geht wieder an seine Arbeit: tägliche Pflichten, Sorgen mit dem Orchester, kleinere Kompositionen wie gehabt. Lange beschäftigt ihn der Beckersche Psalter, eine vom Leipziger Theologen Cornelius Becker um die Jahrhundertwende zusammengetragene Psalmensammlung aus kleinen, leicht verständlichen Stükken. Jeder kann sie nachsingen, wie es einst Luther von der protestantischen Kirchenmusik gefordert hatte. Für Schütz, den Komponisten der aufwendigen Auferstehungshistorie und der schwierigen, verschlüsselten »Cantiones sacrae«, ist es eine demütig dienende Aufgabe. Sie lenkt ihn von seinem Schmerz um die verstorbene Frau ab. Zugleich aber scheint er sich merkwürdig unruhig zu fühlen. Dresden ist ihm verleidet. Er will fort, wenigstens für einige Zeit.

Natürlich kann er sein Amt nicht aufgeben. Aber er will Urlaub haben, ein oder zwei Jahre lang. Sein kurfürstlicher Brotherr reagiert erstaunt: Was will nur dieser Schütz? Hat er nicht in Dresden alles, was er braucht? Hat nicht Johann Georg schon 1619, als Landgraf

Moritz Schütz zurückgewinnen versuchte, mit kühler Entrüstung geantwortet, sein Hofkomponist sei unabkömmlich und zudem »mit allen Bequemlichkeiten« versehen? Was möchte also Heinrich Schütz? Er möchte nach Italien, genauer: nach Venedig. Seine Begründung klingt dabei plausibel: Ein Mann von seinem Rang und seiner Verantwortung dürfe nicht immer nur in der Provinz bleiben, sondern müsse sich von Zeit über den jüngsten Stand der Musik informieren. Dahinter steht aber wohl doch die Hoffnung auf das Wiedersehen mit jener Stadt, die ihm einst seine schönsten Jahre schenkte. Allerdings erfährt Schütz schon bald: Es ist nicht mehr das Venedig Gabrielis, wohin er 1628 aufbricht.

Venedig: Abschied im Dämmerlicht

Dresdens Türme verschwinden am Horizont, und Schütz mag zunächst erleichtert aufgeatmet haben. Denn die letzten Monate vor seiner Abreise nach Venedig hatten noch viel Ärger gebracht. Doch merkt er schon bald, daß er nicht zu einer Vergnügungsfahrt aufgebrochen ist.

Die Straßen befinden sich im vertraut jammervollen Zustand. An jeder Wegecke drohen Überfälle von Straßenräubern. Und im übrigen ist nun schon zehn Jahre lang Krieg in Deutschland. Zwar tobt er noch nicht so heftig wie in den kommenden Jahrzehnten. Doch schon trifft man überall auf seine Spur, und immer wieder müssen zeitraubende Umwege gewählt werden, um der quer durch Deutschland ziehenden Soldateska zu entgehen. So dauert die Reise volle zehn Wochen, selbst für damals eine überlange Zeit.

Im August 1628 war Schütz aufgebrochen. Erst im November trifft er in Venedig ein. Schon an der Grenze merkt er, daß sich im Charakter seiner Lieblingsstadt einiges geändert haben muß. Mißtrauisch wird der Ankömmling aus Deutschland beäugt, die Prüfung seiner Papiere braucht viel Zeit. Wo ist die heitere Weltoffenheit dieser Stadt geblieben, wo ihre berühmte Gastfreundschaft? Schwere Wolken verdunkeln den Himmel über der einst so strahlenden Serenissima.

Sie herrscht jetzt nicht mehr über das gesamte Gold der Christenheit. Sie herrscht eigentlich überhaupt nicht mehr. Ihre große Zeit ist vorbei. Und das ist natürlich nicht nur in den letzten Jahren gekommen.

Jetzt wird lediglich eine Entwicklung deutlich, die schon vor über hundert Jahren begonnen hatte und bereits in den Jahren vor Schütz' erstem Venedig-Aufenthalt vollendet war. Schon damals war Venedigs Glanz nur noch Fassade gewesen.

Die Entdeckung Amerikas am Ende des 15. Jahrhunderts hatte Venedig als allererste Wirtschaftsmacht abgelöst. Das Mittelmeer ist von da an nicht mehr das wichtigste Handelsmeer. Jetzt führen alle Stränge hinüber über den Antlantik, und dort kreuzen spanische, portugiesische, auch englische Schiffe. Holland, vom Joch der spanischen Zwangsherrschaft gegen Ende des 16. Jahrhunderts befreit, steigt auf den Märkten zur Weltmacht auf. Frankreich entwickelt unter seinem eisenharten Premierminister Richelieu den Ehrgeiz, erste Macht auf dem Kontinent zu werden. Doch lange geben sich die Venezianer ahnungslos. Nie wurde am Lido eifriger gebaut, begeisterter gemalt, gedichtet, komponiert als im ausgehenden 16. Jahrhundert, als die kommende Entwicklung schon abzusehen war. Weiterhin glaubt man, im Wechselspiel der Weltmächte mit wohlgefüllten Kassen das Zünglein an der Waage spielen zu können. Aber diese Kassen werden immer leerer. Der Export sinkt. Die Kurse fallen. Eben noch hochangesehene Banken und Handelshäuser gehen in Konkurs. Schon droht im Hintergrund der Staatsbankrott.

Ein Künstler wie Schütz mag von diesen politischen und wirtschaftlichen Entwicklungen nicht viel mitbekommen. Aber auch er hört das Volk unter den immer höheren Steuern stöhnen, sieht das Elend in den Gassen der Ärmsten – ist das noch das rauschhaft schöne Venedig seiner Jugendjahre? Noch immer erfüllt Musik die Straßen und Plätze, dringt aus jeder Kirche, jedem Palazzo. Aber sie tönt nun schriller, aufgeregter als zur Gabrieli-Zeit. Es ist, als flüchte man sich vor den heraufziehenden Gefahren in eine Parfümwolke aus Amüsement und Lustigkeit, und in den Häusern der Reichen hallen die Marmorwände vom grellen Klang der Bälle und Maskeraden, der Festgelage und Komödienaufführungen wider. Man feiert das Heute, um das Morgen nicht sehen zu müssen.

Doch steht dort noch immer in ruhiger Würde San Marco. Dorthin lenkt der erschrockene Schütz seinen Schritt. Zwar gibt es hier keinen Gabrieli mehr. Aber Schütz ist ja auch nicht mehr der Schüler, der seinen Meister sucht. Mit gelassenem Selbstbewußtsein kann er jetzt den Kuppelbau betreten: Was blieb vom Gabrieli-Erbe?

Ein Mann tritt ihm entgegen, achtzehn Jahre älter als er und schon weltberühmt. Höflich stellt er sich vor: Claudio Monteverdi. Schütz dürfte ihn kennen. Denn in seinem letzten Venedig-Jahr war Monteverdi Kapellmeister der Markus-Kirche geworden. Aber nicht Kirchenmusik hat ihn weltberühmt gemacht. Monteverdi gilt vor allem als der eigentliche Schöpfer der italienischen Oper: ein Genie, ein Star, der berühmteste Komponist seiner Zeit, in dessen Schatten das Andenken an den großen Lehrmeister Gabrieli fast verblaßt, – und ein Revolutionär.

Auch Gabrieli war neue Wege gegangen, doch immer in den vorgegebenen Grenzen. Er hatte verfeinert, differenziert, aber nichts umgestürzt. Monteverdi jedoch sprengt jede Grenze mit überschäumendem Temperament. Seine Musik erzählt nicht mehr. Sie ist Rausch, Aufschrei, ein immerwährender Gefühlsausbruch. Das ist neu. Das ist kühn – für Schütz *zu* neu, *zu* kühn.

Monteverdi und Schütz sitzen sich gegenüber, von Meister zu Meister, der Star des Südens vor dem Star aus dem Norden. Wir wissen nicht, was sie besprochen haben. Aber an Schütz' Reaktion läßt sich ablesen, daß ihn Monteverdi zwar beeindruckt hat, er jedoch zugleich Distanz wahrt. Vergessen wir nicht: Schütz ist immerhin schon ein Mann über vierzig, der seine eigene große Karriere gemacht hat. Und da ist immer noch das übermächtige Andenken an den geliebten Gabrieli, die »Grundlage meiner Kunst«, wie er gerade in diesen Jahren betont. So mögen auch sehr persönliche Gründe mitspielen, wenn sich Schütz, der früher so wache Neuerer, eher ablehnend gibt: Vermutlich wäre es ihm geradezu als Verrat am toten Meister vorgekommen, wäre er nun mit der gleichen Begeisterung wie einst den neuen Strömungen gefolgt. Hier wird eben auch der konservative Bürger deutlich, der das einmal Erworbene bewahren möchte. Und seinem Kurfürsten teilt er in einem Brief fast herablassend mit, daß in Venedig »diejenige Musik, welche zu fürstlichen Tafeln, Komödien, Balletten und dergleichen Representationen dienlich ist, sich itzo merklich verbessert und zugenommen hat . . .«

Schütz weist sich in diesen Worten ganz als der Komponist gewohnter Art aus, für den Kirchenmusik nach wie vor an erster Stelle steht. Daß es auch im Bereich der weltlichen Musik Fortschritte gibt: nun gut, das ist recht erfreulich. Aber so ganz ernst nehmen braucht man das wohl nicht. Und so entgeht denn Schütz auch die wichtigste Entwicklung in der modernen Musik: der zunächst noch zögernd einsetzende, dann unaufhaltsame Triumphzug der italienischen Oper.

Am Anfang hatte ein Mißverständnis gestanden: Im vorangegangenen Jahrhundert war es gewesen, als Komponisten die altgriechische Tragödie in ihrer Verbindung von Gesang und Spiel wiedererwecken wollten. Der Versuch mißlang. Was dabei herauskam, hatte mit dem Theater der Antike wenig zu tun. Eigentlich war es ein Bastard, nicht Theater, nicht Konzert. Dafür waren sich ernsthafte Komponisten schlicht zu schade. Bis eben Monteverdi kam.

Er hat die Oper nicht erfunden. Aber er ist selber Sänger und mit einer Sängerin verheiratet, er hat einen ausgeprägten Theaterinstinkt. Und so erkennt er instinktiv das Besondere der neuen Kunstform: daß hier im Gesang der Mensch singend seinen innersten Gefühlen Ausdruck geben kann. Das paßt in diese Zeit. Und das eröffnet ihrer Musik völlig neue Möglichkeiten. So greift denn Monteverdi zum neuen Medium Oper, fegt die bläßlich verschmörkelten Vorlagen beiseite und sucht nach Stoffen mit großen, leidenschaftlichen Gestalten. Musik wird jetzt zum dramatischen Element, der Musiker zum Dramatiker.

»Orfeo« heißt sein erstes Werk, die Geschichte des größten aller Sänger, der seine verstorbene Frau aus dem Reich der Schatten zurückholt. 1607 wird »Orfeo« in Mantua uraufgeführt. Das ist die eigentliche Geburtsstunde der italienischen Oper, und mit Monteverdi hat der erste Musikdramatiker die Szene betreten. Begeisterung empfängt ihn. Der große Opernrausch setzt ein. »Lamento, lasciatemi morire« (Laßt mich sterben . . .), die große Klage der Titelheldin aus Monteverdis zweiter Oper »Ariadne«, wird nicht nur die erste große Arie der Operngeschichte, sondern auch ein Schlager, den bald halb Italien trällert wie später die Arien aus Verdi- und Puccini-Opern. Und wenn Venedig auch erst 1634 sein erstes öffentliches Opernhaus bekommt, so sirrt und schrillt es auch schon in den zwanzig Jahren zuvor in allen Palazzi von Opernmusik.

Hier steht der norddeutsch kühle Gabrieli-Schüler Schütz an einer Grenze, die er nicht überschreiten kann und will. Dabei hat er selbst im Jahr vor seiner zweiten Venedig-Reise eine Oper geschrieben, zusammen mit einer der interessantesten und schillerndsten Gestalten aus seinem Freundeskreis, mit dem schlesischen Dichter Martin Opitz. 1625 ist Opitz nach Dresden gekommen. Schon damals gilt er als der berühmteste deutsche Dichter seiner Zeit. Sein politischer Ruf ist weniger glanzvoll. Man wird Opitz immer wie zufällig auf der Seite der jeweiligen Sieger finden. Doch mag er auch ein Opportunist sein: Für den um zwölf Jahre älteren Schütz ist er ein guter Freund, der dem trauernden Witwer die ermutigenden Zeilen nachruft: »Stimme deine Laute wieder/ laß die Orgel besser gehn/ laß erschallen deine Lieder/ soll dein Lied noch bei dir stehn . . .«

Schütz hat schon viele Opitz-Texte vertont, als sich die beiden zu einer ersten gemeinsamen Bühnenarbeit zusammenfinden. Sie wählen »Daphne«, ein altgriechisches Sagenmotiv um eine Geliebte des Gottes Apoll. Schon 1594 hatte darüber der Florentiner Dichter Rinuccini ein Versdrama verfaßt. Opitz übersetzt die Rinuccini-Verse, gibt ihnen straffere, dramatische Gestalt, während Schütz eine Musik wohl eher im erzählenden Stil seiner Auferstehungshistorie als in der dramatisch zupackenden Art Monteverdis schreibt. Doch immerhin ist »Daphne« die allererste ernstzunehmende deutsche Oper. 1627 wird sie bei einer fürstlichen Verlobung in Torgau uraufgeführt. Der sächsische Hof bleibt gelassen, applaudiert höflich und begibt sich dann eilends auf die großen Treibjagden im nahen Harz. Sie gehören ebenso zum Festprogramm wie Schütz' Oper, und wohl auch der Komponist hat darin nichts anderes gesehen als eine der üblichen musikalischen Zerstreuungen, wie er sie nun schon seit Jahren zu jedem festlichen Anlaß mit linker Hand anfertigt. Das Werk selbst geht verloren.

Anzeichen sprechen dafür, daß sich Schütz in Venedig ein weiteres Mal an eine Oper gewagt hat. Wir kennen sie nicht. Keine Zeile, kein Ton, nicht einmal das Thema blieb erhalten. Die Oper ist nun einmal Schütz' Sache nicht. Wäre er jünger und weniger von Gabrieli geprägt: vielleicht wäre er unter Monteverdis Einfluß der erste große deutsche Opernkomponist geworden und der Weg der deutschen Oper hätte nicht erst nach 1700 eingesetzt.

Doch weiter gilt für Schütz: Gabrieli über alles – und so bleibt aus dieser zweiten venezianischen Zeit kein Musikdrama, sondern Schütz schreibt in wohl sehr bewußter Huldigung für den Altmeister seine »Symphoniae sacrae«, zwanzig Konzertstücke in jener Art, wie sie einst Gabrieli zur Meisterschaft geführt hatte. Doch ganz kann sich Schütz auch hierbei nicht dem Monteverdi-Einfluß entziehen. Diese Vertonungen von Psaltertexten und Motiven aus dem Alten Testament wirken freier, mutiger, die Gesangsstimme wird persönlicher geführt als noch in der Auferstehungshistorie, wo alle Einzelpartien doppelt besetzt und damit gleichsam »entpersönlicht« waren. Auch die Instrumente treten kräftiger, selbständiger hervor. Und gerade im

Gesang der »Symphoniae sacrae« schimmert das Prinzip der Oper durch, Stimme Gefühl werden zu lassen.

Doch ist Schütz vor allem an die Adria gekommen, um sich zu informieren. Er sichtet Noten, prüft neue Instrumente und reist bis Cremona, wo die berühmte Geigenbauer-Dynastie der Amati ihre Heimat hat. Er kauft auch Instrumente und gibt dafür viel Geld aus. Sein Budget ist bald erschöpft. Er muß sich an den Kurfürsten wenden und um Unterstützung bitten. Zugleich sitzt er in Konzerten und hört jungen Musikern zu. Einen von ihnen, Venedigs besten Violinisten Francesco Castelli, wirbt er für Dresden ab, und Castelli begleitet ihn denn auch auf seiner Heimfahrt im Herbst 1629. Keine Wehmut diesmal, kein bitteres Flehen, doch noch etwas bleiben zu dürfen. Schütz hat Venedig noch einmal gesehen und wird dorthin nie mehr zurückkehren. Und die Stadt, deren Lebenskraft im Jahr darauf eine Pestseuche mit 46 000 Todesopfern endgültig bricht, wird nie mehr sein, was sie bei seinem ersten Aufenthalt noch zu sein schien.

Dennoch ist Schütz' zweiter Venedig-Aufenthalt für ihn ebenso folgenschwer wie der erste, wenn auch kaum in guter Weise. Denn die Serenissima bleibt Europas Hochburg der Musik. Was sich an Neuem entwickelt, entsteht zunächst einmal in Venedig. 1629 hat Schütz dieses Neue noch einmal kennengelernt, hat einiges von seinen Einflüssen mit aller Behutsamkeit und unter deutlichem Zögern in die eigene Musik aufgenommen. Von allen weiteren rasanten Entwicklungen wird er die weiteren zwanzig Jahre lang abgeschlossen sein und vor ihren Folgen erst wieder als alter, nicht mehr zu belehrender Mann kopfschüttelnd und verständnislos stehen. Denn in diesen zwanzig Jahren wütet Krieg in Deutschland, und zu seinen Opfern gehört auch der Künstler Heinrich Schütz.

»Ein Betrübnis über die andere«

Zehn Jahre vor Schütz' zweiter Venedig-Reise hatte dieser Krieg angefangen, im Jahr 1618, als in der alten Kaiserstadt Prag eine Komödie stattfand, die zum Ausgangspunkt für die größte Tragödie dieses Jahrhunderts werden sollte.

Gehen wir also zehn Jahre zurück: die Szene ist das Prager Schloß. Aus seinem Innern hört man Flüche, Geschrei, polternde Stimmen.

Ein Handgemenge findet statt. Plötzlich werden Fenster aufgerissen. Einige würdige ältere Herren fliegen in hohem Bogen hinaus und fallen weich auf einen Misthaufen. Oben am Fenster halten sich andere die Bäuche vor Lachen. Deutlicher hätten sie den Herren nicht zeigen können, was man hier in Böhmen von ihrem Kaiser hält. Die Geschichtsschreiber notieren: Prager Fenstersturz am 23. Mai 1618. Worum ist es dabei gegangen?

Die eigentliche Hauptperson ist Schütz wohlbekannt. Beim Dresdener Besuch von Kaiser Matthias hat er auch dessen Vetter Ferdinand gesehen, der nur allzugern dem kinderlosen Monarchen nach seinem Tod auf dem Thron folgen möchte. Dazu braucht er aber die Unterstützung der spanischen Linie seines Hauses Habsburg, und die gibt es bei aller verwandtschaftlichen Liebe nicht umsonst. Doch läßt sich Ferdinand nicht lumpen. Großzügig überläßt er dem spanischen Vetter Böhmen. Das ruft nun die starke Partei der böhmischen Protestanten auf den Plan. Gleichsam mit linker Hand sollen sie an die erzkatholischen Spanier verscherbelt werden? Eine erste Folge ist der Prager Fenstersturz.

Soweit ist alles ein kleiner, regionaler Konflikt. Aber der mutige böhmische Widerstand findet Sympathien im gesamten protestantischen Europa. Nun werden die Böhmen tollkühn und wollen ihren eigenen König wählen. Ihre Wahl fällt ausgerechnet auf Kurfürst Friedrich von der Pfalz, einen strenggläubigen Calvinisten. Seinerseits ist Friedrich tollkühn genug, diese Wahl anzunehmen. Das geht den katholischen Fürsten nun doch zu weit. Jetzt marschieren sie gegen die Böhmen ebenso wie gegen den Pfälzer, und der Regionalkonflikt ist nun schon ein gesamtdeutscher Glaubenskrieg geworden.

Schon 1620 könnte er wieder beendet sein. Auf dem Weißen Berg bei Prag werden die Böhmen von der kaiserlichen Partei vernichtend geschlagen. Jedoch sind dem unseligen Möchtegernkönig Friedrich einige Verbündete im protestantischen Lager geblieben, darunter auch der Herzog von Braunschweig-Wolfenbüttel – Grund genug für den kaiserlichen General Tilly, mit seinem Heer Nordwestdeutschland zu überschwemmen. Zugleich stellt die ihrerseits übermütig gewordene katholische Partei die Forderung, alle nach der Reformation beschlagnahmten Kirchengüter zurückzugeben. Norddeutschlands Fürsten erschauern. Das geht an die Substanz. Jetzt ist ihr so wohlfeil erworbener Besitz in Gefahr. Sie sehen sich nach einem Verbündeten um. Dänemarks König Christian IV. steht bereit. Der deutsche Glaubenskrieg wird ein gesamteuropäischer Krieg auf deutschem Boden.

Es kommt das Jahr 1625. In Dresden beweist Schütz seine Meisterschaft mit den »Cantiones sacrae«. Aber auch ein anderes Talent macht im Deutschland dieser Tage von sich reden. Bei Kaiser Ferdinand erscheint der Böhme Albrecht Wallenstein, ein Stratege, Organisator, Geschäftsmann – und ein Genie. Er macht einen genialen Vorschlag. Auf eigene Kosten will er ein Heer aufstellen und für den Kaiser ins Feld ziehen, der Krieg soll den Krieg ernähren. Der Kaiser, sonst immer im Klammergriff seiner Fürsten, ist begeistert. Der unaufhaltsame Aufstieg des Generalissimus Wallenstein beginnt und endet erst mit seiner vom Kaiser befohlenen Ermordung im Jahr 1634, als der düster glänzende Schlachtengott Politik auf eigene Faust zu machen beginnt.

Einstweilen ist jedoch Wallenstein der Herr der Stunde. Sein Heer rückt nach Norddeutschland vor, drängt die Dänen bis nach Jütland zurück, und hätte der Feldherr eine Flotte, würde er auch Dänemark erobern. Dafür hält er sich an Pommern und Mecklenburg schadlos und heißt jetzt Herzog von Mecklenburg. Und um 1629, als Schütz nach Dresden zurückkehrt, scheint der Krieg schon zu Ende sein. Doch wird er noch zwanzig Jahre dauern und am Ende etwas ganz anderes gewesen sein als nur ein Glaubenskrieg: In seinen dreißig Jahren wird Europa neu verteilt – und mit dem Sturz auf einen Misthaufen fing alles an ...

Aus heutiger Entfernung hat dieser Prozeß die Faszination eines mit eiskalter Folgerichtigkeit vorangetriebenen Schachspiels. Damals bedeutet er jedoch für Millionen Menschen ein Leben in Angst und Schrecken. Soldaten ziehen durchs Land. Sie plündern und morden, fallen in Dörfer ein, lassen die Häuser in Flammen aufgehen. Und es ist kein Unterschied, ob diese Horden zur katholischen oder protestantischen Seite gehören. Die Parteien stehen einander nicht an Besitzgier und Grausamkeit nach. Städte versinken in Schutt und Asche. Hunger wütet. Seuchen brechen aus. Ganze Landstriche verarmen und veröden. Und irgendwo in diesem aufgewühlten Deutschland sitzt in seinem Dresdener Arbeitszimmer ein gewisser Heinrich Schütz und überlegt verzweifelt, wie in dieser wilden Zeit seine Kunst zu retten ist.

Schon vor seiner Abreise hatte er gründliche Reformen gefordert. Und seine lange Abwesenheit, auch die Jahre zuvor, als Witwer

Die Schrecken des Dreißigjährigen Krieges

Schütz nicht auf der Höhe seiner Schaffenskraft war, haben ihre Spur hinterlassen. Jetzt hat der Hofkomponist große Pläne. Er will neue Musiker engagieren und junge, begabte Sänger einstellen. Chor und Orchester müssen aufgestockt werden. Doch merkt er schon bald: Der Krieg verschont auch Sachsen nicht.

Zunächst wirkt das Kurfürstentum noch wie eine Insel im allgemeinen Kriegsgeschrei. Über Jahre hält sich Kurfürst Johann Georg, »Luthers Siegelring am Wurstfinger«, aus allen Kämpfen heraus. Er ist Protestant, aber er steht auch zum Kaiser, und ein rundes Jahrzehnt geht dieses Schaukelspiel gut. Aber um Sachsen ziehen sich die Netze zusammen. Irgendwann wird sich »der gekrönte Rüpel« entscheiden müssen. Schließlich entscheidet er sich – und zwar genau für den Falschen.

Ein neuer Held erscheint auf dem Kampfplatz, der einzige wahrscheinlich, der einem Wallenstein gewachsen ist: Gustav Adolf von Schweden. Seine protestantische Überzeugung versteht der Löwe aus dem Norden recht gut mit schwedischen Großmachtsträumen zu verbinden. Um 1630 scheint die Zeit reif, sie zu verwirklichen. Seine Truppen landen in Pommern, und Kinder singen bald das Lied vom Maikäfer: »Die Mutter ist in Pommerland, Pommerland ist abgebrannt . . .« Die protestantischen Fürsten schöpfen jedoch Mut. Und in Dresden versinkt Johann Georg in tiefes Grübeln. Jetzt steht er zwischen zwei Blöcken. Da scheint es besser, sich noch rasch mit dem aufgehenden Stern aus dem Norden zu verbünden, bevor dem ganz Deutschland in die Hand gefallen ist.

1631 treffen sich die beiden Herren in Leipzig. Viel Schütz-Musik dröhnt im Hintergrund des großen Tags, und von weitem sieht der Komponist den berühmtesten Fürsten seiner Zeit vorbeischreiten, hochgewachsen, blond und blauäugig, der geborene Heldenkönig, Arm in Arm mit Sachsens gekröntem Rüpel. Ihr Bündnis dauert nicht lange. Schon im Jahr darauf fällt Gustav Adolf unter nie geklärten Umständen bei der Schlacht von Lützen, und sein mächtigster Gegner erschauert. Denn dem abergläubischen Wallenstein haben die Sterne einen baldigen Tod nach dem Ende Gustav Adolfs prophezeit. Sachsens Kurfürst bekommt jedoch seine Quittung für die Aufgabe früherer Neutralität. Jetzt fällt Feldmarschall Tilly in Sachsen ein.

Also auch hier Hunger, Elend, eine Soldateska, deren Kolbenhiebe gegen die Türen der aufgeschreckten Bürger donnern – und in Dresden bricht die Pest aus, fast die Hälfte der Bevölkerung stirbt. Die Lebenslust der eben noch so fröhlich bunten Stadt scheint weggerafft. Die Musik bei Hof verstummt. Und Schütz vergräbt das bleiche Gesicht zwischen den Händen. Vor ihm liegt ein ungehalten mahnender Brief seines Kurfürsten, doch endlich seine italienischen Erfahrungen für die Dresdener Hof- und Kirchenmusik auszuwerten. Woher aber die Mittel nehmen? Und Schütz schreibt seinerseits einen

Brief. Er schlägt vor, die nötigen Reformen »bis zu künftig etwas besseren Zeiten« zu verschieben.

Die Zeiten bleiben schlecht, auch für die Musik. Und wie hätten sie besser werden können, wenn Schütz zwar prominente Musiker wie Francesco Castello oder dessen Landsmann Carlo Farina von Venedig nach Dresden lockt, der Kurfürst sie aber gar nicht bezahlen kann? Wenn er begabte junge Sänger aufspürt, ihnen aber kein angemessenes Honorar bieten darf? Wenn einer der bekanntesten und besten Sänger, Hans Hasselt, schließlich Dresden verläßt, zermürbt im ewigen Kampf um ausstehendes Geld? Wenn Schütz beim Besuch des Schwedenkönigs die Chorknaben nicht einmal anständig kleiden kann? Und er selbst? Schütz lächelt bitter. Auch ihm schuldet der Kurfürst schon achthundert Taler . . .

Es bleibt nicht bei der beruflichen Not. Private Trauer kommt hinzu. Dies sind Jahre, in denen der nicht mehr junge Komponist binnen kurzem in seiner Familie die gesamte vorausgegangene Generation dahinsterben sieht, im August 1631 den Vater, im selben Jahr den Schwiegervater. Schon im Jahr zuvor stirbt sein gleichaltriger Freund Johann Hermann Schein, Kantor an der Leipziger Thomaskirche, und Schütz schreibt ihm die Trauermusik. Und schließlich stirbt sein »anderer Vater« Moritz, einst Landgraf von Hessen.

Auch wenn sie sich nie wiedergesehen hatten, war doch die Verbindung nicht ganz abgerissen, und manch musikalischen Rat mag Schütz aus der Ferne gegeben haben. Um so betroffener erlebt er dann, wie der eben noch so leuchtende Stern des verehrten Mannes niedersinkt und aus einer der kultiviertesten und sympathischsten Fürstengestalten dieser Zeit nur noch ein Schatten seiner selbst wird.

Anders als der sächsische Kurfürst hatte sich Moritz nie um Neutralität bemüht. Im Gegenteil: Mit den Jahren scheint dieser weltoffene und großherzige Mann immer engstirniger in Glauben und Denken zu werden. Immer schon hat der getaufte Lutheraner zur Kirche Calvins geneigt. Jetzt bekennt er sich offen dazu und will auch seine Untertanen dazu zwingen, notfalls mit Gewalt. Aufruhr im Volk, Tillys Einmarsch, Entmachtung, schließlich Abdankung und Verbannung bis zu seinem einsamen Tod im Jahr 1632 – das sind die letzten Stationen seines Lebens. Und mehr als einmal mag Schütz sich ausgemalt haben, was aus ihm wohl geworden wäre, hätte er doch noch das Angebot des Landgrafen angenommen. Mit Moritz stirbt auch der Traum eines harmonischen Miteinanders von Macht und Kunst.

Nein, dies sind keine guten Jahre für Heinrich Schütz. Eigenen Worten nach erfährt er in dieser Zeit »ein Betrübnis über die andere«. Erneute Unruhe packt ihn. Er will fort von Dresden, fort von diesem Hof und seiner Armut. Schließlich ist er Deutschlands bekanntester Musiker. Überall bieten sich einem Star wie ihm Möglichkeiten, selbst noch mitten im Krieg. In Bayern zeigt Herzog Maximilian für Schütz Interesse, und selbst am Kaiserhof zu Wien wäre man von einem Engagement nicht abgeneigt. Denn auch jetzt noch jagen sich die Fürsten gegenseitig ihre besten Musiker ab und drücken dabei in Sachen Konfession beide Augen zu. Warum sollte also Schütz nicht nach Wien oder München gehen?

Aber Schütz hält Maß. Ein Wechsel ins katholische Lager, da gerade sein Kurfürst Farbe bekannt hat – das käme einem Verrat gleich und würde heißen, alle Brücken nach Dresden abzureißen. Davor scheut auch Schütz zurück. Dennoch will er Urlaub haben. Die Begründung liest sich eher ungenau: Den niedersächsischen Raum will er bereisen und dabei auch mehr Zeit zum Komponieren haben, insgesamt wünscht er sich den Urlaub als »ein bequemes Mittel und Vorbereitung ... zu künftiger Reformation und Verbesserung«. Sein eigentliches Ziel dürfte jedoch schon feststehen. Es ist der dänische Königshof in Kopenhagen. Dorthin unterhält der Kurfürst die herzlichsten Verbindungen, dort soll der dänische Kronprinz bald eine sächsische Prinzessin heiraten. An einem Gastspiel in Kopenhagen ist also politisch nichts auszusetzen.

Schütz zeigt sich als gewiefter Taktiker. Verbindungen werden ausgespielt, Fäden unauffällig geknüpft. Schlüsselfigur in diesem Spiel ist ein sächsischer Kammerherr namens Lebzelter. Warmherzig empfiehlt er Schütz dem dänischen Hof und vergißt auch nicht den sachten Hinweis auf andere Interessenten selbst aus dem kaiserlichen Lager, wo Schütz schon »beweglich begehret« worden sei. Es ist dann kaum noch eine Überraschung, als Dänemarks König den sächsischen Kollegen höflich bittet, seinen Kapellmeister für die anstehenden Hochzeitsfeierlichkeiten freizustellen. Dagegen kann sich Johann Georg schlecht wehren, und im Februar 1633 reist sein Hofkapellmeister ab.

Schütz nimmt sich Zeit. Zunächst macht er in Hamburg Station und könnte von dort aus noch einen Abstecher nach Amsterdam gemacht haben, wo er den Maler Rembrandt kennenlernt. Jedenfalls meint man auf einem Musikerporträt Rembrandts Schütz zu erkennen. Erst nach Monaten schlägt der Musiker die nördliche Richtung ein. Es wird eine Fahrt ins Weite und Freie. Schon Hamburg, von Krieg und Seuchen verschont, hatte wie eine Oase gewirkt. Und jetzt rumpelt der Wagen über Holsteiner Straßen, vom Meer her weht ein frischer Wind, und über weitem, grünem Land dehnt sich der unendlich hohe, von zartweißen Wolken getupfte Himmel. Der Dresdener Alpdruck darf vergessen werden.

In Kopenhagen wird Schütz sehnlichst erwartet. Kaum kommt er im Dezember an, als man ihn auch gleich zum Königlich-dänischen Hofkapellmeister ernennt. Der König läßt sich seinen Hofkapellmeister einiges kosten, achthundert Taler und noch einmal zweihundert bei seiner Abreise. So nimmt denn Schütz in der Stadt Quartier und geht ins Schloß zu seinem Übungsraum direkt neben den Gemächern der Majestät, die anders als der sächsische Kurfürst Musik versteht und liebt. Jetzt kann der Hofkapellmeister endlich wieder arbeiten, wie er es aus früheren Zeiten gewohnt ist.

Im Mittelpunkt stehen die Vorbereitungen für die fürstliche Hochzeit. Dem Ankömmling aus einem verarmten, elend dahindarbenden Deutschland mag das große Staunen kommen. Ein halber Kontinent steht in Flammen, aber hier in Kopenhagen läßt man sich die Festlichkeiten zwei Millionen Taler kosten. Und auch in Dresden scheint der Kurfürst alle finanzielle Not vergessen zu haben. Er schickt die Braut mit 274 Wagen, über fünfhundert Gefolgsleuten und rund fünfhundert Pferden auf die Hochzeitsfahrt. Feuerwerk prasselt auf. Um die endlos lange Tafel sitzen die vielen hundert Gäste in starrer Seide und schwer rauschendem Brokat. Und Schütz-Klänge untermalen das farbenfrohe Bild.

Nicht alle können es sehen, vor allem nicht jene Untertanen, die diesen Aufwand bezahlen müssen. Für sie beschreibt in einer kleinen Schrift ein dänischer Buchhändler die aufgebotene Herrlichkeit: »Nach geendigter Mahlzeit wurde ein schönes Ballett auffen großen Saal getanzt ... Erstlich wurde vom ganzen Chor der Musikanten ein Liedlein gespielt und gesungen, dadurch die Götter zum Tanzen wurden geladen. Darauf kam hierfür der Gott Pan mit seinen Satyren, all in satyrischer Kleidung, die tanzten eine geraume Zeit, bis sie endlich sich retirierten, und tanzte der Gott Pan in einer Höhle. Da er die Abwesen des Hercules die Deianeram schlafend fand, wird durch ihre Schönheit er in Liebe entzündet, solcher Gestalt, daß er sich neben ihr zu legen vermeinte. Indem kömmt Hercules, ertappet den Gott Pan und führet ihn auf den Tanzboden und traktiret ihn schändlich wie einen Ehebrecher. Darauf wurde vom ganzen Chor ein schön Lied gesungen . . .«

Volle vierzehn Tage dauert dieses Fest. Maskenbälle wechseln mit Komödien und Konzerten ab. Schütz hat die musikalische Oberleitung, und gnädig streckt sich ihm am Ende aller Herrlichkeit die königliche Hand zum Kuß hin. Auch das mag eine Wohltat nach all dem Dresdener Grau sein – aber ist es dem Komponisten der »Symphoniae sacrae« auch ganz angemessen? Diesen Zweifel mag der Schütz dieser Zeit dumpf spüren. Doch genießt er den Kopenhagener Aufenthalt als große Atempause und nimmt offenbar nur schwer Abschied.

Erst im Frühjahr 1635 bricht er wieder nach Dresden auf. Dänemarks König läßt ihn ungern ziehen und bedenkt ihn beim Abschied mit reichen Geschenken. Auch ein Paß ist dabei, mit dem Schütz jederzeit wieder nach Kopenhagen zurückkehren darf, eine ebenso symbolkräftige wie praktische Gabe, von der Schütz noch Gebrauch machen wird.

Einstweilen stürzt er sich in seinen eigenen Krieg, den stillen Krieg des Heinrich Schütz um seine Kunst.

Der stille Krieg des Heinrich Schütz

Im Mai 1635 trifft Schütz wieder in Dresden ein. Durch Deutschland hallen gerade von Prag her Friedensglocken, wo vor siebzehn Jahren alles mit dem Fenstersturz begonnen hatte. Nun soll dort ein Schlußstrich gezogen werden. Die beiden größten Gestalten dieses Kriegs, Wallenstein und Gustav Adolf, sind tot. Das kaiserliche Heer hat über die Schweden gesiegt. Jetzt versammelt Kaiser Ferdinand die deutschen Fürsten um sich und bietet ihnen großzügige Versöhnung an. Auch Kurfürst Johann Georg ist zur Stelle und steht wieder fest zum Kaiser. Also Umarmung, Händeschütteln, Beteuerungen ewiger Freundschaft: Sachsens Menschen atmen auf.

Auch Schütz dürfte aufgeatmet haben. Seine persönliche Welt bleibt düster genug. Schon 1632 war seine Mutter schwer erkrankt, der Sohn reiste in aller Hast ins heimatliche Weißenfels, und ein kleines Wunder schien zu geschehen: Euphrosyne Schütz wurde wieder gesund. Doch war es nur ein Aufschub gewesen. Die Mutter stirbt im Februar 1635, der Sohn kann nur noch an ihrem Grab stehen.

Noch im selben Jahr stirbt Christoph Cornett, ein guter Freund aus Kasseler Tagen und Nachfolger Georg Ottos am hessischen Hof. Im nächsten Jahr wird es Schütz' Schwiegermutter Anna Wildeck sein und schließlich sein Lieblingsbruder Georg. Auch Martin Opitz lebt nur bis 1639, und im Jahr zuvor erleidet Schütz den größten Schicksalsschlag: Es stirbt seine Tochter Anna Justina. Ein Totenhaus hat Schütz verlassen. In ein Totenhaus kehrt er zurück. Da bleibt nur Arbeit und abermals Arbeit, um über alle Tragödien hinwegzukommen. Schütz nutzt das Vorrecht des Künstlers. Er setzt seinen Schmerz in Kunst um: 1636 entstehen die »Musikalischen Exequien«. Auch hierfür ist der Anlaß ein Todesfall. In seinem kleinen Fürstentum stirbt Heinrich Posthumus von Reuß-Gera, zu dessen Territorium auch Schütz' Geburtsort Köstritz gehört. Er ist also sein eigentlicher Landesherr, und Schütz trauert um ihn wie alle anderen seiner Untertanen auch. Denn Heinrich Posthumus hat nie eine Schlacht geschlagen, nie einen Sieg errungen, nie das geringste Zipfelchen Land erobert. Kurz: Er war ein wirklich großer Mann.

Auf seinem Sterbebett hatte der Fürst noch selbst die Texte zu seiner Totenmusik ausgewählt: »Herr, nun lässest du deinen Diener in Frieden fahren«, heißt es dort, und Schütz schreibt jetzt sein »Concert in Form einer deutschen Begräbnis-Missa«. Hier legt der Komponist wohl auch für sich selber Bekenntnis ab. Sein Concert führt durch alle Stationen eines in christlicher Demut durchstandenen Leids, von tiefster Trauer bis zur großen Hoffnung auf Erlösung im aufjubelnden »Selig sind die Toten«. Der Tod ist nicht mehr Ende, sondern Anfang, ist das Tor zur Seligkeit – und diese Zeit des Schreckens kann wohl auch nur mit dieser Hoffnung bestanden werden.

Die Zeit ist nicht nur für Schütz schrecklich. Denn der Prager Friedensschluß hatte nur einen Scheinfrieden gebracht, als Auftakt für noch wildere, grausamere Kämpfe. Jetzt ziehen die Schweden gegen ihre abtrünnigen Verbündeten vor, sie fallen in Sachsen ein und haben einen mächtigen Verbündeten an ihrer Seite: die Truppen des französischen Kardinals Richelieu, der im Namen seines königlichen Herrn in den Krieg eingetreten ist.

Man hält inne: Ist dies nicht ein Glaubenskrieg? Wieso verbünden sich da die protestantischen Schweden mit dem katholischen Frankreich? Und warum sind plötzlich an der Seite des katholischen Kaisers die protestantischen Fürsten zu finden? Worum geht es denn überhaupt noch in diesem Krieg, in dem sich alles zu entladen scheint, was sich über hundert Jahre lang an Aggression in Europa aufgestaut hat?

Es geht um die künftige Verteilung Europas. Richelieu will Frankreich zur mächtigsten Kraft des Kontinents machen. Sein Hauptgegner ist dabei das Haus Habsburg, und im Kampf gegen die Habsburger ist ihm jeder Verbündete recht. Seine Konfession kostet ihn nur ein Achselzucken. Hier geht es um Macht und sonst nichts. Und es geht immer noch um das Schicksal einiger Millionen Menschen. Wieder wird geplündert, gemordet, gebrandschatzt. Die Schweden bringen ihre eigene Foltermethode mit, den »Schwedentrunk«, Jauche oder kochendes Wasser, die ihren Opfern in die Kehlen gepreßt werden. Und dreihundert Jahre später wird in einem Stück Bert Brechts die Marketenderin Courage das Marschlied dieses Kriegs anstimmen: »Das Frühjahr kommt! Wach auf, Du Christ! Der Schnee schmilzt fort! Die Toten ruh'n! Und was noch nicht gestorben ist/Das macht sich auf die Socken nun . . .«

Dies sind die Jahre, in denen der Dreißigjährige Krieg seine scheußlichste Fratze zeigt. Und durch Sachsen hetzt Johann Georg auf der Flucht vor den nachdringenden Schweden. Er verliert sein Silber, sein Gepäck. Viele tausend seiner Untertanen verlieren noch viel mehr. Und in seiner Residenz Dresden versucht ein einsamer Einzelner, allen Schrecken zum Trotz das zu bewahren, was ihm am Herzen liegt: seine Kunst, die Musik.

Nach dem glücklichen Kopenhagener Jahr muß Dresden auf ihn um so deprimierender wirken. Dort hatten ihm über fünfzig bestgeschulte Musiker zur Verfügung gestanden. Hier sind es nicht einmal zehn. Ein musikalisches Leben findet, streng genommen, eigentlich gar nicht mehr statt. Doch zeigt sich gerade in dieser verzweifelten Situation Schütz' ganze Meisterschaft. Der erfolgsgewohnte Gebieter über Massenchöre und Riesenorchester zeigt, daß er auch in armen Zeiten seiner musikalischen Möglichkeiten sicher ist und sie auch ohne Monumentalmittel anwenden kann. Zwischen 1636 und 1639 entstehen in zwei Teilen seine »Kleinen geistlichen Konzerte«.

Diese vierundzwanzig Kompositionen für höchstens fünf Stimmen gelten künstlerisch als ein Nebenwerk. Aber kommt es immer auf Kunst an? Viel wichtiger erscheint in dieser Zeit, daß diese Konzerte Kirchenmusik auch ohne großen Aufwand möglich machen. Sie sind

Musik zum Hausgebrauch, die überall und jederzeit leicht aufgeführt werden kann. Und so kann inmitten von Kriegslärm und Schlachtgeschrei diese kleine, bescheidene Musik als Trost für Menschen gespielt werden, die nichts dringender als Trost und Hoffnung brauchen.

Aber Schütz ist nicht nur Komponist. Er bleibt zugleich Organisator und Verwaltungsmann. Und als Hofkapellmeister steht er jetzt an einer Grenze, der selbst dieser so kluge und erfahrene Mann kaum noch gewachsen ist. Das Schlimmste bei seinem zähen Kampf um die Erhaltung der Dresdener Musik ist vielleicht, daß Schütz ihn ohne Verbündeten ausfechten muß. Zwar ist Johann Georg in seine Hauptstadt wieder zurückgekehrt und hockt griesgrämig in seiner Residenz, ein Bankrotteur, den seine Frau um ein paar Taler anbetteln muß: »Bitt, daß ich auch nicht möchte vergessen werden, fünfzehn Dukaten ist all mein Geld . . .« Und da kommt nun dieser Kapellmeister, macht Vorschläge für Neuerungen – Johann Georg ächzt tief auf: Wer denn, bitte, soll das bezahlen? Schütz' Bitten erscheinen ihm so absurd, daß er darauf gar nicht erst antwortet. Und das ist nicht einmal ganz unverständlich.

Gibt es in dieser Zeit nicht wirklich Wichtigeres als Musik? Was zählen Konzerte und Gesang neben Mord und Brandschatzung? Soll man sich mit Motetten gegen plündernde Schweden verteidigen? Mit einem Gähnen schiebt Johann Georg die sauber aufgelisteten Gutachten seines Hofkapellmeisters beiseite: Er hat ja recht, der Schütz. Doch soll er wiederkommen, wenn die Zeiten besser sind! Ein sächsischer Kurfürst hat jetzt andere Sorgen.

Aber vielleicht macht gerade das Schütz' wirkliche Größe in seinem stillen Krieg aus. Sein Kampf ist eigentlich sinnlos. Er steht auf verlorenem Posten. Wie Don Quichotte, der Ritter von der traurigen Gestalt, rennt er gegen Windmühlenflügel an. Aber er gibt nicht auf. Er bleibt sich treu. Er kämpft um das, was ihm nun einmal heilig ist, bis an die Grenze der Lächerlichkeit. Und lohnt sich das nicht eben doch? Denn wie grausig diese Zeit auch ist: Kunst bewahrt ihr wenigstens einen Hauch von Menschlichkeit. Auch dafür steht ein Mann wie Schütz.

Mit der Zeit findet er doch einen Verbündeten am Hof: den ältesten Sohn des Kurfürsten, den künftigen Johann Georg II. Diesem Prinzen sind Kunst und Musik ein persönliches Anliegen. Und er verehrt Schütz. Für den ist es ein kleiner Trost über alle Übel hinweg, daß

Johann Georg einen eigenen höfischen Musikapparat aufzuziehen versucht. Schütz ist sein Berater – ein schmaler Lichtschein im Grau dieser Jahre.

Der Prinz steht auch im Mittelpunkt eines der wenigen großen Feste, die noch an den früheren Pomp der Dresdener Hofhaltung erinnern. Im November 1638 heiratet er eine Brandenburger Prinzessin, und Schütz leitet das musikalische Programm der tagelangen Festlichkeiten. Auch ein Ballett muß her, eine jener prunkhaften Mischungen aus Schauspiel, Tanz und Musik, wie sie gerade in Mode kommen, und Schütz wählt das Orpheus-Motiv, also das Thema der ersten großen Monteverdi-Oper. Bunt rauscht die Aufführung an den Hochzeitsgästen vorbei. Dann ist das Werk auch schon wieder vergessen, und wir wissen wieder nicht, ob sich Schütz nach seiner »Daphne« je wieder an eine »richtige« Oper gewagt hat.

Farbe, Freude, Beifall für den Komponisten – es sind Ausnahmen in diesen Jahren. Und die Dresdener Einschränkungen werden Schütz unerträglich. Er sieht sich nach Aufgaben jenseits der sächsischen Grenzen um. Noch immer hat er schließlich seinen Ruf als Deutschlands führender Komponist, und immer noch treffen Einladungen aus allen Richtungen ein: aus Hannover, aus Braunschweig-Wolfenbüttel. Schütz nimmt diese Aufgaben sehr ernst. Briefe dieser Zeit zeigen den Fachmann, den nicht höfische Schnörkel, sondern nüchterne Tatsachen interessieren. So in einem Schreiben an den Wolfenbütteler Hof: Zunächst will er wissen, wieviel Instrumentalisten und wieviel Sänger es gibt, in welcher Sprache gesungen werden soll, wo musiziert werden kann. Er kümmert sich um Probenräume, erkundigt sich nach der Wartung der Instrumente. Und hinter aller Sachlichkeit spürt man auch eine fast jubelnde Erleichterung: Endlich kann er wieder wie früher arbeiten. Nirgendwo fühlt er sich aber wohler als in Kopenhagen.

Der Paß des dänischen Königs erweist sich als folgenreiches Geschenk. Schon 1637 bittet Schütz ein weiteres Mal um Urlaub für eine Dänemark-Reise, und der Kurfürst gewährt sie ihm achselzuckend. In Dresden gibt es für den Hofkomponisten ohnehin kaum noch zu tun. Da kann man auch sein Honorar sparen und ihn nach Kopenhagen ziehen lassen. Dort wird Schütz ein weiteres Mal herzlich aufgenommen.

Sein eigentlicher Gönner ist Kronprinz Christian, der schon nach Schütz' erster Abreise in einem Brief an den sächsischen Hof sein Lob geradezu schwärmerisch gesungen hatte. Bei weiteren Besuchen beläßt er es nicht nur bei klingenden Worten: Nicht nur, daß Schütz ein ungewöhnlich hohes Honorar erhält – er wird sogar, bei einem dritten Besuch im Jahr 1642, ganz offiziell zum Oberhofkapellmeister ernannt, eigentlich Grund genug, die verlorene Dresdener Bastion endgültig zu räumen und ganz nach Kopenhagen überzusiedeln. Doch jedesmal kehrt er zurück, ins alte Amt, zu den alten Sorgen.

Seine Umwelt versteht das nicht. Manche wollen es schlicht nicht glauben. Sie setzen jetzt voraus, daß die Dresdener Zeit hinter Schütz liegt: »An Herrn Heinrich Schützen, königlich dänemärkischen und *vormals* kursächsischen weltberühmten Kapellmeister« – so ist ein schwungvoll preisendes Gedicht seines Freundes Johann Rist überschrieben. *Vormals* – ein Irrtum, ein Mißverständnis, ein freundschaftlicher Wink? Oder hat Schütz tatsächlich schon verlauten lassen, daß er nicht mehr nach Dresden zurückkehrt? Aber er verläßt die Residenzstadt nicht.

Wir wissen nicht, was Schütz an den gekrönten Rüpel und seinen Hof gebunden hat. Vielleicht klingt ein grimmiges »Trotzdem« an, der erbitterte Stolz eines Mannes, der nun nicht mehr aufgeben kann und will. Ein Schock mag für ihn auch sein, als in den vierziger Jahren zwischen Dänemark und Schweden Krieg ausbricht und ihn in Kopenhagen die Schlachtengreuel einzuholen drohen. Und schließlich: Der fast sechzigjährige Schütz könnte sich für einen Neuanfang zu alt vorkommen. Deshalb erwägt er denn auch nach der Rückkehr von seinem letzten Kopenhagen-Besuch den Rückzug aufs wohlverdiente Altenteil.

Schütz muß von robuster Gesundheit gewesen sein. Denn wer in jener Zeit seine ersten Jahre überlebt, ist in der Regel stark genug, um für lange Zeit die ärztlichen Künste nicht zu brauchen. Er darf mit einem hohen Alter rechnen. Auch für Schütz trifft das zu. Doch um 1640 erkrankt er schwer. Es geht auf Leben und Tod. Und die schwere Erkrankung zeichnet ihre Spur in seinem weiteren Leben. Schütz fühlt sich müde. Er weiß sich am Ende seines Wegs. Gern würde er sich in einer deutschen Hansestadt niederlassen. Vor allem Hamburg liebt er. Aber das bleibt schöner Traum. Dafür macht er seinem Kurfürsten einen anderen Vorschlag.

Schütz will sich nach Weißenfels zurückziehen. Dem nahen Dresdener Hof würde er weiterhin gegen Provision von Fall zu Fall zur Verfügung stehen. Und bescheiden bittet er um die Erstattung seiner

Spesen bei diesen Dresden-Reisen. Sachlicher, liebenswürdiger geht es nicht. Aber unbegreiflicherweise stellt sich Johann Georg taub. Hängt er wirklich so an Schütz? Will er auf sein Prestige nicht verzichten? Man weiß es nicht. Schütz' neuer Kampf beginnt und dauert mehr als ein Jahrzehnt.

Schütz harrt aus, zunehmend müder und wohl auch verbitterter. Doch fast ans Wunderbare grenzt, daß die Kompositionen dieser Zeit nichts von seiner Erschöpfung durchscheinen lassen. Gerade jetzt erreicht der Komponist Schütz eine Höhe, die kaum erklärt werden kann: 1645 vertont er »Die sieben Worte Jesu Christi«, gleichsam eine andere Auferstehungshistorie, nur ungleich kraftvoller und klarer als das erste Werk. Dort hatte man noch den geschickten Arrangeur gespürt, der Effekt an Effekt reiht. Auch diesmal ist Schütz der hochbewußte Regisseur seiner Klangwirkungen, dabei aber viel gelassener und selbstverständlicher. Er erzählt eine Geschichte und braucht nicht mehr zu beweisen, wie gut er sie erzählt.

Dann die »Geistliche Chormusik« von 1648, die dem Chor der Leipziger Thomaskirche gewidmet ist – hier scheint der Komponist seiner Zeit geradezu eine Lektion erteilen zu wollen: So also geht es auch, ganz einfach und klar, ohne jede Raffinesse. Und im Vorwort der Chormusik holt Schütz denn auch zu langen Erklärungen aus, wie wichtig die Feinheiten der Stimmführung ohne aufdringliche Orchesteruntermalung seien. Hier spricht nun schon der bewußt alte Mann, der die heraufziehende Oberflächlichkeit einer neuen Generation sieht und fürchtet.

Sein wohl größtes Werk werden die zwischen 1647 und 1650 entstehenden »Symphoniae sacrae« sein. Sie führen die in Venedig begonnene Arbeit nicht nur fort. Hier gehen Reife und Erfahrung der vergangenen schweren zwei Jahrzehnte ein. Schütz zeigt sich auf der Höhe seiner Mittel, Einfälle strömen ihm unablässig zu. Aber nie läßt er sich von ihnen überwältigen. Ob strengster Ernst und dunkelstes Empfinden, ob erzählerische Leichtigkeit und fast tänzerische Grazie – Schütz faßt alle Ausdrucksmöglichkeiten in die gleiche klare Form und bewegt sich durch den Kosmos seiner Musik, als würde es für ihn keine Grenzen und Hindernisse geben.

1647 legt er den zweiten Teil der »Symphoniae sacrae« vor, 1650 den dritten. Der zweite Teil ist dem dänischen Kronprinzen als Dank für alle Freundschaft und Unterstützung gewidmet. Die Widmung des dritten Teils nennt jedoch den Namen des Kurfürsten. Das schmeckt fast nach bitterer Ironie, denn wenn ihm jemand in den letzten zwanzig Jahren das Leben und die Kunst schwer gemacht hat, dann war es Johann Georg. Oder hat Schütz nur höflich sein wollen? Wollte er gar auf diese Weise an den Wiederaufbau der Dresdener Hof- und Kirchenmusik erinnern? Denn die Vorzeichen für die fällige Reform stehen im Jahr 1650 wieder günstig: Seit zwei Jahren ist Frieden im Land.

Die Welschen kommen

Es ist also Frieden im Land, endgültiger, wirklicher Frieden. Dreißig Jahre hat der Krieg gedauert. Längst ist er zum sich zäh und qualvoll dahinschleppenden Dauerschrecken geworden. Alle Gefühle sind abgestumpft, nur die eine Sehnsucht nicht: Frieden, endlich Frieden. Und der Schrei dröhnt so laut, daß ihn selbst die Mächtigen hören. Schon um 1640 sind sich alle einig, daß endlich ein Ende gemacht werden muß. Aber noch einmal schleppt sich das große Völkerschlachten acht Jahre hin, bis man sich in Westfalen zum Friedensschluß zusammenfindet. Wer aber hat nun eigentlich gesiegt?
Nicht der Kaiser und sein Haus Habsburg: Sein Kaisertitel ist nur noch ein Symbol, in Spanien ist die große Zeit der Habsburger abgelaufen. Erster Herrscher auf dem Kontinent wird Frankreichs König, am ehesten noch der Sieger dieses Kriegs, während für seine schwedischen Verbündeten ihre Weltmachtträume mit Gustav Adolf ins Grab gesunken sind. Gesiegt hat auch keine der beiden Religionen. Nur die Fronten sind härter geworden. Trotziger als zuvor ist man nun Protestant oder Katholik. Wirklicher Sieger ist aber einzig die Staatsform des Absolutismus mit ihrer Devise »Alle Macht der Krone«, wie sie Richelieu den anderen Mächtigen vorgezeichnet hat. Und wirklicher Verlierer ist das Volk.
Deutschland ist fast verblutet. In manchen Gegenden wie Pommern oder Mecklenburg, Hessen oder Pfalz sind bis zu siebzig Prozent der Bevölkerung ausgerottet und weite Landstriche verwüstet und versteppt. Über weite Flächen hin gleicht das Deutschland dieser Zeit einer verlassenen Mondlandschaft, aus deren Höhlen die wenigen Überlebenden hervorkriechen und halbbenommen, ungläubig aufjauchzen: »Die güldne Sonne, voll Freud und Wonne...« Der Pastor

Paul Gerhard schreibt diesen Choral unter dem Eindruck unsäglicher Erleichterung, wie sie jetzt die deutschen Menschen überkommt: Die güldne Sonne – wenigstens sie hat niemand nehmen und zerstören können. Aber vieles andere ist für immer dahin. Und der Krieg hat nicht nur die Oberfläche verwüstet. Seine inneren Verwüstungen sind fast noch schlimmer.

In diesen dreißig Jahren ist eine ganze Generation herangewachsen, die nichts anderes mehr als Krieg, Not und Zerstörung kennt. Jetzt will sie nichts als leben. Sie greift nach allem, was neu, bunt und aufregend ist. Zugleich regt sich ein Nationalgefühl ganz neuer Art. Die »Welschen«, die Fremden also, haben aus dem Ausland genug Verderben über Deutschland gebracht. »Welsch« wird fast ein Schimpfwort. Und dennoch bricht das Welsche über das Land und seine Kultur herein. Gewachsene Traditionen sind zerstört, natürliche Verbindungen abgerissen. Das Alte wird achselzuckend abgetan. Es gibt kein Selbstbewußtsein mehr, keine eigene Kultur. Was über die Grenze strömt, wird ungefiltert aufgenommen, wenn es nur neu und modern schmeckt. Schon wird alles Französische Mode, auch die französische Musik. Zugleich hält man gierig nach Italien Ausschau.

Früher war der fruchtbare Austausch zwischen den beiden Kulturen die selbstverständlichste Sache der Welt. Schütz selbst steht dafür als Symbol. Jetzt aber war man jahrzehntelang von Italien abgeschnitten. Um so heftiger will man wissen, was sich dort in zwanzig Jahren tat: Läßt sich noch Anschluß an all die jüngsten Entwicklungen finden? Nur nicht sich anmerken lassen, wie rückständig man selber ist – das wird die Devise. Und die Blicke gehen hin zu Heinrich Schütz: ein großer Mann, gewiß – aber nicht auch schon etwas altmodisch?

Zwanzig Jahre seines Lebens, seine besten wahrscheinlich, hat er im Kampf um die Dresdener Musik verbraucht. Darüber ist er alt und müde geworden, ein kränkelnder, verschlissener Greis, der nur noch seine Ruhe will. Aber genau sie läßt man ihm nicht. Er muß ausharren in einer Zeit, die ihn immer mehr zum angegrauten Denkmal seiner selbst stempelt. Und da versucht er eben doch, den Gefahren einer hektisch neuen Zeit zu begegnen. Es wird sein zweiter großer Kampf. Wieder steht er auf halb verlorenem Posten. Aber ganz machtlos ist er nicht. Schwinden auch die eigenen Kräfte, so gibt es doch die Schar seiner Schüler, Geist von seinem Geist. Und als der große alte Mann deutscher Musik wird er immer noch als Ratgeber gesucht, in den Jahren nach 1648 vielleicht noch dringlicher als zuvor. Denn nun, da das Land wieder Atem schöpft, entsteht an vielen Höfen das musikalische Leben neu oder fängt erst an.

So treffen denn in Dresden Anfragen und Einladungen ein, aus Gotha, Weimar, Wolfenbüttel. Ob aber der Fürst von Reuß-Gera einen Ausbilder für Chorknaben sucht oder der Rat der Stadt Bautzen einen Organisten, ob der Herzog von Sachsen-Weimar seine Hofmusik ausbauen und dessen Wolfenbütteler Kollege das Amt des Hofkapellmeisters vergeben will – jedes Mal empfiehlt Schütz einen seiner Schüler, in Reuß-Gera Andreas Gleich, in Bautzen Alexander Hering, in Wolfenbüttel Johann Jakob Loewe. Die Schütz-Schule ist eine Macht im Land. Ausgerechnet in Dresden selbst wird ihr eine Grenze gezogen. Hier geht es um den Posten des Vizekapellmeisters. 1646 war Schütz' bisheriger Stellvertreter Zacharius Hestius gestorben, und Schütz, der bei seinem Arbeitsanfall einen Vertreter dringend braucht, schlägt Agostino Fontana vor, einen Italiener, der in Kopenhagen dem vergötterten Schütz als Oberhofkapellmeister nachgefolgt war. Er verehrt den alten Mann so sehr, daß er diese viel glanzvollere und besser bezahlte Position zugunsten des Stellvertreterpostens aufgeben will, und alles scheint damit in Ordnung zu sein. In früheren Jahren hätte wohl allein Fontanas Namensnennung genügt, um ihm das Amt zu sichern. Diesmal regt sich aber Widerstand.

Im Mittelpunkt steht eine eher trübe Erscheinung, der Hofkantor Johann Georg Hofkuntz. Er und kein anderer fühlt sich für das Amt des Vizekapellmeisters berufen, und schon gar nicht soll es ein Ausländer bekommen, der dazu noch Katholik ist. Schütz mag es bei solchen Argumenten schaudern: Wo sind die Zeiten geblieben, wo einem protestantischen Ausländer wie ihm das Organistenamt an der katholischen Markuskirche angeboten werden konnte, weil es allein auf Können und Musikalität ankam?

Aber Hofkuntz geht noch weiter. Seine Geschosse werden schärfer. Sie zielen jetzt auf Schütz selbst. Denn der Kantor wird nicht müde, seine eigenen Verdienste um die Dresdener Musik herauszustreichen und Schütz' Leistung kräftig herunterzuspielen. Sein giftiges Hauptargument: Schütz sei ja in den letzten Jahren kaum noch in Dresden gewesen und hätte nur noch seinen großen Namen beigesteuert, während der brave Hofkantor die Hauptlast tragen mußte.

Schütz bewahrt Würde. Es sei nicht seines Amtes, antwortet er, allzeit gegenwärtig zu sein. Insgesamt sei er für die Musik verantwortlich, gleich wo er sich gerade aufhalte, und dieser Pflicht sei er immer nachgekommen. Wohl nicht zufällig legt er denn auch dem dritten Teil seiner »Symphoniae sacrae« ein Kompositionsverzeichnis bei, dem auch das schlichteste Gemüt entnehmen kann, wie rastlos tätig Schütz in all diesen Jahren gewesen ist. Dem kann schlecht widersprochen werden. Hofkuntz' Argumente nimmt denn auch niemand wirklich ernst. Aber allein schon, daß sich Schütz überhaupt verteidigen muß, erschüttert seine bisher so felsenfeste Autorität. So hat er auch in Sachen Vizekapellmeister nur halben Erfolg.

Man weicht in einen Kompromiß aus. Zwar bekommt nicht Fontana den Posten, aber auch nicht Hofkuntz. Aus Danzig wird der dortige Kantor Christoph Werner berufen, ein guter Mann, mit dessen Wahl Schütz einverstanden sein kann. Werner macht sich auf den Weg. Aber er trifft niemals in Dresden ein. Er stirbt auf dieser Reise. Das ist nun schon das fünfte Jahr, in dem Schütz ohne Stellvertreter ist. Er braucht ihn dringender denn je. Und so hebt er auch nur noch resignierend die Schultern, als doch noch Hofkuntz in das so innig herbeiintrigierte Amt einzieht. Um diese Zeit ist ihm das schon gleichgültig, wenn er nur endlich von seinen Pflichten entlastet wird.

Das alles ist mehr als eine der üblichen Hofintrigen. Jetzt zeigt sich auch, daß Schütz' Nimbus als absolute Größe zu verblassen beginnt. Es geht dabei gar nicht nur um sein Amt. Es geht um die gesamte musikalische Entwicklung dieser Jahre. Schütz spürt, wie seine Maßstäbe immer weniger gültig sind und sich Strömungen entwickeln, denen er ratlos gegenübersteht. Und gerade weil er sich dabei um Toleranz bemüht, gerät er immer wieder doppelt heftig zwischen alle Fronten, so schon um 1646 bei einem eher belanglosen Zwist, der Schütz eigentlich nichts angeht.

Im fernen Danzig hatte sich ein Streit entzündet. Anlaß sind einige Psalm-Vertonungen Paul Sieferts, des streitbaren Organisten der Danziger Marienkirche. Sein Feind ist Danzigs Musikdirektor Caspar Förster, der den unbequemen Mann nur gar zu gern loswerden möchte. Die Psalm-Vertonungen, gegen alle alten Regeln geschrieben, kommen ihm gerade recht. Er greift Siefert wütend wegen seiner Verstöße gegen ehrwürdige Traditionen an. Siefert schlägt zurück. Dies sei eben deutsche Musik und keine sklavische Imitation italienischer Muster.

Ein mörderischer Streit entspinnt sich. Jeder sagt seine Meinung, keiner hört zu. Jede nur erreichbare Größe im Musikleben wird um Stellungnahme gebeten, natürlich auch Schütz. Merklich hat er keine

Lust, sich in diese Intrige einzulassen. Seine Antwort ist denn auch kaum anderes als ein verhaltenes Bekenntnis zur Gabrieli-Schule. Vielleicht begreift er auch gar nicht ganz, worum es hier eigentlich geht. Für ihn zählen die Kategorien »deutsch« und »welsch« nicht. Er kennt nur gute oder schlechte Musik. Gerade deshalb wird er nun beschuldigt, ein Freund alles »Welschen« zu sein.

Der Konflikt spitzt sich zu. Schütz hängt zwar an der italienischen Schule, aber eben im alten Gabrieli-Sinn. Schon Monteverdi war er nur auf Distanz begegnet. Jetzt aber meldet eine weitere Generation ihren Anspruch mit neuen, ungewöhnlichen Formen an. Schütz versteht sie nicht und kann sie auch gar nicht verstehen. Er hat nicht die Entwicklung miterlebt, um sie für sich noch nachvollziehen zu können. Jetzt rächt sich sein langes Abgeschnittensein.

1651 kommt diese neue Musik nach Dresden, als Kurprinz Johann Georg seinen eigenen Hofkapellmeister beruft. Der Prinz ist zwar Schütz' innigster Bewunderer am kurfürstlichen Hof. Aber er ist auch Kind seiner Zeit. Und auch ihm mag zuweilen der Gedanke kommen, ob nicht der alte Schütz bei allem Respekt eine doch reichlich überholte Erscheinung ist. Seinen eigenen Hofkapellmeister holt er sich jedenfalls aus der Mitte der modernen italienischen Musik, dort wo sie am modernsten ist. In Dresden trifft Giovanni Andrea Angelini ein, genannt Bontempi.

Mit Bontempi weht wieder ein Hauch großer weiter Welt durch Dresdens dumpfe Räume. Diese schillernd brillante Erscheinung ist ganz auf der Höhe ihrer Zeit, weltgewandt, geistreich, in allen Tricks und Künsten erfahren. Nur halb so alt wie Schütz, war er zunächst Chorknabe in San Marco, wo man seine silberhelle Knabenstimme auf damals übliche Weise zu erhalten suchte: Bontempi wird Kastrat. Tausende Knaben gehen an dieser barbarischen Methode zugrunde. Einige wenige steigen zu den absoluten Stars des internationalen Musiklebens auf. Sie sind die wahren großen Primadonnen dieser Zeit. Bontempi gehört dazu. Und er hat noch mehr als den kostbaren Alt seiner geschlechtslosen Singstimme zu bieten. Er dichtet, komponiert, er ist umfassend gebildet. Geistliche Musik ringt ihm nur ein müdes Lächeln ab. Seine ganze Liebe gilt der Oper. In Bontempi spiegelt sich die gesamte Entwicklung dieser Zeit.

Schütz hat nichts gegen Bontempi oder dessen Kollegen Vincenjo Albrici. Er blickt nur etwas verwirrt auf diese vorlauten, fröhlich arroganten Herren, für die ein Gabrieli die längst vergessene Größe ist.

Vielleicht fällt von Schütz' Seite aus auch die eine oder andere etwas abfällige Bemerkung. Aber insgesamt hält er sich zurück. Andere sind nicht so schweigsam. Schon bald regt sich Widerstand gegen diese »Welschen«. Dresdens Musiker nehmen es geradezu als Kränkung, daß sie unter einem ausländischen Eunuchen spielen sollen. Es kommt zum offenen Protest. Und wer spielt den Sündenbock? Natürlich Schütz. Dessen Vorliebe für alles Italienische kennt man schließlich. Also ist es kein anderer als er, der diese italienische Invasion an den Hof geholt hat. Ein weiteres Mal muß sich Schütz in einer Angelegenheit verteidigen, die ihn eigentlich nichts angeht.

Seine Rechtfertigung klingt matt: Er sei nun einmal Schüler Gabrielis, aber das ist nun schon so lange her, und mit der neuen Richtung könne er ebenso wenig anfangen wie andere auch. Das erbost wiederum Bontempi, mit dem sich Schütz bis dahin recht gut verstanden hatte. Vielleicht sind dem Italiener auch einige von Schütz' früheren abfälligen Bemerkungen zu Ohren gekommen. Jedenfalls fällt wieder einmal alles über Schütz her, die einen, weil er die Italiener liebt, die anderen, weil er die Italiener nicht liebt. Schütz winkt ab. Er weiß wohl selbst, wie wenig diese Zeit noch die seine ist.

Weiterhin steht er in der Pflicht seines Amtes. Mit dem Frieden ist auch wieder die Zeit großer Feste an den Dresdener Hof zurückgekehrt. Schütz komponiert, arrangiert, steht auf seinem Posten, gleich schon im Jahr 1650, als die schwedischen und französischen Besatzungstruppen das Land verlassen und zwei Söhne des Kurfürsten Doppelhochzeit halten. Bei solchen Festen geht es nicht ohne Schütz. Noch immer versteht er sich wie kein anderer auf musikalische Prachtentfaltung – und sehnt sich doch nur nach der Abgeschiedenheit seines Weißenfelser Altensitzes.

Schmerzen plagen ihn. Krankheiten suchen ihn immer häufiger heim. Seine Sehkraft läßt nach. Schütz klagt über Kopfschmerzen und Schwindelanfälle. Er leidet an Rheuma und spürt seine siebzig Lebensjahre in allen Knochen. Immer wieder erinnert er an sein Rücktrittsgesuch, und die Antwort ist immer gleich: Der Kurfürst schweigt sich aus. Schütz geht weiter seiner Arbeit nach, immer matter und hinfälliger. Allein sein privater Kreis bringt ihm in diesen Jahren zwischen Friedensschluß und siebzigstem Geburtstag etwas Freude.

In Leipzig lebt seine zweite Tochter Euphrosyne, nun eine junge Frau, ein wenig zart, leicht kränkelnd. Der Vater macht sich oft Sorgen um sie. Doch im übrigen ist sie sein ganzer Stolz. 1647 hat sie sich verlobt, 1648 heiratet sie. Schütz ist mit seinem Schwiegersohn Christoph Pincker sehr zufrieden. Pincker, Jurist, hat genau die Karriere gemacht, die einst Schütz selber zugedacht war. Er ist ein angesehener Anwalt und wird es bis zum Bürgermeister von Leipzig bringen. Im Schwiegersohn sieht Schütz die gutbürgerliche Tradition seines Hauses aufs schönste fortgeführt.

1655 erwartet Euphrosyne Pincker ihr fünftes Kind. Ihr Vater bricht nach Leipzig auf, voll dunkler Ahnung. Sie wird Wahrheit. Das Kind selbst, ein Junge, stirbt gleich nach der Geburt. Schütz sitzt aber am Bett der Tochter, hält ihre Hand und spricht ihr den 25. Psalm vor: »Nach dir, Herr, verlanget mich . . .« Die Schwerkranke ist ebenso gelassen wie einst ihre Mutter auf dem Sterbebett. Am 11. Januar 1655 stirbt sie. Der siebzigjährige Schütz hat nun auch die nächste Generation überlebt.

Eine Woge von Mitgefühl erreicht den alten Mann. Nicht einmal seine Feinde verschließen sich dem erschütternden Schicksal dieses Menschen, dem wahrhaft nichts erspart bleibt. Aus In- und Ausland schreiben ihm Dichter und Geistliche. Trauergedichte voll zartfühlenden Beileids werden verfaßt. Auch Bontempi meldet sich mit mitleidsvollen Versen: Erreicht das alles Schütz noch?

Er vergräbt seinen Schmerz in sich, wie er sein Leben lang so viel Kummer und Enttäuschung in sich vergraben hat. Er reist nach Dresden zurück, als sei nichts geschehen. Er geht wieder an die längst verleidete Arbeit. Noch über ein Jahr muß er ausharren. Dann kann er endlich seine letzte Amtshandlung vollziehen. Er schreibt seinem Kurfürsten die Trauermusik. Denn auch der »gekrönte Rüpel« ist gestorben – endlich, wie mancher seufzt.

»Kunst suchen wir . . .«

Es wird ein prachtvolles Begräbnis. Dreißig Geistliche und zweihundert Chorknaben folgen dem Sarg, und ein Dutzend Trompeter untermalt den düsteren Prunk mit feierlich getragenen Fanfarenklängen. Die Menschen am Straßenrand stoßen sich an und zeigen einander die im Leichenzug mitschreitende Prominenz. Auch Schütz ist wohl dabei. Seinem verstorbenen Herrn und Quälgeist hat er noch eine sechsstimmige Doppelmotette geschrieben, und jetzt nimmt er

Abschied vom »gekrönten Rüpel«, dem er einiges Gute und viel Schlechtes verdankt. Sie waren schon ein seltsames Gespann, der große Musiker und dieser mittelmäßige Politiker. In diesem Oktober 1656 ist nun die gemeinsame Zeit vorbei.

Ein anderes, glücklicheres Bündnis mit einem Mächtigen wird es für Schütz nicht mehr geben. Denn zwar schreitet dort im Trauerzug der Kurprinz mit, der sich noch im gleichen Jahr die väterliche Krone aufs Haupt drücken wird. Aber auch er ist nicht mehr der große Mäzen für Schütz. Dafür ist es zu spät.

Johann Georg II. tut viel für Dresden. Unter ihm erblüht die Residenz zu neuem Glanz. Er vereinigt die beiden Orchester, das eigene mit dem kurfürstlichen, so daß es wieder fünfzig Musiker umfaßt. Er fördert Hof- und Kirchenmusik und versucht sich selbst als Komponist. Er liebt die Oper und wird in den sechziger Jahren das erste feste höfische Opernhaus Deutschlands mit über zweitausend Plätzen errichten lassen. Schütz erfährt von ihm jedoch nur noch eine Wohltat. Johann Georg entläßt den alten Mann endlich in den Ruhestand.

Alles wird so geregelt, wie es sich Schütz gewünscht hat. Er tritt nicht eigentlich zurück, sondern bleibt Oberhofkapellmeister auf Lebenszeit und steht für besondere Aufgaben zur Verfügung. Er bezieht weiterhin ein Gehalt von achthundert Talern, und wenn er auch bis zu seinem Tod von der Sorge geplagt wird, doch noch in Armut zu enden, so hat er doch zusammen mit seinen anderen Einkünften ein Einkommen, das ihn finanziell vor allen Beschwernissen absichert.

So verkauft denn Schütz sein Dresdener Haus und zieht hin nach Weißenfels. Eine Schwester, die letzte Angehörige aus seiner Generation, führt ihm den Haushalt. Freundlich verabschiedet der 43jährige Kurfürst den 71jährigen Musiker. In sein Lächeln mag sich auch Erleichterung mischen. Denn der alte Herr, in seinem Starrsinn, seinen eisenfesten Ansprüchen an andere und sich selbst, war eben doch ein Problem. Jetzt ist es in allen Ehren gelöst. Nun kann sich wieder der so viel interessanteren Gegenwart zugewendet werden.

Sie fällt so schrill und bunt aus, wie zu erwarten stand. Allem Geheul gegen die Welschen zum Trotz bestimmen nun allein Italiener das Musikleben und werden so ungeniert bevorzugt, daß schließlich ein Schütz-Schüler Christoph Bernhard wutentbrannt Dresden verläßt und nach Hamburg übersiedelt. In Dresden wogt der italienische Reigen weiter. Schließlich stehen siebzehn Italiener im kurfürstlichen Dienst und besetzen alle Schlüsselpositionen. Sofern Schütz solche

Nachrichten überhaupt noch erreichen, mag er dazu gelächelt haben, wehmütig und etwas boshaft: Wie hatte er um Fontana kämpfen müssen! Wie war ihm sein Einsatz für die »Welschen« verübelt worden! Und jetzt beherrschen sie schon ganz selbstverständlich die Hofmusik.

Einige setzen sich weiterhin gegen die Invasion aus dem Süden zur Wehr. Schließlich findet der Dichter und Komponist Christian Dedekind einen Kompromiß. In der Mitte der sechziger Jahre entsteht eine »kleine deutsche Musik«, ein Alternativchor ausschließlich deutscher Sänger. Auch das ist eigentlich eine Idee von Schütz, schon aus den fünfziger Jahren. Er darf jetzt ein letztes Mal die Folgerichtigkeit seiner Überlegungen bestätigt sehen. Aber all das ändert nichts daran, daß insgesamt das Dresdener Musikleben immer weniger der Schütz-Ära gleicht und er selbst in gemächliche, aber unaufhaltsame Vergessenheit gerät.

Jetzt ist er wirklich der Greis. Ein spätes Gemälde zeigt ihn, wie wir ihn uns nun vorstellen müssen: sehr schmal, ein wenig gebeugt, die Figur fast überzart, ein schöner alter Herr mit leicht melancholischem Blick, voll abgeklärter Weisheit. Was ihn plagt, verschweigt das Gemälde: die nachlassende Sehkraft, die zunehmende Schwerhörigkeit. Bilder und Klänge der Außenwelt – sie erreichen den alten Henricus Sagittarius nicht mehr. Seine Musik ist der letzte Gefährte.

In das Eisgrau seiner selbstgewählten Einsamkeit fallen nur noch vereinzelt Lichtstrahlen aus der anderen Welt. Lange unterhält er noch Beziehungen zum Wolfenbütteler Hof und trägt dort sogar den Titel eines Oberhofkapellmeisters. Hier begegnet ihm noch Achtung und Zuneigung, und besonders die Herzogin, eine der großen Damen dieser Zeit, ist dem alten Mann gewogen. Von Dresden her wird es jedoch immer stiller.

Dort rauscht 1662 bei der Hochzeit einer Prinzessin wieder einmal ein Riesenfest über die nun wieder prunkvoll leuchtende Szene. Die Schrecken der Vergangenheit sind endgültig verdrängt. Und Schütz kommt aus Weißenfels angereist. Manch erstaunter Blick mag ihn streifen: Den alten Mann gibt es also auch noch! Und dann wendet sich aller Aufmerksamkeit Bontempi zu, dem Star des Tages, dessen Oper »Il Paride« aufgeführt wird. Schütz ist nur noch Zuschauer. Die Heimkehr ins ruhige Weißenfels fällt ihm gewiß nicht schwer: Dies alles, weiß er, ist seine Welt nicht mehr. Um so tiefer und endgültiger vergräbt er sich in seine Arbeit als Komponist.

Heinrich Schütz im Alter von 85 Jahren

Zunächst scheint es, als arbeite Schütz nur auf. Wohl auf Anregung des Kurfürsten überarbeitet er den rasch populär gewordenen Beckerschen Psalter. Schon zuvor entstehen »Zwölf geistliche Gesänge«, auch sie eine Lektion für die Nachgeborenen, wie man Stimmen richtig führt. Und um 1660 schreibt er die »Historia der freuden- und gnadenreichen Geburt Jesu Christi«, eine Weihnachtshistorie gleichsam als Gegenstück zur 1623 uraufgeführten Auferstehungshistorie. Auch diesmal löst das Schütz-Werk eine andere, veraltete Arbeit ab, die schon 1692 komponierte Weihnachtshistorie seines Vorgängers Rogier Michael. Schütz ist wieder ganz der Handwerker, der nie die musikalische Praxis aus den Augen verliert. Seine Anweisungen für eine angemessene Wiedergabe sind gewohnt anschaulich und genau. Auch legt er sein Werk bewußt so an, daß es an den unterschiedlichsten Stätten mit unterschiedlichem Aufwand gespielt werden kann. Zugleich führt diese Weihnachtshistorie zu den drei letzten großen Arbeiten dieser späten Jahre hin, zu Schütz' Passionen.
Im vorausgegangenen Jahrhundert war diese Form geistlicher Musik aufgekommen. In ihrer Weise entsprachen diese musikalischen Wiedergaben der Leidensgeschichte Christi nach den Worten der Evangelisten Matthäus, Markus, Lukas und Johannes ganz der Lutherschen Vorstellung von musikalischem Glanz im Gottesdienst. Um 1530 schrieb der Komponist Johann Walter eine erste Matthäus-Passion, 1551 der Schütz-Vorgänger und Historienkomponist Antonius Scandellus eine Johannes-Passion: rein dienende Arbeiten, Tongemälde für den großen Gottesdienst am Palmsonntag oder Karfreitag. Sie wurden der Predigt wie in Klänge gefaßte große Erzählungen des biblischen Inhalts vorangestellt. In dieser Entwicklung markieren Schütz' Passionen, die Johannes-Passion von 1665, die Matthäus-Passion im Jahr darauf und die nicht näher zu datierende Lukas-Passion einen Höhepunkt und Abschluß. Als sich vierzig Jahre später der junge Komponist Händel an eine eigene Passion wagt, muß er sich schon von seinen Kritikern vorwerfen lassen, er hätte sich einer total veralteten Sache angenommen, und erst einem um alle Moden unbekümmerten Genie wie Bach gelingt es, der Passion zu einem allerletzten Höhepunkt zu verhelfen, der mit den Schütz-Passionen kaum noch etwas gemein hat.
Einst ein Neuerer, ist Schütz nun der große Konservative, und man muß wohl sagen: Er ist es bewußt. Er hat am Anfang einer neuen Zeit gestanden, er steht nun am Ende einer alten. Verloren ging darüber

die in seinen jungen Jahren noch so lebendige Hoffnung, auch musikalisch brauche es zwischen den beiden großen Religionen keinen Gegensatz zu geben. Noch seine venezianischen »Symphoniae sacrae« waren so angelegt, daß sie sowohl in protestantischen wie katholischen Gotteshäusern gespielt werden konnten. Nach dem Dreißigjährigen Krieg ist solche Zeit der Hoffnung vorbei – und damit auch die Zeit des Heinrich Schütz, der als deutscher Protestant bei einem katholischen Welschen in die Lehre ging und danach nicht deutsche oder welsche, nicht protestantische oder katholische, sondern eben Schütz-Musik schrieb – ein Europäer in jenem guten Sinn, bei dem nationale Kultur zum Bestandteil einer größeren, über die Nation hinausgreifenden Einheit wird. Dieser Klang erreicht die Menschen in der zweiten Hälfte des 17. Jahrhunderts nicht mehr. Der Künstler Schütz wird eine altmodische Erscheinung und will es in seinen letzten Werken wohl auch sein.

Es öffnet sich kein neuer Bogen. Es schließt sich nun ein Kreis. Noch einmal wird zu seinen Lebzeiten eine Schütz-Komposition gedruckt, seine Matthäus-Passion. Dann fällt das Wort vom Schwanengesang. Für diesen Schwanengesang wählt er wohl nicht zufällig Psalmen Davids. Eine solche Vertonung stand am Anfang seines Werks. Jetzt steht eine andere an seinem Schluß.

Das Jahr 1672 kommt. Schütz ist schon sehr hinfällig, fast blind und taub. Verschiedentlich erleidet er Schlaganfälle. Gute Medikamente und wohl noch mehr seine im Kern urgesunde Natur lassen ihn jedoch genesen, und am 6. November bessert sich sein Zustand merklich. Noch am Morgen steht er früh auf, zieht sich an, fühlt sich frisch und gesund. Gegen neun Uhr vermißt er etwas, sucht es, geht in seine Schlafkammer, allein. Niemand muß ihn stützen oder führen. Dann aber, von einem Augenblick zum anderen, packt ihn Schwäche. Schütz taumelt und fällt zu Boden.

Er weiß es, seine Umwelt weiß es: Das ist nun das Ende. Der Arzt eilt herbei, bringt Medikamente, er kommt zu spät. Nur der Beichtvater trifft noch rechtzeitig ein. Schütz liegt ruhig auf seinem Bett. Er kann nicht mehr sprechen. Aber er versteht noch die Worte des Pastors und nickt dazu, sich seines Gottes und Glaubens sicher. Die anderen stehen um sein Lager und beten. Sie stimmen Lieder an, Schütz-Melodien wahrscheinlich. Vielleicht hört er noch den vertrauten Klang. Und so wird es ein guter Tod sein, ohne Qual und Kampf. Schütz schläft ein, genau 87 Jahre und 29 Tage alt.

Noch einmal wendet sich ihm alle Aufmerksamkeit zu. In der Dresdener Frauenkirche wird er an der Seite seiner Frau zur letzten Ruhe gebettet, und in der Trauergemeinde sitzt als einzige Anverwandte eine Enkelin. Sie allein hat aus der Familie des uralten Patriarchen überlebt. Viele Traueradressen treffen ein. Man gibt sich in Maßen erschüttert und greift bei der Würdigung des Verstorbenen zu den gewohnt hohen Prädikaten. Seine Totenmusik hat er noch selbst mitbestimmt. Schon zwei Jahre vorher hatte sie sein Schüler Christoph Bernhard geschrieben, und Schütz, noch einmal der große, gütige Lehrmeister, hatte nichts auszusetzen gehabt. So erklingt denn nun der von Schütz ausgewählte Text: »Deine Rechte sind mein Lied in meinem Haus.« Hofprediger Martin Geier spricht den Nachruf. Er läßt ihn später drucken, und so wird denn dieser Nachruf ein erstes biographisches Dokument für dieses einmalige und einmalig lange Musikerleben. Über das Grab senkt sich eine Marmortafel. Darauf steht: »Saeculi sui musicus excellentissimus« – »Seinem Jahrhundert der hervorragendste Musiker«.

Die Inschrift wirkt fast gespenstisch. Denn im Dresden dieser Zeit wird der Name des hervorragendsten Musikers kaum noch genannt, und als wenige Jahre zuvor ein Franzose in die Residenzstadt gekommen war und über das Dresdener Musikleben ausführlich berichtet hatte, war über Schütz kein Wort gefallen. Schon zu Lebzeiten ist er fast vergessen. Immerhin wird aber noch seine Musik gespielt. Immer noch gibt es die Schütz-Schule. Sie sichert für einige Jahre sein Andenken, und noch um die Wende zum 18. Jahrhundert hin wird sein Name in der Fachliteratur gelegentlich erwähnt. Dann ist auch das vorbei. Erst im erinnerungsseligen 19. Jahrhundert wird Schütz allmählich wiederentdeckt.

Heute gehört sein Werk, soweit erhalten, wie selbstverständlich zu unserer Kirchenmusik, auch wenn es stets ein wenig im Schatten des noch größeren, rätselhaften Bach-Werks steht. Schütz-Musik gibt wenig Rätsel auf. Wir horchen in ein klares, ungeschnörkeltes Weltbild hinein, hören kühle, strenge Klänge – und stellen immer wieder fest, wie modern Schütz' von großen Gefühlsausbrüchen weithin freie Sachlichkeit wirkt. Dann schlägt sich unverhofft ein Bogen über drei Jahrhunderte. Auch unsere Zeit scheint zu einer ähnlichen Sachlichkeit zurückgefunden zu haben. Wenigstens in der Musik.

Die Zeit des späten Schütz jedoch bricht gerade aus dieser Sachlichkeit aus, und vor allem darum konnte ein zu Lebzeiten so berühmter, himmelhoch gepriesener Komponist wie Schütz fast zweihundert Jahre lang so gründlich vergessen sein. Einen wichtigen Hinweis auf diesen allgemeinen Umbruch im Kunstverständnis gibt schon Martin Geiers Trauerpredigt. Dort wendet sich Geier an die jungen Musiker unter seinen Zuhörern und stellt mit Nachdruck fest: »Verzeiht mir, ihr Herren Musici, jetzt herrschet in der Kirche gar eine spannende Sing-Art, aber ausschweifig, gebrochen, täntzerlich und gar im wenigsten andächtig; mehr reimet sie sich zum Theatro und Tantzplatz als zur Kirche. Kunst suchen wir, und hierüber verlieren wir den alten Fleiß, zu singen und zu beten . . .«

Kunst suchen wir – das ist das Schlüsselwort. Denn was sich zunächst wie die maulende Entrüstung eines verdrossenen älteren Herrn anhört, beleuchtet schlaglichthaft die Lage der Musik in dieser Zeit. Musik steht nicht mehr im Schatten von Glauben und Kirche. Sie hat ihr Eigenleben gewonnen, »ausschweifig, gebrochen, täntzerlich«. Mit ihr dient ihr Schöpfer keinem Gott mehr in zurückgenommener Demut – doch wem dient er sonst? Sich selbst? Soweit ist das 17. und 18. Jahrhundert noch nicht.

Jetzt wird dem Menschen gedient, dem Publikum, der Welt. Diese Welt sieht jetzt aufmerksamer als zuvor auf den Musiker. Sie berauscht sich an seinem Können, ist von seinen artistischen Fähigkeiten beim Umgang mit Stimme und Instrument entzückt. Die Zeit der Virtuosen kommt, der großen Einzelnen, die vor der Welt ihre Gaben ausbreiten wie ein kostbares Geschenk. Die Welt bedankt sich mit frenetischem Applaus.

Rund ein Dutzend Jahre nach Schütz' Tod wird nicht weit von Weißenfels ein Mann geboren, der auf den Wogen dieser neuen Richtung zu höchster Meisterschaft vorstößt: Georg Friedrich Händel. Als Musikertyp ist er der totale Gegensatz zu Schütz. Heinrich Schütz ist der letzte große Diener der Musik gewesen. Händel wird ihr erster großer Herr. Und von ihm wird es nur noch ein Schritt bis zum nächsten Titanen sein, zu Ludwig van Beethoven. Beethoven ist weder Herr noch Diener. Er macht Musik zum Ausdruck seines extremen Temperaments. Das »Genie« des 19. Jahrhunderts steht jetzt vor einem mitgerissenen Publikum und zwingt es mit seiner Musik in die Wege und Irrwege seiner ureigenen Persönlichkeit hinein. Es dient weder Gott noch Menschen. Es dient sich selbst.

Schütz-Händel-Beethoven: So könnte die logische Reihung lauten. Aber an Logik hält sich auch die Musikgeschichte nicht. Und so wird im selben Jahr wie Händel, hundert Jahre nach der Geburt von Schütz und wiederum nicht weit von beider Heimatorten entfernt, ein weiterer Musiker geboren, der alle Kategorien gleich wieder durcheinanderwirft. Er ist Diener, Herr, Genie zugleich, das ewig große Rätsel Johann Sebastian Bach.

JOHANN SEBASTIAN BACH

Das große Rätsel

Als wenn die ewige Harmonie
sich mit sich selbst unterhielte,
wie sich's etwa in Gottes Busen,
kurz vor der Welterschöpfung,
möchte zugetragen haben . . .

Johann Wolfgang von Goethe
über Johann Sebastian Bach

Eine Familie namens Bach

Ein Tag im März. Draußen heult der Frühjahrssturm. Drinnen im feierlichen Halbdunkel der Eisenacher Georgenkirche kniet eine Frau. Sie ist schwanger. Sie betet für eine leichte Geburt. Die Orgel setzt in vollem, großen Dröhnen ein. Die Frau schreit auf. Sie sinkt zu Boden. Die Wehen haben eingesetzt. Die Musik übertönt ihr Gewimmer. Und so wird denn ihr vierter Sohn Johann Sebastian Bach am 21. März 1685 zu Klängen eines Instruments geboren, das er später zur Königin aller Instrumente macht.

Diese Geschichte ist nicht wahr. Sie ist nur gut erfunden. Aber sie bezeichnet recht genau das Bild, das sich eine fassungslos staunende Welt vom Musiker Johann Sebastian Bach macht. Bei einem so außerordentlichen Komponisten will man einfach nicht hinnehmen, daß um ihn selbst und sein Leben so wenig Außerordentliches war. Da muß dann wenigstens in der Stunde seiner Geburt das Schicksal einen Wink geben, was für ein Genie soeben das Licht der Welt erblickt hat. Aber es bleibt freundlicher Selbstbetrug. Um den Menschen Johann Sebastian Bach gibt es nun einmal nichts Besonderes.

Er wird nicht in einer Kirche geboren, sondern im ersten Geschoß seines Vaterhauses am Frauenplan zu Eisenach, also in einem Bürgerhäuschen, wie es sich eben ein mehr schlecht als recht bezahlter Stadtpfeifer leisten kann. Der Vater gilt als braver Bürger und zuverlässiger Musikus. Die Mutter Elisabeth, geborene Lämmerwirth, stammt aus einer Kürschnerfamilie. Vom großbürgerlichen Glanz des Hauses Schütz ist bei den Bachs nichts zu spüren. Sie sind die typische Kleinbürgerfamilie.

Vater Johannes Ambrosius dürfen wir uns als ruhigen Mann ohne großen beruflichen Ehrgeiz denken. Einmal hat er versucht, aus der Eisenacher Enge auszubrechen, und sich in Erfurt beworben. Als ihm aber die Eisenacher das verwehren, fügt er sich gleichmütig darein. Von der Mutter wissen wir so gut wie nichts. Sie dürfte eine jener stillen Frauen gewesen sein, die als Hausfrau und Mutter ihren Lebensinhalt finden. Auch Bachs eigene zwei Frauen sind von dieser Art.

So lebt denn diese Familie in schlichter Genügsamkeit. Sie ist nicht arm, aber auch nicht reich. Und nehmen die Sorgen einmal überhand, greift man zur Violine und tröstet sich mit der Musik, dem einzigen Luxus, den man sich leistet. Sie ist allerdings in diesem Haus allgegenwärtig, vom feierlichen Morgenchoral bis zum fröhlich-deftigen Rundgesang am Abend.

Die Violine dürfte das erste Instrument gewesen sein, das der junge Bach spielen gelernt hat. Wahrscheinlich hat es ihm noch der Vater beigebracht. Später kommt das Klavier hinzu, noch später die Orgel. Vielleicht hat sich das Kind dabei besonders anstellig gezeigt. Ein Wunderkind ist es deshalb noch lange nicht. Ein Wunder wäre es eher, wenn Johann Sebastian Bach *nicht* musikalisch wäre. Denn das ist man in der Familie Bach von Hause aus. Und hätte jemand diesem Kind seine Zukunft vorausgesagt, hätte die Prophezeiung gelautet: Der Junge wird selbstverständlich Musiker. Er bekommt eine Anstellung, nicht gerade in Dresden wie Schütz. So hoch reicht es bei einem Bach nicht. Aber es wird eine gute, angesehene Position sein. Und Bach wird ein Durchschnittsleben führen, mit Frau und vielen Kindern, ohne große Überraschungen, mit den üblichen Sorgen und Freuden, den kleinen Erfolgen und kleinen Enttäuschungen.

Genau so kommt es. Bach wird geboren. Er lebt sein tiefbürgerliches Leben. Danach könnte er wieder so rasch vergessen sein wie viele andere Mitglieder seiner Familie auch. Nur eines kommt hinzu: Dieser Mann ist ein Genie, vieldeutig und rätselhaft. Und das größte Rätsel bleibt, warum sich diese einmalige Begabung, dieser wahre Titan der Musik sein Leben lang mit den Grenzen seiner kleinbürgerlichen Welt bescheiden wird.

In Eisenach hat also dieses Leben begonnen, mitten in Thüringen, dieser fröhlichen, lebenszugewandten Landschaft mit ihrem kräftigerdnahen Menschenschlag. Unweit von Eisenach ragt ein altehrwürdiges Gemäuer in die Höhe, die berühmte Wartburg. Aber dieses fortschrittsfrohe Jahrhundert hat wenig Zeit für rückwärts gerichtete Betrachtungen. Allenfalls daß dort Luther seine berühmte Bibelübersetzung schuf, kann die Eisenacher beeindrucken. Denn sie sind streng lutherisch-protestantisch, und auch Johann Sebastian Bach wird so erzogen.

Wir müssen das jedenfalls annehmen. Denn eigentlich wissen wir von seinen ersten Jahren wenig. Er singt im Kirchenchor und nimmt am Currende-Singen teil, dem Rundum-Gesang von Haus zu Haus, wobei dann die Kinder kleine Geschenke bekommen. Auch Schütz soll in seiner Kindheit Currende-Sänger gewesen sein. Doch was beim Sohn des reichen Gastwirts wohl nur Zeitvertreib gewesen ist, dürfte für Bach bittere Notwendigkeit sein. Denn so gut geht es seiner Familie nicht, daß man für milde Gaben keine Verwundung hätte. Bach geht auch zur Lateinschule und gehört dort, ohne großen Fleiß, zu den besten Schülern. Schon früh verspricht er also, ein würdiges Mitglied der Familie Bach zu werden.

Diese Familie ist alt und groß. Ihre Zweige verästeln sich über ganz Thüringen. Oder, im neckischen Tonfall eines Bach-Biographen der dreißiger Jahre: »Wo man auch immer ging im Thüringer Land, hörte man ein Bächlein rauschen . . .« Woher die Familie kam, vielleicht aus Böhmen, wo sie noch »Pach« hieß, bleibt ungewiß. Es steht nur fest, daß um 1685 »Bach« einer der häufigsten Thüringer Familiennamen ist. Und zugleich ist er fast gleichbedeutend mit Musik und Musikern. Immer schon sind Bachs Musikanten.

Das ist zunächst so rühmlich nicht, wie es klingt. Denn was sind Musikanten in den Jahrhunderten davor, wenn sie nicht gerade in der Kirche oder bei Hof angestellt sind? Fahrende Gesellen, Gesindel fast, ein Völkchen, das mit seinem Instrument unter dem Arm das Land durchstreift, hier bei einer Kirchweih, dort bei einer Hochzeit aufspielt, gegen ein paar hastig hingeworfene Münzen, für einen Schluck Wein oder Bier, ein Essen, ein Nachtlager. Man lacht über sie, tanzt zu ihrer Musik, aber dann, bitte, muß eine Grenze sein. Die Musikanten ziehen weiter. Das Bürgertum, wohlgesittet, bleibt hübsch für sich. Gesellschaftlich steht der Musiker nicht weit über der Hure, dem Zigeuner. Er gleicht dem fahrenden Schauspieler, bei dessen Anblick der bürgerliche Schreckensschrei ertönt: »Hängt die Wäsche weg, die Komödianten kommen!«

Um 1685 ist für das Haus Bach diese anrüchige Vergangenheit überwunden. Wer Kantor oder Organist ist oder eben auch Stadtpfeifer wie Vater Bach, legt größten Wert darauf, nicht mehr mit den umherziehenden Musikanten, mit den Spielern von Sackpfeifen, Schafsböcken, Leiern und Triangeln verwechselt zu werden. Und gerade die Bachs scheinen schon seit langem eine mehr bürgerlich-sittsame als komödiantisch-ausschweifende Sippe gewesen zu sein. Das fängt schon bei Urvater Veit im späten 16. Jahrhundert an, der Müller in Wechmar gewesen und zum fröhlichen Klappern der Mühlräder die Zither gespielt haben soll.

Auch die nächste Generation fällt noch bürgerlich aus. Veits Sohn Johannes wird Bäcker, ein anderer Sohn Teppichweber. Aber Johannes ist nun schon so musikalisch, daß er beim Stadtpfeifer von Gotha Unterricht nimmt. Von seinen drei Söhnen wird der jüngste, Johann Sebastian Bachs Großvater, Berufsmusiker. Doch als Mitglied der herzoglichen Kapelle in Weimar macht er nur eine bescheidene Karriere, ist kaum mehr als ein besserer Lakai. Später findet man ihn als Hof- und Stadtmusiker im Städtchen Arnstadt wieder, der ersten beruflichen Station seines Enkels Johann Sebastian.

Wiederum ein Rätsel: daß gerade die Linie der Bachs, der Johann Sebastian unmittelbar entspringt, bis zu ihm selbst die durchschnittlichsten Talente der ganzen Sippe hervorgebracht hat. Denn auch der Weg des Vaters Johann Ambrosius fällt nicht weiter glänzend aus. 1671 wird er als »Hausmann« oder eben Stadtpfeifer nach Eisenach verpflichtet. Das ist auch schon der Höhepunkt seiner Laufbahn. Seine Vorgesetzten bestätigen ihm: »Der neue Hausmann hat sich nicht nur eines stillen und jedermann genehmen christlichen Wandels befleißigt, sondern auch in seiner Profession dermaßen qualificirt, daß er sowohl mit Vokal- wie Instrumentalmusik beim Gottesdienst und ehrlichen Zusammenkünften mit hoch und niedrigen Standespersonen guter Vergnügungen aufwarten kann, also, daß wir uns desgleichen, soweit wir gedenken, hiesigen Orts nicht erinnern . . .« Das klingt schon besser als die Flüche, die fahrendem Volk nachgeschickt werden, und mag Vater Johann Ambrosius vielleicht auch kein besonders guter Musiker sein: Gute Bürger sind er und die Seinen gewiß.

Und doch: Ein Rüchlein wilden, freien Vagantentums durchweht auch diese Sippe. In irgendeinem Winkel des ehrbaren Hauses Bach steckt immer noch der vitale Lebensübermut früherer Zeiten, deftige Sinnlichkeit und frischvergnügtes Rüpeltum. Bemerkenswert ist das Porträt eines weiteren Bach. Hier sehen wir in ein Faunsgesicht, in listig geschlitzte Augen unter teuflisch schwarzer Haarsträhne: Hans Bach, ein weiterer Sohn des Müllers Veit, also ein Urgroßonkel von Johann Sebastian. Er treibt sich als Hofnarr an verschiedenen Fürstenhöfen herum und stirbt 1625 an der Pest. In seiner Familie lebt auch solch ein Erbe weiter.

Vater Johann Ambrosius läßt davon am wenigsten ahnen. Sein eigenes Porträt zeigt den grundbiederen, ein wenig schläfrigen Mann mit schlichten Zügen, in dem man eher einen Handwerker als einen Künstler vermutet. Aber Johann Ambrosius hat noch einen Bruder, Johann Christoph. Auch er lebt in Eisenach als Organist, komponiert selbst und gilt später als der fähigste Bach-Komponist vor Johann Sebastian, ein ungestümes, herrisches Temperament voll Ehrgeiz und Streitlust. Auf seinen Neffen dürfte dieser Mann einen viel tieferen Eindruck machen als der eigene Vater. Nicht zu Unrecht heißt es denn auch, als reifer Mann hätte Johann Sebastian Bach weit mehr dem Onkel als dem Vater geglichen.

Wer aber auch die wichtigste Gestalt in seiner Jugend war: In jedem Fall bestimmt diese Jugend von Anfang an die Musik. Allein schon der Name Bach bedeutet dabei eine Verpflichtung. Bachs in Eisenach, Arnstadt, Ohrdruf, alle als Musiker: Da werden auch Stimmen gegen den übermächtigen Einfluß einer einzigen Sippe laut, und höhnisch heißt es einmal, es genüge wohl schon der Name Bach, um jeden gewünschten Posten zu bekommen. Ganz stimmt das wohl nicht. Aber allein schon eine simple Rechnung zeigt, daß zwischen Veit und Johann Sebastian von den 33 männlichen Vertretern dieser Familie nicht weniger als 27 Berufsmusiker gewesen sind.

Ein weiterer Blick zurück zu Schütz: Dessen Biographen haben stets etwas Mühe, seine Musikalität aus seiner Herkunft abzuleiten. Bei Bach ist das einfacher. Von ihm läßt sich sagen, daß er als Musiker geboren worden ist. Bei ihm braucht denn auch nicht eigens ein Landgraf den Vater zur Ausbildung des Sohnes zu überreden. Im Gegenteil: Vater Bach wäre selig gewesen, wäre über sein bescheidenes Haus nur ein einziges Mal solch ein Wunder gekommen. Aber im Leben Bachs gibt es keine Wunder. Immer bleibt er einzig auf sich selber angewiesen, auch in seiner Kunst.

Auch seine Jugend zeigt aber den großen Einschnitt. Man schreibt inzwischen das Jahr 1694. In diesem Jahr stirbt Bachs Mutter Elisabeth. Der Vater kann sich nicht lange mit dem Kummer um die verstorbene Frau aufhalten. Er muß eine große Familie versorgen. So heiratet er denn schon im nächsten Jahr ein zweites Mal, Barbara Margarethe Kaul aus Arnstadt. Lange dauert diese Ehe nicht. Denn zum Verlust der ersten Frau kommt für Johann Ambrosius 1695 ein weiterer Schock. Es stirbt auch sein Zwillingsbruder Johann Christoph, Musiker wie er. Gerade an ihm hatte Johann Ambrosius besonders gehangen. Nun beginnt er selbst zu kränkeln, und im November dieses Schicksalsjahres, bald nach der zweiten Hochzeit, stirbt auch er. Zurück bleibt seine Familie. Zurück bleibt Johann Sebastian Bach, Vollwaise mit zehn Jahren.

Erstmals steht er dem Phänomen Tod gegenüber. Ein sensibles, intelligentes Kind durchleidet die Erkenntnis von der Vergänglichkeit allen Lebens. Nichts gibt ihm Halt, nur sein Glaube. Lehrt der nicht aber, daß alles Leben nur ein Übergang und der Tod nicht etwas Schreckliches, sondern Erlösung und ewiger Friede bedeutet? Solche Gedanken mögen das Kind Bach aufrechthalten. Sie begleiten ihn ein Leben lang und durchschimmern sein Werk. Auch dort geht es immer wieder um Tod und Auferstehung, und eine seltsame Sehnsucht klingt an, fast ein Frohlocken, eine sinnliche Freude. In den Eindrücken seiner ersten Jahre mag das Rätsel Bach einen wichtigen Schlüssel haben.

Zunächst stellt sich das ganz praktische Problem, wovon jetzt die Familie eigentlich leben soll. Die Witwe schreibt an den Magistrat. Sie fleht, ihr die Bezüge des verstorbenen Ehemannes zu belassen. Die Antwort ist ein Achselzucken. Man hat den lebenden Bach geschätzt. Doch seine Hinterbliebenen müssen selber sehen, wo sie bleiben.

Das ist wörtlich zu verstehen. Die Bachs müssen sich ihre Bleibe suchen, jeder für sich. Die Witwe kehrt ins heimatliche Arnstadt zurück. Johann Sebastian begibt sich auf Wanderschaft. Er wandert in das Städtchen Ohrdruf. Dort lebt sein ältester Bruder Johann Christoph, selbstverständlich ein Musiker. Gerade hat er in Ohrdruf eine Stellung als Organist angetreten. Jetzt steht dieses Kind auf seiner Schwelle und bittet um Unterkunft. Der Bruder kann sie nicht verweigern. Das verlangt schon das Familiengesetz.

Insgeheim mag Johann Christoph stöhnen. Sein Bruder war gerade erst geboren, als er selbst Eisenach verlassen hatte. Er kennt ihn also kaum. Außerdem geht es ihm selbst noch nicht besonders gut. Eben erst hat er geheiratet und wird bald von seinem kleinen Gehalt eine eigene Familie ernähren müssen. Da ist ein Esser mehr fast schon zuviel. Doch was tun? Seufzend tritt er zur Seite und läßt den Bruder in sein Haus. Redlich bemüht er sich, an ihm Vaterstelle zu vertreten. Und bei allem Kummer stellt Johann Sebastian Bach bald schon fest: So schlecht lebt es sich auch in Ohrdruf nicht.

Zwar ist im Vergleich dazu Eisenach fast eine Großstadt gewesen.

Doch hat auch dieses Nest einiges aufzuweisen, unter anderem eine recht gute Schule, Stiftung der Grafen von Gleichen, die auf dem nahegelegenen Schloß Ehrenstein leben. Es geht dort ebenso streng zu wie auf Landgraf Moritz' Mauritianum. Aber Bach lernt alles, was damals zu einer guten Allgemeinbildung gehört, Griechisch, Latein, Mathematik. Wieder ist er ein vorzüglicher Schüler, dem das Wissen nur so zuströmt. Er kann denn auch mehrere Klassen überspringen und sitzt schon als Fünfzehnjähriger zwischen Achtzehnjährigen auf der Bank der Abschlußklasse. Und dann gibt es immer noch die Musik. Wieder singt der Junge im Kirchenchor, und das ist mehr als Zeitvertreib. Hier kann Bach auch etwas Geld verdienen. Fast ist er schon Berufsmusiker.

Der Bruder, wie gesagt, gibt sich Mühe. Wahrscheinlich ist er es, bei dem Bach Klavier und schließlich auch das Orgelspielen lernt. Auch in die Anfänge der Kompositionskunst führt ihn Johann Christoph ein. Bach lernt das Prinzip der Kontrapunktik kennen, die Kunst, Töne extrem gegeneinanderzusetzen und damit neue und überraschende Klangwirkungen zu zaubern. Bach ist fasziniert, und die Faszination hält sein Leben lang an. In ihm steckt immer auch etwas von einem Mathematiker, und gerade dieser Neigung kommt die so exakte, berechenbare Kunst der Kontrapunktik entgegen. So ist er denn schon in Ohrdruf ein begieriger Schüler. Fast *zu* begierig, meint der Bruder. Vielleicht schwingt auch etwas Neid auf diese so deutliche Begabung mit. Ihr Wissensdurst ist nicht mehr gesund. Dagegen muß eingeschritten werden. Und es kommt zu jener Episode, die dann die Bach-Legende weidlich ausschmückt.

Der Bruder dosiert den Lehrstoff. Johann Sebastian bekommt nur das einfachere Notenwerk. Der Junge unterdrückt ein Gähnen. Das alles kennt er doch schon, weiß es auswendig. Aber im Bücherschrank des Bruders liegen noch andere, schwierigere Werke. Mit ihnen will er sich jetzt auseinandersetzen. Der Bruder untersagt das barsch. Aber Bach hat Feuer gefangen. So nimmt er denn die Noten mit in seine Kammer, heimlich natürlich. Dort liegen sie nun auf seinen Knien, Werke von Komponisten wie Johann Pachelbel oder Dietrich Buxtehude.

Bach liest sie in atemloser Begeisterung. Er will sie ganz genau studieren. Und so geht denn der Junge ans heimliche Werk. In der Stille schlafloser Nachtstunden kopiert er Note um Note. Er wagt keine Kerze anzuzünden, um den Bruder nicht zu wecken. Im Mondschein hockt er auf seiner Bettkante und kneift die Augen zusammen, um im fahlen Licht etwas zu erkennen. Bald stellen sich Sehstörungen ein, vielleicht das erste Signal für sein späteres Augenleiden. Der Bruder ahnt einstweilen nichts. Bis er eines Tages oder Nachts eben doch dahinterkommt. Harte Worte fallen, vielleicht auch Schläge – und Johann Christoph geht in die Bach-Geschichte als der Mann ein, der dem Genie des Jüngeren gegenüber blind gewesen ist.

Doch liegt es kaum an diesem Zwischenfall, wenn es Johann Sebastian Bach immer dringlicher von Ohrdruf fortzieht. Die Schulzeit liegt nun hinter ihm. Mit fünfzehn hat er Examen gemacht. Jetzt könnte er studieren. Aber dafür fehlt das Geld. Bach muß sich eine Stellung suchen – aber was? Und wo? Ohrdruf bietet keine Chance. Außerdem ist Bach für eine reguläre Musikerposition nun doch noch zu jung.

In dieser Situation fällt ein Lichtstrahl ins kleine Ohrdruf. Aus Lüneburg kommt ein neuer Kantor, Elias Herda. Er hört Bach singen und spielen. Das Talent des halbflüggen Jungen beeindruckt ihn. Nun erzählt er, daß es in Lüneburg eine Einrichtung gibt, den sogenannten Mettenchor. Seine Sänger bekommen nicht nur Verpflegung und Unterkunft, sondern auch ein kleines Gehalt. Nur müssen sie aus armer Familie sein.

Diese Voraussetzung erfüllt Bach vollauf. Dafür gibt es eine andere Schwierigkeit. Zwar hat der Fünfzehnjährige noch seinen schönen, klaren Knabensopran. Aber bald wird er in den Stimmbruch kommen – kann er noch hoffen, in diesen Knabenchor aufgenommen zu werden? Jetzt erweist sich Herda als ein wahrer Wohltäter. Schriftlich bestätigt er dem Jungen, daß er auch alle Begabung zu einem vorzüglichen Instrumentalisten hat und nicht nur als Sänger eingesetzt werden kann. Mit diesem Brief in der Tasche bricht Johann Sebastian Bach auf.

Es sind rund 350 Kilometer bis zur Stadt am Rand der Lüneburger Heide. Bach hat keinen Wagen, kein Pferd. Er muß zu Fuß gehen. So trottet er denn los, in Gesellschaft seines achtzehnjährigen Mitschülers Georg Erdmann. Wir schreiben inzwischen das Jahr 1700, und nicht nur für Bach beginnt eine neue Zeit.

Die harte Schule von Lüneburg

Europa im Jahr 1700: Wieder einmal beschäftigt den Kontinent das große alte Spiel um die künftige Vormachtstellung. Ein erster großer Krieg ist auch schon ausgebrochen, der Nordische Krieg. Rußland, Polen und Dänemark stehen dabei gegen Schweden, dessen Großmachtsträume aus Gustav Adolfs Zeit im blutjungen Reiterkönig Karl XII. ihren Erben gefunden haben. Karl feiert Sieg um Sieg, bis er sich buchstäblich totgesiegt hat. Auch er stirbt den Schlachtentod, und Gerüchte werden nicht verstummen, der Schuß sei aus eigenen Reihen gefallen, um Karls Größenwahn endlich ein Ende zu bereiten.

Eigentlicher Gewinner dieses Kriegs ist nicht Karl, sondern Rußlands Zar Peter I., »der Große« genannt. Kein großer, doch wichtiger Herrscher ist hingegen Spaniens Karl II. Seine Bedeutung besteht darin, daß er 1700 stirbt und um sein Erbe der große Streit zwischen den Habsburgern und Frankreichs Sonnenkönig Ludwig XIV. einsetzt. Ein neuer Krieg von europäischem Ausmaß kündigt sich an, der Spanische Erbfolgekrieg. An seinem Ende werden sich die europäischen Machtverhältnisse ein weiteres Mal gründlich geändert haben.

Daneben geschehen um 1700 auch harmlosere Dinge. Johann Christoph Gottsched wird geboren, später der gelehrte Tyrann des deutschen Theaters. Deutschlands großer Philosoph Leibniz gründet die Preußische Akademie der Wissenschaften. Und dann eben ziehen in diesem Jahr zwei junge Leute von Thüringen nach Niedersachsen, Erdmann und sein Freund Bach.

Thüringen, mild hügelig, sanft bewaldet, liegt hinter ihnen. Die Landschaft wird flacher und düsterer. Heidekraut wuchert am Rand. Krüppelkiefern ducken sich im Frühjahrssturm. Der Boden ist sandig. Schwer schleppt sich der Schritt auf den vom Regen aufgeweichten Wegen. Das ist nun Niedersachsen, und hier liegt Lüneburg, die Hauptstadt der Herzöge von Braunschweig-Lüneburg. Die Herzöge ziehen jedoch als Residenz das kleinere, hellere Celle vor. Dort liegt ihr Schloß mit seinen Parkanlagen im streng gestutzten Stil des Sonnenkönigs Schloß Versailles. Lüneburg hat hingegen nicht viel äußere Pracht zu bieten.

Ihre große Zeit liegt hinter dieser Stadt, die im Mittelalter dank ihrer Salzvorkommen eine der reichsten Städte Norddeutschlands war. Um 1700 läßt sich die einstige Herrlichkeit nur ahnen. Immerhin gibt es die Michaeliskirche, weithin berühmt wegen ihrer »Goldenen Tafel«

mit Bildern aus dem Leben Jesu, und noch immer zittert in den braven Lüneburgern der Schrecken nach, als eine Diebesbande dieses Kunstwerk aus getriebenem Gold zu rauben versucht hatte. Die Bande war gefaßt, die Räuber hingerichtet worden, und die »Goldene Tafel« leuchtet wieder unbehelligt im Dunkel der Michaeliskirche. Zu ihr gehört auch das gleichnamige Kloster. Schon lange ist es kein eigentliches Kloster mehr, sondern unter anderem Sitz des Mettenchors, dem von April 1700 an auch Bach angehört.

Bach ist einer von zwölf Sängern, die meist Voll- oder Halbwaisen sind. Hier haben sie ihre Freistelle, erhalten fünf Taler Honorar in jedem Monat, dazu noch zwei Taler im Quartal. Außerdem gibt es noch Nebeneinkünfte, wenn die Sängerknaben bei Hochzeiten oder Beerdigungen mitwirken. Der unverwöhnte Bach stellt auch hier fest: Es läßt sich leben, und richtet sich in seiner neuen Umwelt ein.

Wie in Ohrdruf nimmt er mit begierigem Fleiß auf, was immer sich lernen läßt. Wieder sitzt er auf der Schulbank, diesmal in der Michaelisschule, dem Gymnasium für Lüneburgs Bürgersöhne. Er vervollkommnet sein Latein und Griechisch, liest die Klassiker der Antike, er lernt Rhetorik, Logik, Arithmetik und studiert Geschichte, Geographie und deutsche Literatur. Denn die Zeiten sind vorbei, in denen Musiker noch ungebildete Rüpel sein durften. Von einem angehenden Musikus wird ausdrücklich eine gute und möglichst umfassende Allgemeinbildung verlangt. Bach braucht das nicht erst gesagt werden. Von früh an steckt in diesem Jungen der harte, heiße Wissenshunger eines *underdog*, der sich allein durchbeißen muß und alles mitnimmt, was sich mitnehmen läßt. Und wieder ist er der Musterschüler, dem sein Pensum keinerlei Mühe macht.

Bach lernt nicht nur in der Schule. Lüneburg wird, wenn man so will, sein Venedig, mögen die beiden Städte auch Welten trennen. Ein eher düsteres Städtchen am Heiderand, ein paar namhaftere Musiker an den Orgeln der Lüneburger Kirchen, tiefste Provinz alles in allem – das ist diese Stadt. Venedig dagegen: der Glanz des Südens, die Farben der Adria, Bilder und Bauwerke, die selbst schon Musik zu sein scheinen, und im Golddunkel der Kirchen und Palazzi die großen Meister abendländischer Musik, die sich gnädig zu ihren herbeigeströmten Schülern neigen und sie in die Geheimnisse ihrer Kunst einweihen – Bach wird das niemals kennenlernen. Aber er nimmt, was ist. Er macht daraus das Beste.

Gibt es nicht in Lüneburg eine berühmte Bibliothek mit über tausend

Manuskripten von fast zweihundert Musikern? Bach versenkt sich in die Schätze. Diesmal nimmt sie ihm kein Bruder fort. So werden denn jene Komponisten seine ersten großen Lehrmeister, deren erlauchte Namen auf den eindrucksvoll verwitterten Einbänden aufleuchten: Adam Krieger, Johann Hermann Schein, Samuel Scheidt. Bach sucht weiter. Er stößt auf Werke von Bontempi und Monteverdi. Er liest zum ersten Mal in seinem Leben den Namen Heinrich Schütz. Manchmal atmet er stolz auf. Vor ihm liegen Kompositionen eigener Angehöriger, so vom bewunderten Onkel Johann Christoph. Nein, auch in Lüneburg braucht man sich nicht zu schämen, ein Bach zu sein.

Später fragen Musikhistoriker, ob sich der Bach dieser frühen Jahre auch schon selbst an eigenen Kompositionen versucht hat. Möglich ist es. Aber nichts bleibt überliefert. Das wirkt wiederum recht typisch für Bach. Sein Genie ist nicht von der vorwärtsstürmenden, alles beiseitefegenden Art wie das Talent Georg Friedrich Händels. Er kann warten. Er beobachtet. Er lernt.

Immer schon hat ihn die Orgel fasziniert. Schon früh mag er gespürt haben, daß dieses Instrument in all seiner Ausdrucksfülle, Kraft und fast unerschöpflichen Variationsbreite für ihn wie geschaffen ist. Aber Bach beläßt es nicht bei purer Faszination. Er will hinter die Dinge kommen und wissen, was sie im Innersten zusammenhält. Schon in Ohrdruf war er aufmerksamer Zeuge, als eine Orgel repariert wurde. In Lüneburg sieht er, wie die Orgel der Michaeliskirche vom berühmten Orgelbauer Johann Balthasar Held überholt wird. Bald schon ist das Instrument für ihn kein Geheimnis mehr, und der Orgelspezialist kommender Zeiten zeichnet sich ab, der andere mit seinem unbestechlichen Fachwissen zur Verzweiflung treiben wird.

Bach lernt von den Dingen. Er lernt von den Menschen. Und mit Persönlichkeiten von einigem Rang ist das Lüneburg dieser Jahre gar nicht so karg bestückt. Spielt nicht in der Nicolaikirche ein gewisser Johann Jacob Loewe? Wir erinnern uns: Loewe war Schüler von Schütz und einer von jenen, die der alternde Großmeister zur Wahrung seines künstlerischen Erbes gezielt weiterempfohlen hatte. Über Loewe mag sich nun auch Bach dieses Erbe mitteilen. Wichtiger wird für ihn allerdings die Begegnung mit einem anderen Mann, dem Organisten der Johanniskirche Georg Böhm.

Böhm ist Thüringer wie er und kennt die Familie Bach. Der junge Bach wird nicht gerade sein Schüler, doch findet er einen Anreger, ein Vorbild. Böhm wiederum wird ihn wohl auch auf einen noch bedeutenderen Organisten hingewiesen haben, auf seinen eigenen Lehrmeister Jan Adams Reinken. Einmal ihn hören, mit ihm sprechen dürfen – es wäre für den jungen Mann eine Offenbarung. Wie das aber möglich machen? Reinken, schon achtzig Jahre alt, lebt als Organist der Katharinenkirche in Hamburg, und die Hansestadt ist runde hundert Kilometer von Lüneburg entfernt.

Wieder zeigt sich Bachs ganze zähe Entschlußkraft. Er ist von Ohrdruf nach Lüneburg zu Fuß gegangen. Jetzt geht er zu Fuß nach Hamburg, quer durch die Lüneburger Heide, was um diese Zeit keineswegs ganz ungefährlich ist. Noch immer zeichnen die Folgen des Dreißigjährigen Kriegs diese Landschaft. Wölfe durchstreifen die Gegend. Wegelagerer lauern auf einsame Wanderer. Aber Bach, der Thüringer Querkopf, scheut nichts. In einem Tagemarsch zieht er zum Elbe-Ufer hin.

Hier begegnet er also Reinken. Er sieht den greisen Meister an einem wahren Wunderwerk von Orgel sitzen, hört ihn darauf spielen. Eine neue Welt tut sich für ihn auf: So kann also auch dieses Instrument klingen. Bisher ist sein höchster Maßstab Johann Pachelbel gewesen, Organist in Nürnberg, der einige Zeit, noch vor Bachs Geburt, in Eisenach gearbeitet und sich damals mit Vater und Onkel angefreundet hatte. Später war er nach Erfurt gegangen und dort Lehrer des Bach-Bruders Johann Christoph gewesen. So könnten es vor allem Pachelbel-Werke gewesen sein, die dann das Kind Bach im Mondlicht seiner Ohrdrufer Zeit studiert und Note um Note kopiert hatte. Für einen angehenden Musiker ist Pachelbel kein schlechter Lehrmeister, kein Neuerer zwar, doch ein zuverlässiger Konservativer.

Nun aber Reinken: Der spricht allerdings eine andere musikalische Sprache als der stets etwas trockene Pachelbel, viel freier und kühner, voll Farbe, Eleganz und blühender Phantasie. Bach ist hingerissen. Und im Gespräch mit Reinken mag auch der Name eines noch größeren Meisters gefallen sein, des vielleicht größten Organisten dieser Zeit: Dietrich Buxtehude. Der lebt in Lübeck, und das ist selbst für Bach zu weit. Aber auch diesen Wunsch wird er sich noch erfüllen, zäh wie stets.

Einstweilen bietet Hamburg genügend musikalische Anregung. Nicht nur Reinken spielt hier, sondern auch Vincent Lübeck, ein anderer bedeutender Organist und Komponist dieser Jahre. Und dann gibt es am Hamburger Gänsemarkt, einzig in ihrer Art, die erste von Bürgern gegründete Oper. Gewiß hat Bach auch auf ihren Bänken gesessen und die populären Singspiele erlebt, mit denen damalige Operndirektoren das Volk in ihre stets vom Bankrott bedrohten Häuser zu locken versuchen. Dort steht dann Seeräuber Klaus Störtebeker als Opernheld auf der Bühne, und wenn in der Hinrichtungsszene sein Kopf über die Bretter rollt, spritzt echtes Kalbsblut bis weit ins Parkett. Aber Opern scheinen Bach ebensowenig beeindruckt zu haben wie Schütz. Und während Schütz immerhin seine »Daphne« schreibt, wird sich Bach nie an eine eigene Oper wagen. Zwar schafft auch er eine Form Musiktheater. Doch findet sie nicht auf der Bühne statt.

Hamburger Tage, gierig genossen, dem Lüneburger Alltag abgeknapst – das sind die Lichtblicke im Leben des heranwachsenden Jungen. Daheim erwartet ihn dann wieder die muffige Enge des Michaelisklosters. Aber auch in sein Grau fallen gelegentliche Lichter. Denn die Mettensänger sind dort nicht allein. Quer über dem Gang hausen Altersgenossen ganz anderer Art, junge Adlige, deren Bildung auf der sogenannten »Ritterakademie« ihren letzten Schliff bekommen soll. Sie üben sich im Tanzen und Fechten, sie parlieren in einer Sprache, die Bach noch nicht kennt: In der Aristokratie ist Französisch die übliche Umgangssprache. Und diese jungen Herren haben viel Geld.

Zwischen Mettensängern und den Mitgliedern der Ritterakademie herrscht nicht viel Liebe. Arrogant rauschen die jungen Adligen an den Bettelknaben vorbei. Spöttisch werden Augenbrauen hochgezogen, verächtliche Bemerkungen fallen. Doch ist einer so arm und gewitzt wie Bach, macht er auch aus dieser Nachbarschaft das Beste. Er kann sich beispielsweise von den verwöhnten Jünglingen als Diener anheuern lassen, der ihnen das Essen serviert oder Botengänge erledigt. Dafür gibt es ein zusätzliches Taschengeld von acht Talern pro Jahr, hoch genug, um manche Kränkung und Demütigung der großspurigen Jungritter schweigend hinunterzuschlucken. Bach spielt ihren Diener in aller Geduld – und nützt wiederum die Zeit, sein Wissen zu erweitern. Bald weiß er recht genau, wie man sich bei Hofe benimmt, und kopiert mühelos diese Manieren. Und bald auch spricht er selbst ohne jeden Unterricht ein leidliches Französisch. Immer mitnehmen, was sich irgendwie mitnehmen läßt . . .

Das Prinzip trägt Früchte. Seinen Französischkenntnissen verdankt Bach den Kontakt zum interessantesten Lehrer der Ritterakademie, zum Franzosen Thomas de la Selle. Er ist Tanzlehrer, aber vor allem spielt er im herzoglichen Orchester am Hof von Celle. Und mag er selbst vielleicht auch nur ein durchschnittlicher Musiker sein, so umglänzt ihn doch der Ruhm eines großen Lehrmeisters. Er ist der Schüler von Jean-Baptiste Lully, dem Musikpapst von Versailles.

In jenen Jahren, da Schütz in wachsender Einsamkeit seine letzten Werke schuf, war in Frankreich ein ganz anderes Werk entstanden. Bei Paris hatte Ludwig XIV., mächtigster König dieser Zeit und Inbegriff eines absoluten Herrschers, sein Traumschloß Versailles gebaut, steinerner Ausdruck des Absolutismus und Vorbild für alle, die ebensolche absolute Herren sein wollten wie Sonnenkönig Ludwig. Um diese Sonne hatte sich in Versailles alles zu drehen, auch die Kunst, die Musik. In Ludwigs Hofkomponisten Lully hatte sie ihren eigenen Sonnenkönig gefunden. Seine melodiösen Klangfluten, schmelzend und streng zugleich, waren für Jahre in ganz Europa das musikalische Ideal, das ebenso kopiert wurde wie Kleider und Manieren des Franzosenkönigs. Um die Kultur von Versailles führt ein halbes Jahrhundert lang nichts herum.

Um die Jahrhundertwende ist Lully fast schon zwanzig Jahre tot, nachdem er sich bei einem Wutausbruch den bodenlangen Taktstock durch den Fuß gerammt hatte und einer Blutvergiftung erlegen war. Aber sein Nimbus strahlt noch immer den alten Glanz aus, und seine Schüler raunen sich ein ehrfürchtiges »Signor Baptiste« zu, wenn auf den dahingeschiedenen Meister die Sprache kommt. Für das späte 17. Jahrhundert ist er, was einst Gabrieli im späten 16. Jahrhundert war, und auch Bach kann sich dem fast magischen Ruf dieses Musik-Tyrannen und seiner Kunst, des sogenannten »Lullismus«, nicht entziehen. So sieht er denn auf de la Selle wie auf den Boten einer anderen, der wahren Welt, und ihm wird er es verdanken, wenn er wenigstens ein Zipfelchen dieser anderen Welt mitbekommt. Denn der Herr Tanzmeister ist großzügig. Zuweilen nimmt er Bach an den Hof von Celle mit.

Dieser Herzogshof liegt mitten in Deutschland, und doch scheint er ein Stück Frankreich zu sein. Französisch die Sprache, die Sitten, die Musik, eine gebürtige Französin die Herzogin: Der Herzog hat ein Klein-Versailles zu schaffen versucht, mit Schloß, Park, Theater und einem eigenen französischen Orchester, das ihn jedes Jahr vierzehntausend Taler kostet. Man fragt lieber nicht, wer diesen aufwendigen Flitter bezahlen muß.

Auch Bach stellt keine Fragen. Mit weit aufgerissenen Augen starrt das Waisenkind aus Eisenach in das Geflirre dieser höfischen Welt und erlebt ihre heiter tändelnde Weltläufigkeit. Und ist sie auch nur aufgeschminkt wie die dicken Puderschichten auf den Wangen der Hofdamen: Bach bestaunt doch alles wie einen Märchentraum. Diesen Traum durchwogt aber französische Musik, wie sie der junge Mann noch nie gehört hat, nicht nur Lullys inzwischen doch schon etwas altmodisch gewordene Klangmassen, sondern auch die Musik der jungen Generation. Wieder eine neue Welt, die sich für Bach öffnet: Wie elegant und leichtfüßig das alles klingt! Was für Talente es in Frankreich gibt, vor allem den jungen François Couperin, der einer ähnlich musikalischen Sippe entstammt wie Bach selbst. Es bleibt nicht die einzige Parallele zwischen beiden Komponisten. Auch in Celle ist Bach der aufmerksame Schüler, der sich rasch und genau alles aneignet, was ihm angeboten wird, und so durchweht schließlich das Bach-Werk ein ähnlich kühler, klarer Klang wie die Musik des großen Couperin.

In vieler Hinsicht ist also Lüneburg Bachs große Schule. Die eigentliche Arbeit im Mettenchor hat dabei noch die geringste Bedeutung. Bach verliert seinen Knabensopran spätestens mit sechzehn, so daß er vor allem als Instrumentalist tätig ist, vielleicht sogar als gelegentlicher Vertreter von Georg Böhm. Nun sind seine Lehrjahre endgültig abgeschlossen. Kein langes Zögern wie bei Schütz, ob er nicht vielleicht doch lieber einen bürgerlichen Beruf ergreifen soll: Bach hat keine Wahl. Er braucht eine Anstellung als fest besoldeter Musiker und geht jetzt auf die Suche.

Die Heimat Thüringen bietet sich dafür eher an als der norddeutsche Raum. Bewerbungen gehen hinaus. Vielleicht kann Bach Organist in Sangershausen an der dortigen Jakobikirche werden. Er kommt zu spät. Der Landesfürst hat den Posten schon einem seiner Günstlinge zugeschoben. Schon zuvor war in seiner Heimatstadt Eisenach Bachs Onkel Johann Christoph verstorben und damit die Stellung des Organisten freigeworden. Aber dafür ist es wohl zu früh. Bach kennt seine Grenzen und bewirbt sich erst gar nicht.

Es bleibt schließlich Arnstadt, Arbeitsstätte des Großvaters und Heimat der Stiefmutter. Aber auch dort liegen die Dinge recht schwierig. Am Ort gibt es die Bonifatiuskirche. Doch hat sie schon im frühen 17. Jahrhundert eine Feuersbrunst vernichtet. Der Wiederaufbau zieht sich lange hin. Erst 1683 ist er abgeschlossen, doch noch immer fehlt eine Orgel. Wieder vergehen fast zwanzig Jahre. Dann erst kann an den Bau einer neuen Orgel gedacht werden – und an die Einstellung eines eigenen Organisten. Bach bekommt bedeutet, daß er dieser Organist sein könnte, wenn es erst soweit ist.

Wieder zeigt er Geduld und Nervenkraft. Gelassen wartet er ab und geht einstweilen als Orchestermusiker an den Herzogshof von Weimar, wie der Großvater nur ein besserer Lakai. Aber Künstlerstolz, große Ansprüche – das alles hat Bach nie gelernt. Geduldig fiedelt er in der dritten Reihe des Orchesters, bis die Arnstädter Chance kommt. Er wird zum Vorspiel gebeten.

Dieses Vorspiel ist wohl das allererste öffentliche Bach-Konzert. Die Arnstädter sind zufrieden. Bach bekommt den Posten und zeigt sich als gar nicht ungeschickter Verkäufer seiner selbst: Sein Anfangshonorar liegt weit über dem des zehn Jahre älteren Bruders in Ohrdruf. Dafür gelobt er, »treu, hold und gegenwärtig zu sein, insbesonderheit im anbefohlenen Amt, Beruf, Kunst-Übung und Wissenschaft sich fleißig und treulich zu zeigen, sich nicht in andere Händel und Verrichtungen zu mengen, zu rechter Zeit sich bei dem anvertrauten Orgelwerke einzufinden, solches gebührend zu tractieren und mit allem Fleiß zu bewahren, niemanden ohne Vorbewußt des Herrn Superintendenten auf selbiges zu lassen, dann auch sonsten in Leben und Wandel sich der Gottesfurcht, Nüchternheit und Verträglichkeit zu befleißigen, sich böser Gesellschaft und Abhaltung des Berufes gänzlich zu enthalten, sich übrigens in allem, wie es einem ehrliebenden Diener und Organisten gegen Gott, die hohe Obrigkeit und Vorgesetzte gebührt, treulich zu verhalten . . .«

Europa im Jahr 1703: Der Spanische Erbfolgekrieg tobt schon seit zwei Jahren. Die Monarchen der kommenden Weltmacht England, die eigentlicher Sieger dieses Kriegs sein wird, bauen sich gerade in London ihren Buckingham-Palast. In Rußland gründet der große Peter an der Ostsee eine neue Stadt und nennt sie St. Petersburg, sein »Schaufenster nach Westen«. In Berlin meißelt der Bildhauer Andreas Schlüter sein Denkmal vom Großen Kurfürsten. Und im Städtchen Arnstadt tritt der größte Musiker dieser Zeit seine erste feste Stellung an.

Fünf junge Burschen warten an der Straßenecke. In der mondlos dunklen Nacht kann sie Bach kaum erkennen. Aber er ahnt Knüppel in ihren Fäusten, und jetzt hört er eine rauh polternde Stimme. Die erkennt er gleich: Geyersbach natürlich, das Sorgenkind aus dem Chor der Lateinschule, der ewige Krakeeler, der sich auf sein bißchen Fagottspiel so viel einbildet – hat ihn Bach nicht erst gestern angeschrien, er sei ein »Zipfelfagottist« und ein Hundsfott dazu? Der Bursche, drei Jahre älter als Bach, war dunkelrot vor Wut angelaufen und hätte sich am liebsten gleich im Unterricht auf ihn gestürzt. Und jetzt steht er vor ihm und brüllt ihn an, die Beschimpfung zurückzunehmen. Bach denkt gar nicht daran. Geyersbachs Kumpane heben drohend die Knüppel. Die junge Dame in Bachs Begleitung schreit erschrocken auf.

Aber Bach ist nicht wehrlos. Kräftig gebaut, kann er sich notfalls mit den Fäusten verteidigen. Außerdem trägt er einen Degen bei sich und versteht von der Ritterakademie her zu fechten. Schon saust die Klinge in das Wams des Angreifers. Die anderen weichen zurück. Und im verschlafenen Städtchen wird es munter. Leute kommen herbeigerannt und werfen sich zwischen die Kämpfer. Geyersbach sieht trübe auf den Riß im Wams. Aber auch Bach fühlt sich nicht wohl. Denn am nächsten Tag spricht ganz Arnstadt vom nächtlichen Skandal: ein Organist, der sich auf offener Straße prügelt. Über diesen Herrn Bach wird nicht das erste Mal der Kopf geschüttelt.

Seit zwei Jahren ist Bach schon Organist in Arnstadt. Zunächst hatte sich eigentlich alles prächtig angelassen. Arnstadt ist unter den vielen schönen Städten Thüringens eine der schönsten mit ihren Lindenalleen und schmucken Fachwerkhäusern, und selbst auf etwas Großstädterei und höfisches Leben braucht der junge Organist nicht ganz zu verzichten. Denn hier liegt inmitten schöner Parkanlagen das Schloß des Grafen von Schwarzburg-Arnstedt, wiederum ein Klein-Versailles. Und der Graf leistet sich sogar ein eigenes kleines Orchester, bei dem wohl auch Bach zuweilen mittun darf.

Nach seinen harten Jugendjahren scheint sich also für den jungen Mann fast ein Paradies zu öffnen. Zugleich bleibt er auf heimatlichem Boden. Denn die Bachs sind selbstverständlich auch in Arnstadt vertreten. Zum Beispiel lebt hier sein entfernter Vetter Christoph Hertum mit seinen Kindern, außerdem die Witwe des Onkels Johann

Christoph. Und dann gibt es noch ein Mädchen, Maria Barbara, Cousine zweiten Grades und Vollwaise. Sie ist hübsch, gerade zwanzig und selbstverständlich musikalisch. Bach selbst ist nun aber schon in einem Alter, in dem er an Ehe und eigene Familie denkt.

Bald sind er und seine kleine Cousine ineinander verliebt. Lodernde Leidenschaft ist kaum im Spiel, eher abwägende Vernunft auf beiden Seiten. Maria Barbara verspricht, ähnlich wie Bachs eigene Mutter, eine geduldig im Schatten des Mannes verharrende Ehefrau zu werden. Aber auch sie selbst sieht wohl ihre Chance. Sie ist arm und Waise. Sie hat in bezug auf ihren künftigen Mann keine große Auswahl. Und der Vetter sieht so übel nicht aus. In seiner gut dotierten Position ist er für Maria Barbara immer noch eine gute Wahl.

Dennoch warten beide mit der Heirat. Bach richtet sich einstweilen ein und bezieht ein behagliches Junggesellenquartier im Haus »Zur goldenen Krone«, wo auch, welch Zufall, Base Maria Barbara wohnt. Seine beruflichen Pflichten überfordern ihn nicht gerade. Nur dreimal in der Woche muß er spielen, sonntags, montags und donnerstags. Daneben leitet er noch den Schulchor. Davon steht zwar nichts im Vertrag, aber beim ansehnlichen Honorar von immerhin achtzig Talern jährlich wird das wohl stillschweigend vorausgesetzt. Zunächst hat Bach auch nichts dagegen einzuwenden. Doch wird gerade das zum wunden Punkt inmitten der sonst so angenehmen Arnstädter Idylle.

Bach merkt bald, daß sie ihre Ecken und Kanten hat. Die als »Neue Kirche« wiederaufgebaute Bonifatiuskirche ist zwar der Stolz der Stadt, bleibt aber doch die unbedeutendste aller Arnstädter Kirchen, und entsprechend unbedeutend ist ihr Organist. In der Praxis heißt das, daß sich Bach mit den Stimmen und Materialien zufriedengeben muß, die ihm die anderen Organisten gerade noch zubilligen. Und dann gibt es auch noch diesen unseligen Schulchor.

Bach mag sich darunter etwas Ähnliches wie den Lüneburger Mettenchor vorgestellt haben. Aber das bleibt holder Trug. Hier steht er vor einer zusammengewürfelten Schar nachlässiger Rüpel, die sich mit ihrem Gesang etwas Taschengeld verdienen wollen. Im übrigen interessiert sie nichts so wenig wie Musik. Und diesen gleichaltrigen oder sogar älteren Burschen soll nun der ganz unerfahrene Lehrmeister Bach beibringen, wie herrlich doch Frau Musica ist. Da können sie nur hämisch grinsen und sich rasch ins nächste Wirtshaus verziehen. Voll geringschätziger Gleichgültigkeit sehen sie auf den jungen

Mann, der von Kunst und Stimmführung faselt. Was will der von ihnen? Und wie der überhaupt aussieht und angezogen ist . . .
Tatsächlich ist Bach für das biedere Arnstadt eine eher ungewöhnliche Erscheinung. Die Ritterakademie und der Hof von Celle haben ihre Spur hinterlassen. Bach gibt sich gern elegant, fast stutzerhaft. Er hat ausgezeichnete, etwas gezierte Manieren. Wie ein Adliger trägt er einen Degen an seiner Seite. Und dann bringt er eben Maßstäbe mit, wie sie gerade noch für Lüneburg, aber kaum für ein Thüringer Provinznest gelten. Er ist aber auch nicht mehr der Mann, seine Maßstäbe zu verleugnen. In den düsteren Jahren seiner Kindheit ist in ihm ein beträchtlicher Hochmut herangereift, ein hartes, klares Selbstbewußtsein, das sich bei erstem Anlaß in tobenden Wutausbrüchen entlädt. Dann kann der so höflich zurückhaltende Herr Bach sehr laut und unangenehm werden.
Bach und Arnstadt sind eben doch nicht eine glückliche Verbindung. Die unleugbare Tüchtigkeit des neuen Organisten deckt das zunächst noch zu. Und Bach nützt den geringen Freiraum, den ihm die Arnstädter Enge läßt. Er gibt sich, kann man sagen, als ein Star, leicht gereizt und unduldsam. Er läßt die anderen spüren, daß er sich für ihre kleine Welt eigentlich zu groß fühlt. Das ist keine gesunde Entwicklung. Irgendwann kommt es zur Explosion.
Den Funken zündet natürlich dieser Schulchor mit seinen Lümmeln, die lieber als im Chor an Wirtshaustischen herumfläzen, den Schankmädchen unter die Röcke greifen, Bier saufen und alles andere im Kopf haben als die Arbeit mit dem ehrgeizigen Organisten. Und Bach ringt um Luft, wenn er beispielsweise diesen Geyersbach auf seinem Fagott herumblöken hört und sich damit auch noch großtun sieht. So kommt es schließlich zu jener Prügelei an der nächtlichen Straßenecke. Die Explosion ist da. Vor Zorn kochend hockt Bach in seiner Junggesellenstube: Weg, nur weg aus diesem elenden Provinznest . . .
Ein Mann der Tat wie immer, zieht er auch jetzt die Konsequenz. Er sucht um Urlaub nach. Die Arnstädter, wohl froh, ihren Organisten nach diesem Skandal eine Weile los zu sein, bewilligen ihn. Bach bricht auf. Sein Ziel ist Lübeck. Dort will er endlich den bewunderten Dietrich Buxtehude kennenlernen.
Bei Lübeck geboren, in Skandinavien aufgewachsen und deutlich von der dortigen herben Klarheit geprägt, ist Buxtehude um diese Zeit schon über dreißig Jahre lang Organist an der Lübecker Marienkir-

che, ein Mann um die siebzig, der große Werke geschrieben und der Orgelmusik neue Wege gewiesen hat. Er ist ein König an seinem Instrument, der übernommene Regeln nicht sklavisch befolgt, sondern sie in kühner Freiheit in seine ganz eigene musikalische Sprache einbezieht.

Um 1705 steht er auf der Höhe seines Ruhms.

Er hat in Lübeck die vorweihnachtlichen »Abendmusiken« eingeführt. Von weit her kommt man dafür in die Hansestadt an der Ostsee und läßt sie sich, bei Kirchenmusik eigentlich unüblich, ein erhebliches Eintrittsgeld kosten. Buxtehudes »Abendmusiken« sind *das* musikalische Ereignis schlechthin, und Bach trifft gerade noch rechtzeitig ein. Wieder tut sich ihm eine neue Welt auf. Er kennt Buxtehudes Werk. Aber es ist doch noch etwas ganz anderes, diese Musik im festlich aufleuchtenden Glanz der altehrwürdigen Marienkirche zu erleben und einen ganz Großen seiner Zunft spielen zu hören. Und wie spielt dieser Mann! Wie weiß er Themen aufzugreifen und zu variieren! Wie plastisch erzählt seine Musik, was hat sie alles zu sagen! Vor allem Buxtehudes Orgelvorspiele und Fugen – jede für sich ist ein Meisterwerk. Bachs eigene Kunst bekommt hier ganz neue, entscheidende Impulse. Und fast tragisch kann man es nennen, daß es ausgerechnet diese eigene Kunst ist, in deren Schatten das Werk des von ihm so verehrten Buxtehude gedrängt wird. Wegbereiter Buxtehude muß sich auf seinem Weg von einem Größeren überholen lassen.

In Lübeck ist davon natürlich noch nichts zu spüren. Hier ist Buxtehude der Meister, Bach ein demütig Lernender. Wie ihre mutmaßliche persönliche Begegnung im einzelnen abgelaufen ist, weiß man nicht. Aber Bach, so schüchtern nun wieder nicht, wird schon auf sich aufmerksam gemacht haben. Und für neue, interessante Begabungen hat Buxtehude gerade in diesen Jahren ein stets waches Ohr. Er selbst ist alt und will sein Haus bestellen. So ist es denn keinesfalls ausgeschlossen, daß er in diesen Tagen dem jungen Mann aus Arnstadt seine Nachfolge anträgt.

Für Bach ist das eine ungeheure Verlockung, nicht geringer als seinerzeit Gabrielis Angebot an Schütz. Aber die Sache hat auch ihren Haken. Denn so ganz uneigennützig und ausschließlich an Kunst interessiert ist der alte Buxtehude nicht. Er hat eine Tochter, die ist nun schon dreißig, nicht eben hübsch, dafür geschwätzig und immer noch ledig. Fräulein Buxtehude will versorgt sein, und so müßte sie der Nachfolger ihres Vaters erst einmal heiraten. Davor schreckt Bach nun doch zurück. Schließlich wartet in Arnstadt immer noch die kleine Maria Barbara.

Also kein Organist Bach an der Lübecker Marienkirche – aber Lübeck selbst und die Wochen in der Nähe Buxtehudes bleiben ein Erlebnis, das Bach lange nicht mehr loslassen will. Es läßt ihn etwas zu lange nicht los. Denn als Buxtehude für den Jahresanfang zwei große Konzerte zu Ehren des gerade verstorbenen Kaisers und seines Nachfolgers ansetzt, kann er nicht widerstehen und verlängert seinen bewilligten Vierzehn-Tage-Urlaub eigenmächtig um sechs weitere Wochen. Auf dem Heimweg bleiben seine Gedanken düster genug: All die wirklich große Kunst, die er erlebt hat – und nun wieder Arnstadts Mängel und Mißlichkeiten . . .

Aber nicht nur Bach macht sich düstere Gedanken. Auch in Arnstadt verliert man allmählich die Geduld mit diesem jungen Mann, der für Skandale sorgt und selbstherrlich seinen Urlaub verlängert. Ihm muß doch wohl einmal klargemacht werden, wer er ist und was seine eigentlichen Pflichten sind. Es kommt zu recht unangenehmen Auseinandersetzungen.

Schauplatz ist das gräfliche Schloß Neideck, Bachs Widersacher das gräfliche Konsortium, seine eigentlichen Vorgesetzten. Man ist nicht gerade unhöflich und legt dem Organisten manche Ausrede in den Mund. Aber es bleiben einige Dinge, die nicht einfach hingenommen werden können. Bachs Sündenregister wird aufgeblättert. Es ist beträchtlich. Denn wie zum Beispiel steht es mit seiner Weigerung, weiterhin den Schulchor zu leiten? Bach verweist auf seinen Vertrag und wird recht laut dabei. Die Herren des Konsortiums schütteln empört die grauen Perücken, und viel Puder steigt zur Schloßdecke hinauf.

Doch weiter: Es gibt noch anderes am Herrn Bach auszusetzen. Hat man ihn nicht sonntags in einem Weinhaus gesehen? Und die andere Sache, die ist ja fast schon ein Skandal: wie man von der Kirche her eine Frauenstimme singen hörte und, siehe, auf der Empore eine nicht weiter benannte junge Dame antraf, nicht nur mit Erlaubnis, sondern auf ausdrückliche Einladung des Herrn Organisten, der die Sängerin auch noch selig auf dem geheiligten Instrument begleitete. Das grenzt ja schon an Laster und Sündenfall. Schließlich aber die Musik des Herrn Johann Sebastian Bach: Daß er ein vorzüglicher Organist ist, will niemand bestreiten. Aber für Arnstadt spielt er doch reichlich eigenwillig, zumal nach seiner Rückkehr aus Lübeck, wo er offenbar diesem Herrn Buxtehude einige Virtuosentricks abgelauscht hat. Das mag ja sehr modern sein, aber auch viel zu lang und gegen alle vertrauten Regeln. Oder, im Originalton dieser Zeit: »Nos (wir) halten ihm vor, daß er bisher in dem Choral viele wunderliche *variationes* gemacht, viele fremde Töne eingemischet, daß die Gemeinde drüber confundiret (verwirrt) sei . . .«

Nun ist Bach empört. Einwände gegen sein Privatleben tut er mit einer Handbewegung ab. Spießerklatsch berührt ihn nicht. Aber seine Musik ist ihm heilig. Und so stolz mag er auf die von Buxtehude übernommenen »wunderlichen Variationes und vielen fremden Töne« sein, daß er sich wohl schon gelegentlich selbst als junger Buxtehude fühlt und darüber ganz die Armseligkeit von Arnstadts Neuer Kirche und ihren Besuchern vergißt.

Bach rächt sich. Von nun an spielt er nicht nur so kurz wie möglich, sondern auch so langweilig, daß selbst das unmusikalischste Gemüt seinen grimmigen Protest heraushört. Also erneuter Streit, Mahnungen, Verwarnung – die Arnstädter haben es nicht leicht mit Bach und er nicht mit ihnen. Die Stimmung wird immer unerträglicher. Und Bach packt jene Langeweile, die ihn in Arnstadt wohl immer schon geplagt hat. Sie hat allerdings auch ihr Gutes. Denn Bach nutzt auf seine Weise das Übermaß an freier Zeit. Er fängt zu komponieren an. Wohl schon um 1704, zur Osterzeit, entsteht eine erste Kantate mit dem Motiv »Denn du wirst meine Seele nicht in die Hölle lassen«. Bald darauf versucht er sich ein erstes Mal in weltlicher Musik und schreibt seinem älteren Bruder Johann Jacob ein Capriccio als Abschiedsgeschenk. Denn die weltpolitischen Zeitläufe verschonen auch das stille Thüringen und die Familie Bach nicht. Noch immer befindet sich Schwedenkönig Karl XII., die meistbewunderte, meistgehaßte Erscheinung dieser Zeit, auf seinem rauschhaften Siegeszug und ist jetzt bis Sachsen vorgedrungen. Bruder Johann Jacob scheint zu den Bewunderern zu gehören und schließt sich der schwedischen Armee als Oboist der königlichen Garde an. Bruder Johann Sebastian singt ihm sein Abschiedslied, voll Trauer, Sorge und Hoffnung auf ein Wiedersehen. Auch er ist jetzt schon ein Komponist, der in Musik Gefühlen Ausdruck geben kann, für die Worte nicht reichen.

Im übrigen bleiben die Meinungen über Bachs Frühwerk geteilt. Allzu zügellos tobt sich dort ein noch unausgereiftes Talent aus – so die einen. Andere hingegen: Gerade wie Bach alle Möglichkeiten ungeniert erprobt und sich ihrer ganz naiv und in frischer Ursprünglichkeit bedient, läßt das kommende Genie ahnen. Komponist Bach hat jedenfalls einigen Erfolg. Schon das kolossale Arrangement seiner ersten Kantate beeindruckt die unverwöhnten Arnstädter. Und vier Jahre später trumpft er vollends auf. Für seine Kantate »Gott ist mein König« setzt er 18 Stimmen, drei Pauken, zwei Oboen, Violen und Kontrabässe ein. Die Uraufführung findet allerdings nicht mehr in Arnstadt statt. Schauplatz ist die Marienkirche in Mühlhausen. Bach hat die Arnstädter Grenzen hinter sich gelassen.

Mit einigem Selbstbewußtsein ist er diesmal auf Stellungssuche gegangen. Er bewirbt sich als Organist an der Kirche Divi St. Blasii in Mühlhausen. In dieser Stadt mit ihrer großen musikalischen Tradition, wo zuvor an der Orgel von St. Blasii der kaiserliche Hofdichter Johann Georg Ahle saß, müssen Bewerber schon einiges aufzuweisen haben. Auch Bach wird zunächst einmal zum Vorspielen eingeladen. Er besteht die Prüfung im Triumph, und danach ist ihm der Posten sicher.

Bach atmet auf. Mühlhausen ist wirklich eine große Stadt. Hier gelten andere Maßstäbe als in Arnstadt. Gleich hat Bach große Pläne und will die gesamte Mühlhausener Kirchenmusik reformieren. Prüfend steht er neben der Orgel: Sie taugt nicht viel. Sie muß dringend überholt werden. Bach denkt an seine Fachkenntnisse und legt einen Restaurationsplan vor, der angenommen wird. Der Organist hat sich also durchgesetzt, bevor er recht angefangen hat. Da mischen sich unangenehm krächzende Nebengeräusche in seinen Jubel. Bach merkt bald, daß er den Himmel auch in Mühlhausen nicht gefunden hat.

Zunächst hat Bach mit dem sich anbahnenden Streit nichts zu tun. Hier geht es um den Glauben, nicht um Musik. Unter Mühlhausens Pfarrern ist erbitterter Streit ausgebrochen. Der Protestantismus, muß man dazu wissen, war nach seinem überwältigenden Siegeszug im 16. Jahrhundert in eine zunehmende Krise geraten, und die lutherische Lehre scheint immer weniger das Bollwerk gegen die viel geschickter taktierenden Katholiken zu sein. Sie haben schließlich nicht ganz unrecht, wenn sie im Luther-Glauben nur eine ins mehr Weltliche abgebogene Variante sehen und sich erkundigen, warum dann nicht gleich, nach den Neuerungen der Gegenreformation, beide Kirchen wieder eins sein können, wie es schließlich auch im Sinne des unfreiwilligen Revolutionärs Luther war. Protestanten jedoch, die in ihrem Glauben den einzig möglichen sehen, setzen sich gegen diese Aufweichungstendenz zur Wehr. Der Protestantismus, fordern sie, muß sich wieder auf sich selbst besinnen, muß werden, was er eigentlich ist, die große Lehre vom reinen Wort, ohne weltlich-sinnliche Zutat, auch ohne Musik im Gottesdienst, die viel zu stark an das Gefühl, viel zu schwach an den Verstand appelliert. Also fort aus dem Gotteshaus mit allen nur schönen, lediglich das fromme Gemüt einlullenden Klängen – das fordert zum Beispiel die in dieser Zeit aufkommende Richtung der Pietisten.

An diesem Punkt greift Bach ein. Er selbst ist von seiner Herkunft her lutherisch-orthodox. Aber das spielt nicht die Hauptrolle. Seinen Kirchenglauben kann er notfalls verdrängen, wie man noch sehen wird, nicht aber seinen Glauben an die Musik. Da schäumt dann das Bachsche Temperament, fallen grobe Worte, und der Musiker wird zum leidenschaftlichsten Verfechter alten Luthertums. Doch liegen in Mühlhausen die Dinge schwierig. Denn ausgerechnet Bachs Vorgesetzter Frohne ist Pietist. Der Vorkämpfer der orthodoxen Richtung ist hingegen Bachs Freund Pastor Eilmar, in dessen Marienkirche denn auch nicht zufällig Bachs Kantate uraufgeführt wird. Wie nun noch mit Frohne weiterhin zusammenarbeiten? Bach zieht ein zweites Mal die Konsequenz und geht.

Diesmal braucht er sich nicht eigens um eine neue Stelle zu bewerben. Ihm liegt ein Angebot des Weimarer Hofs vor, wohin er schon einmal verpflichtet worden war. Jetzt erwartet ihn die ansehnliche und wohldotierte Position als Virtuose und Hoforganist. Er greift zu. Eine neue Etappe beginnt. Bach ist dabei nicht allein. Schon 1707 hat sein Freund Eilmar ihn und seine Maria Barbara getraut. Gemeinsam ziehen sie der neuen Lebensstation entgegen, aus einer Bürgerstadt an einen Fürstenhof – ein Weg, der in milde Höhen, aber auch in die Schwärze einer fürstlichen Arrestzelle führen wird.

»Das kann nur Bach oder der Teufel sein ...«

Wilhelm Ernst, »Regierender Hertzog von Sachsen-Weimar«, sieht aus, wie in dieser Zeit ein Fürst ausgesehen hat. Das heißt, er gleicht wenigstens von Ferne dem großen Idol Ludwig XIV., und so hat ihn denn auch ein Porträtist festgehalten, mit übergroßen Augen, kräftiger Nase und einem angedeuteten Lächeln um den Mund. Darüber hinaus hat aber Weimars Herzog herzlich wenig mit dem prunksüchtigen Louis gemein. Undenkbar, daß er in juwelenflimmernden Paraderöcken einherstöckeln oder ganze Serien von Lustschlössern aus dem Boden stampfen würde, und wenn er für seine geliebten Blumen ein paar Treibhäuser in ehemaligen Wildgehegen einrichten läßt, ist seine Bauwut schon erschöpft.

Das ist für seine Untertanen einerseits sehr angenehm. Denn anders als die meisten übrigen deutschen Fürsten ruiniert Wilhelm Ernst nicht sein Land in dem Bestreben, es dem Sonnenkönig gleichzutun. Aber andererseits bleibt es etwas trostlos, wenn im Sommer bereits um neun Uhr abends, im Winter schon um acht im Schloß alle Lichter ausgehen und nicht das geringste Quentchen höfischen Glanzes hinüber in das 5000-Einwohner-Städtchen Weimar weht. Aber der Herzog hält nun einmal nichts von großen Festen und ausschweifenden Lustbarkeiten.

Ältere Leute können sich allerdings erinnern, daß es auch an diesem Hof einmal anders aussah. Da gab es hier sogar ein Opernhaus, das erste in Thüringen. Aber dann wurde der Herzog menschenscheu und einsilbig. Schließlich scheint seine einzige Freude zu sein, nach dem täglichen Gottesdienst die Lakaien an der Tür abzufangen und sie die Predigt abzufragen. Diese Entwicklung zu sauertöpfischer Menschenscheu hängt wohl mit seinem privaten Schicksal zusammen. Seine Ehe war unglücklich gewesen und schließlich geschieden worden. Danach scheint es Wilhelm Ernsts einziger Ehrgeiz zu sein, ein guter Landesvater und noch besserer Christ zu werden. Sein Hof, streng lutherisch-orthodox, ist der mit Abstand frömmste in ganz Deutschland.

Eine einzige Schwäche, neben seinen Blumen, gestattet sich der Fürst. Er liebt Musik und unterhält ein kleines, aber ausgesucht gutes Orchester. Und wenn es ihm zuweilen aufspielt, sitzt er in der kargen Pracht seiner Wilhelmsburg am Weimarer Stadtrand, läßt den stets etwas traurigen Blick über die Musiker in ihrer farbenfrohen Phantasietracht gleiten und sieht schließlich aufmerksam zu jenem kräftigen jungen Mann hin, der die Violine streicht und sich in seiner Uniform eher komisch vorkommt: Johann Sebastian Bach. Der Herzog kennt seine Ansichten zur Kirchenmusik. Sie soll nicht nur Ergänzung oder Illustration des Gottesdienstes, sondern Steigerung und eigentlicher Höhepunkt sein. Das meint der Herzog auch. Er ist mit seinem neuen Hoforganisten zufrieden.

Deshalb ist es auch gar nicht erstaunlich, was Bach alles binnen kur-

Herzog Wilhelm Ernst von Sachsen-Weimar

zem durchsetzt. Er steht in der »Himmelsburg«, wie der Volksmund
die in leuchtendem Blau ausgemalte Hofkirche nennt. Aber er sieht
nicht zur himmelblauen Decke hinauf, sondern hat nur Augen und
Ohr für die Orgel. Er schwingt sich auf die Bank und spielt, wie er zu
spielen gewohnt ist: »Er zog zunächst alle Register und stürzte sich in
eine glänzende Intrada. Er müsse vor allem wissen, ob das Werk eine

gute Lunge habe, sagte er ...«, wie später sein Sohn Carl Philipp Emanuel das väterliche Spiel beschreibt. Hier in Weimar, stellt Bach fest, ist die Lunge nicht so gut. Dabei war das Instrument gerade erst überholt worden. Doch Bach schlägt weitere Änderungen vor, und ganz gegen seine sonstige Gewohnheit greift der sparsame Fürst tief in die Tasche.

Es scheint also ein glücklicher Tag gewesen zu sein, als Bach und seine Frau auf einem mit allem Eigentum beladenen Wägelchen die siebzig Kilometer von Mühlhausen nach Weimar hinüberkarrten. Kein Pfaffengezänk mehr, keine kleinkarierte Bürgerschaft, kein plärrender Schulchor – dafür nun dieser Herzog mit so viel Verständnis für alle Pläne und Vorstellungen Bachs. Auch die Kasse stimmt. Gleich zu Beginn erhält der Organist und Musikus im herzoglichen Orchester 150 Taler jährlich und kommt mit der Zeit auf ein Jahreshonorar von 240 Talern.

Sein Privatleben dürfte jetzt dem in seinem Elternhaus gleichen, nicht üppig, aber gastfreundlich und lebensfroh. Freunde werden gefunden, Schüler stellen sich ein. Maria Barbara ist die brave Ehefrau und Mutter. Sie wird sieben Kinder gebären, zwei Töchter und fünf Söhne. Zwei davon, ein Zwillingspaar, sterben gleich nach der Geburt. Aber die übrigen überleben, und stolz steht der Vater am Taufbecken, wenn wieder einmal ein Sohn darübergehalten wird, zunächst Wilhelm Friedemann, dann Carl Philipp Emanuel und Johann Gottfried Bernhard, schließlich Leopold Augustus. Sorgsam, mit einigem gesellschaftlichen Ehrgeiz sind die Paten ausgewählt. Stets haben es hochangesehene Bürger zu sein, und einmal, bei Carl Philipp Emanuel, ist ein Kollege darunter, Georg Philipp Telemann, Kapellmeister in Bachs Geburtsstadt Eisenach und um diese Zeit schon viel berühmter als Bach selbst.

Es läßt sich kein größerer Gegensatz denken: hier der vierschrötige Bach, erdnah, glaubensstark, robust bis in die Knochen, immer ein wenig vom Hauch der Provinz umgeben, aus der er stammt – und dort der zierliche Telemann, nervös, übersensibel, der geborene Großstadtmensch. Er hält es denn auch nicht lange in Eisenach aus, sondern wechselt zunächst nach Frankfurt, dann als Musikdirektor aller fünf Hauptkirchen nach Hamburg über. Daneben wird er der erste große deutsche Opernkomponist, flink, elegant und von unermüdlichem Fleiß bis ins biblische Alter von 86 Jahren. Allem Gegensatz zum Trotz werden Bach und Telemann gute Freunde, so wie

Telemann auch ein guter Freund Händels ist. Für Bach wie Händel mag Telemann ein großer Anreger gewesen sein.

Dennoch wird für Bach eine andere Freundschaft wichtiger. In Weimar schließt er sich seinem Vetter Johann Gottfried Walther an, dem Organisten der Stadtkirche. Auch Walther ist Komponist und vor allem der Verfasser des Standardwerks »Musicalisches Lexikon«. Vielleicht zieht dieses gründliche Wissen Bach besonders an. Denn in seinem Leben gibt es ja keinen Gabrieli. Er muß sich alles selbst aneignen und zusammensuchen. Das wird ein Grundzug seiner Musik: Bach folgt keinem festgelegten Gesetz und keiner bestimmten Schule. Er übernimmt von anderen, was er gerade braucht, mit sich selbst als oberster Instanz.

Im Fall Walther: Der Vetter ist ein glänzender Kenner italienischer Musik, die Bach bis dahin kaum vertraut ist, von seinen Funden in der Lüneburger Bibliothek einmal abgesehen. Jetzt stößt er zwischen Walthers Notenbüchern auf Namen wie Albinoni, Corelli, Frescobaldi, Legrenzi und immer wieder Antonio Vivaldi. Der rothaarige Priester aus Venedig, in seiner Heimat Konzertmeister und Opernkomponist, beeindruckt ihn besonders. Vivaldis Werke haben etwas, das Bach selbst von Natur aus fehlt, eine lebensverliebte Leichtigkeit und schwerelose Eleganz, die nicht so ausgetüftelt und hochgezüchtet wie die stets etwas steife Eleganz der Franzosen wirkt.

Mit der großen Selbstverständlichkeit eines Zeitalters, das noch nicht die eifersüchtige Originalitätswut späterer Zeiten und ihrer Künstler kennt, geht Bach daran, das Geheimnis dieser fröhlich-natürlichen Kunst zu ergründen. Getreulich überträgt er Vivaldische Violinkonzerte für das Klavier. Und wieder zeigt sich ein typischer Wesenszug: daß sich Bach nahezu perfekt Kompositionstechniken anderer aneignen kann, ohne selbst an Eigenart einzubüßen. Im Fall Vivaldis macht er sich dessen Stil so gründlich zu eigen, daß noch lange manches Vivaldi-Werk als typische Bach-Komposition gelten wird.

Bach komponiert viel in dieser Zeit. Jeden Monat muß er eine Kantate liefern. Daneben sind Orgelvorspiele, die Präludien, und Fugen sein Gebiet. Vor allem die Fuge, die kunstvoll verschlungene und kontrapunktisch geführte Variation eines vorgegebenen Grundmotivs, liebt er und wird dabei immer einfacher und klarer. Der spätere Meister großer, übersichtlich strukturierter Form kündigt sich an.

Aber Bach schreibt nicht nur Kirchenmusik. Um 1716 entsteht die weltliche »Jagdkantate«, fast schon eine kleine Oper und zugleich ein

Ausflug in sehr irdische Gefilde. In Schütz' Heimatstadt Weißenfels wird sie zu Ehren des dort inzwischen residierenden sächsischen Herzogs aufgeführt, und zu den begeistert applaudierenden Zuhörern gehört Leopold, Fürst im winzigen Anhalt-Köthen. Für Bach wird es eine folgenreiche Begegnung.

Er ist nun schon ein bekannter Musiker. Jetzt sprechen schon viele vom »berühmten Herrn Bach«. Sie meinen allerdings nicht den Komponisten. Seinen Ruhm verdankt er seinem Klavier- und Orgelspiel, und genau das paßt in diese Zeit des großen Virtuosentums, wo vom Musiker weniger Aussagen als technisch perfektes Können verlangt werden. Bezeichnenderweise wissen wir von Schütz gar nicht, ob er auch ein besonders guter Instrumentalist gewesen ist. Wahrscheinlich war er es, aber niemand hielt es für nötig, das eigens anzumerken. Genau umgekehrt bei Bach: Zeitgenössische Lobsprüche über seine Musik finden sich zwar, aber sie klingen bei weitem nicht so begeistert wie die Schwärmerei, die er als Solist an seinen Instrumenten auslöst. Er ist ein Star, wenn man so will, und der Starkult treibt schon damals die wildesten Blüten.

Undenkbar, daß solch ein Star ein Mensch wie jeder andere ist. Er muß ein Überwesen sein, mit Himmel und Hölle im Bund – und schon rankt sich wie um jede Starkarriere ein bunter Strauß üppig wuchernder Anekdoten um diesen so begnadeten Meister. Die bekannteste ist die vom schlichten Bäuerlein, das still vor einer Dorfkirche verharrt, wo der vorüberziehende Meister rasch ein kleines privates Orgelkonzert einlegt. Die kleine Dorforgel braust in nie gekannter Wucht, und dem braven Mann wird ganz seltsam und fast unheimlich zumute. Er zieht die Mütze und murmelt vor sich hin: »Das kann nur Bach oder der Teufel sein . . .«

Das liest sich noch ganz lustig. Schon peinlicher hört sich der Bericht von einem Orgelkonzert in Kassel an, wo es den Erbprinzen nach Bachs Spiel nicht länger in seinem Seidensessel hält. Er springt auf und steckt einen prächtig funkelnden Ring an des genialen Meisters vom Spiel noch feuchte Hand. Und die Umstehenden flüstern ergriffen: »Nun bedenkt, wenn Bachs Füße ihm schon ein solch fürstliches Geschenk eintrugen, welche Gabe hätte ihm der Prinz anbieten müssen, um seine Hände zu belohnen . . .« – der Star ein mit Juwelen wie mit Opfergaben behängtes Götzenbild.

Jugendbildnis J. S. Bachs

Ganz arg wird es aber im Dresden des Jahres 1716. Ausgerechnet der herzlich unpolitische Bach sieht sich, wahrscheinlich sehr gegen seinen Willen, in eine Fehde von internationalem Ausmaß verstrickt.

In diesem Jahr gastiert am Dresdener Hof Louis Marchand, einst Hoforganist des inzwischen verblichenen Sonnenkönigs und seinerseits ein Star auf Orgel und Klavier, dazu einer von der Sorte, die den eigenen Ruhm durch ständige Szenen und Allüren unterstreichen zu müssen glaubt. Das hatte schon der sonst durch nichts zu erschütternde Franzosenkönig zu spüren bekommen, und den Dresdener Herren geht der stets aufgeregte kleine Franzose bald derart auf die Nerven, daß sie seiner Großmäuligkeit einen gehörigen Dämpfer aufsetzen wollen. Bachs rasch gewachsener Virtuosenruhm kommt ihnen gerade recht. Hier sei einer, wird dem ständig um sein Primadonnentum bangenden Marchand zugeraunt, der sei an der Orgel noch besser als er. Aber wenn er es nicht glaube, so bitte, es kommt ja nur auf den Versuch an ...

Ein regelrechtes Duell auf Musikinstrumenten wird arrangiert, und die Zuhörer reiben sich im Vorgenuß die Hände. Solche Sensationen sind es, an denen sich dieses übersättigte Zeitalter zu laben liebt. Bach reist indes in aller Ruhe an. Er hat nichts zu verlieren und einiges zu gewinnen. Denn unterliegt er, ist das einem internationalen Star wie Marchand gegenüber noch immer keine Schande. Gewinnt er aber, hat er die beste Reklame, die er sich nur wünschen kann. Also auf ins Abenteuer – Bach ist bestens gerüstet.

Es kommt weder zu Sieg noch Niederlage. Denn der Wettkampf findet gar nicht erst statt. Marchand, aufgeregt wie immer, reist in der Nacht zuvor Hals über Kopf ab, und Bach hat bei einem um seine Sensation betrogenen und deshalb besonders dankbaren Publikum rauschenden Erfolg. Soweit bleibt alles noch ganz amüsant. Aber gar nicht amüsant wird sein, wie dann die Bach-Legende aus dem Erfolg ihres Idols eine Art Nationalschlacht macht: der Deutsche Bach Triumphator über den Welschen Marchand. Bach selbst, dem Bewunderer französischer Musik, wäre das selbst nie in den geradlinigen Sinn gekommen.

Bei der Einschätzung eigener Qualitäten ist Bach ohnehin ein sachlicher, manchmal leicht ironischer Mann. Berühmt wird seine Antwort auf die Frage nach dem Geheimnis seines Orgelspiels: »Das ist eben nichts Bewunderungswürdiges, man braucht nur die rechten Tasten zu rechter Zeit treffen, dann spielt das Instrument von selbst!« Solche

Untertreibung darf nicht täuschen. Hier spricht weniger pure Bescheidenheit als ein mit dem eigenen Wert wohlvertrautes Selbstbewußtsein, das aufdringliche Frager mit liebenswürdiger Bestimmtheit in ihre Schranken weist. Denn wenn es um seine Karriere geht, kann dieser Mann sehr praktisch und taktisch denken. Dann stellt er sein Licht keineswegs unter den Scheffel. Das zeigt sich schon in der Weimarer Zeit.

In Weimar ist seine Situation nicht ganz unproblematisch. Denn trotz aller Erfolge nimmt nicht Bach in der musikalischen Rangordnung der Stadt den ersten Platz ein. Die gehört einem anderen, dem alten, immerzu kränkelnden Hofkapellmeister Johann Samuel Drese. Natürlich strebt Bach diesen Posten an. Doch kann er ihn dem verdienten Drese nicht einfach wegnehmen. So begnügt er sich einstweilen, seinem herzoglichen Herrn von Zeit zu Zeit den eigenen Wert vor Augen zu führen. Oder warum bewirbt er sich sonst 1713 in Halle, wo es zwar eine sehr schöne Orgel, aber ein wesentlich geringeres Gehalt gibt?

Der Wechsel findet denn auch nicht statt, dafür aber ein recht unangenehmer Streit mit den Herren aus Halle. Sie werfen dem Musiker vor, sich nur zum Schein beworben zu haben, was Bach empört zurückweist. Doch ganz unbegründet ist der Vorwurf wohl nicht. Der eisenharte Aufsteiger Bach hat von Jugend an gelernt, seine Vorteile zu nutzen, und ist in der Wahl seiner Mittel nicht zimperlich. Und das Manöver von Halle bringt denn auch den gewünschten Erfolg. Schon im Jahr darauf ist Bach nicht mehr einfacher Hoforganist, sondern trägt den Titel eines Hofkonzertmeisters, den der Herzog eigens geschaffen hat. Bach steht nun schon eine Stufe höher als zuvor und bezieht ein wesentlich größeres Gehalt.

Auch das Zwischenspiel von Halle scheint in allseitiger Zufriedenheit zu enden. Bach wird dort sogar für eine Orgelinspektion engagiert und mit einem triumphal reichen Essen gefeiert. Die Chronik verzeichnet nicht weniger als sechzehn Gänge, von Hecht blau über warmen Spargelsalat und eingemachte Kirschen bis zu Kalbsbraten. Sie vergißt auch nicht den deftigen Tintenklecks bei Bachs Unterschrift auf der Honorarquittung: Neben üppigen Speisen hatte es offenbar auch reichlich zu trinken gegeben, und Bach kehrt in jeder Hinsicht gesättigt zurück. Seine Laufbahn hat einen frühen Gipfel erreicht.

Allmählich ziehen aber erste kleine Wolken am noch strahlend hellen Horizont von Weimar auf. Die guten Beziehungen zwischen Fürst und Musiker verdunkeln sich, und Bach ist daran nicht unschuldig. Denn auf seine Art ist Wilhelm Ernst ein recht großzügiger Herr. Aber in seiner schwierigen, verdüsterten Natur gibt es einige Punkte, an die man besser nicht rührt, vor allem nicht an seine gescheiterte, kinderlos gebliebene Ehe. All die Jahre hat der Herzog voll Gram und Neid auf die glückliche Ehe seines jüngeren Bruders gesehen, und als der Bruder stirbt, überträgt sich die gereizte Ablehnung des Fürsten auf dessen beiden Söhne. Voll düsterem Argwohn blickt er zum Roten Schloß hinüber, wo die ungeliebten Neffen hausen. Wer aber fühlt sich gerade dort besonders wohl? Wer mißachtet das herzogliche Gebot, keiner seiner Musiker dürfe im Haus des Neffen auftreten? Ausgerechnet der eigene Konzertmeister Bach.

Bach unterrichtet den jüngeren Bruder Johann Ernst, einen hochbegabten jungen Mann, der selbst so vorzüglich komponiert, daß man später einige seiner Arbeiten für Vivaldi-Werke hält. Bach hängt sehr an diesem Jungen, und es trifft ihn hart, als das so früh aufgeblühte Talent schon 1715 stirbt. Um so enger wird die Freundschaft zum älteren Bruder Ernst August. Bach, der Star, schert sich nicht um die Mißbilligung des Herzogs.

1717 bekommt er eine erste Quittung. In diesem Jahr stirbt der alte Drese, und alle Welt, Bach voran, rechnet mit seiner Ernennung zum Nachfolger. Aber Wilhelm Ernst scheint entschlossen, seinem aufmüpfigen Musiker eine Lehre zu erteilen. Zunächst verhandelt er mit Telemann, der aber nicht von Frankfurt wegzulocken ist und das wohl auch seinem Freund Bach nicht antun würde. Und schließlich wird der Posten an Dreses Sohn vergeben, der schon oft den kranken Vater vertreten hatte. Insofern ist es also eine gerechte Entscheidung. Aber Bach erkennt die gezielte Kränkung.

Er reagiert ähnlich wie in Arnstadt. Er schmollt. Er streikt geradezu. Nicht, daß er nur demonstrativ langweilig spielt – er spielt nun überhaupt nicht mehr und läßt sogar das 200. Jubiläum des Reformationstages ohne anbefohlene Kantate verstreichen. Zugleich sieht er sich nach einer neuen Stellung um. Die guten Beziehungen zum herzoglichen Neffen kommen ihm zugute.

Für den Prinzen ist es natürlich ein Hauptspaß, dem verhaßten Herrn Onkel einen Streich zu spielen. Er spinnt seine Fäden. Über seine Frau, eine Schwester des schon erwähnten Fürsten von Anhalt-Köthen, läßt er den Schwager wissen, er könne, so er nur will, den allseits geschätzten Herrn Bach an seinen Hof bekommen. Fürst

Leopold ist begeistert. Wann bietet sich schon solche Chance für ein Mini-Fürstentum, neben dem sich Weimar wie eine Weltmacht ausnimmt? Sein Angebot geht hinaus.

Noch glaubt Bach, er könne sich wieder höflich, aber fest aus seinem Amt fortempfehlen. Aber diesmal hat er es nicht mit irgendwelchen biederen Bürgern zu tun, sondern mit einem Fürsten. Wilhelm Ernst packt Zorn. Der naheliegende Gedanke, die ganze Intrige sei drüben im Roten Schloß gesponnen, dämpft ihn nicht gerade. Und Bach, durch seine Virtuosenerfolge allzu übermütig geworden, bekommt jetzt die andere Seite absolutistischer Gewalt zu spüren. Sie kann sehr großzügig sein und mit der linken Hand Titel, Spitzenhonorare, Juwelen und eine neue Orgel niederregnen lassen. Wagt aber ein einzelner gegen sie aufzumucken, wird ihm eben beigebracht, wer im Land Herr über Menschen und Dinge ist. So kann denn auch in der Ruhe einer Gefängniszelle der berühmte Herr Bach eine Weile darüber nachsinnen, wieviel sein Ruhm im Schatten der Macht zählt.

Da man den Besten nicht bekommen kann . . .

Am 6. November 1717 schließt sich hinter Bach die Tür seiner Arrestzelle in der Weimarer Landrichterstube. Es ist eine Haft ohne Härte. Wächter schwingen nicht die Peitsche, und an den Mauern klirren keine Ketten. Bach hat sogar zum Komponieren Zeit. Doch bleibt die Haft ein Schlag für den selbstbewußten Mann. Und als er am 2. Dezember wieder freikommt, hält ihn in Weimar nichts. Eilends reist er nach Köthen ab. Hinter ihm bricht das große Schweigen aus. Nie scheint es in Weimar einen Hoforganisten Bach gegeben zu haben, und selbst der Freund Johann Gottfried Walther wagt noch 1731 in seinem gerade erschienen »Musicalischen Lexikon« den Namen Bach nur zu streifen.

Nach der Weimarer Düsternis empfängt Köthen den gebeutelten Musiker wie ein kleiner Garten Eden. Dabei ist dieses Fürstentum eigentlich ein Witz. Prächtig erhebt sich in seiner Mitte das fürstliche Schloß von fast Versailler Ausmaß, und an seinen ausgedehnten Gärten hätte selbst der gartentrunkene Ludwig XIV. seine Freude gehabt. Aber das Fürstentum selbst ist kaum mehr als ein größerer Grundbesitz, sein Fürst ein besserer Gutsbesitzer. Doch tritt Leopold von

Fürst Leopold von Anhalt-Köthen

Anhalt-Köthen so fürstlich auf wie der Herrscher einer Großmacht.
Ein Porträt zeigt ihn als jungen Mann mit hübschem, etwas weichem
Gesicht unter graugepuderter Perücke, die Hand in leicht angestreng-
ter Majestät in die Hüfte gestützt. Das ist die Pose, in der sich auch
der Sonnenkönig von seinem Lieblingsmaler Hyacinthe Rigaud malen
ließ. Aber Leopold erinnert weniger an Ludwig XIV. als an dessen
viel weniger unnahbaren Nachfolger, den fünfzehnten Louis. Eine

neue Zeit ist gekommen und mit ihr ein neuer Herrschertyp, menschlicher, erdennäher, auch verspielter. Der Fürst neuen Stils nimmt sich und seine Würde nicht mehr gar so ernst. Er gibt sich duldsamer, was nun nicht heißt, daß er seinen Untertanen und dessen Meinung mehr achtet. Er ist ihm gegenüber nur gleichgültiger geworden. »Nach mir die Sintflut!« murmelt in Frankreich Ludwig XV., während es noch beim Sonnenkönig »Der Staat bin ich!« geheißen hatte. Leopold von Anhalt-Köthen hält es wohl mehr mit dem fünfzehnten Ludwig. Von ihm stammt denn auch das Wort, in seinem Land könne jeder glauben, was er will. In Klarschrift: Der Glaube seiner Untertanen ist ihm ganz egal.

Das hat auch seine Schattenseiten. In Wilhelm Ernsts Weimar gab es keinen Streit um Religion. Der Herzog hatte ihn kurzerhand verboten. Aber in Köthen, wo der Calvinismus Staatsreligion ist, die Lutheraner jedoch eine starke Partei stellen, treibt das Pfaffengezänk die schönsten Blüten. Lächelnd steht der Fürst über den Parteien. Ihr Streit interessiert ihn nicht. Viel lieber ruft er sein kleines Orchester zusammen und spielt selbst Bratsche oder Gamba. Der frischgewonnene Hofkapellmeister Bach schlägt dazu den Takt.

1694 geboren, also fast zehn Jahre jünger als Bach, ist Leopold ein lebensfroher Mann, durch dessen Residenz keinerlei Gespenster einer unverdrängten Vergangenheit spuken. Musik hat er eingehend studiert, er beherrscht mehrere Instrumente und besitzt eine passable Gesangsstimme. Und als er den Thron besteigt, schiebt er alle Bedenken seiner sparsamen Mutter beiseite und legt sich ein kleines Orchester von hoher Qualität zu. Ein Zufall kommt zu Hilfe: Drüben im kargen Preußen hat gerade der bullige »Soldatenkönig« Friedrich Wilhelm I. in fanatischer Sparwut sein Orchester aufgelöst. Einige der entlassenen Musiker finden nun in Anhalt-Köthen neue Stellung, und mit der Hofmusik kann der neue Kapellmeister zufrieden sein.

Mit der Kirchenmusik ist er es weniger. Die einzige Orgel in den drei Kirchen verdient kaum den Namen, und voll Wehmut mag Bach an das kleine, aber vorzügliche Instrument in der Weimarer »Himmelsburg« zurückdenken. Aber er paßt sich an und begnügt sich mit dem höfischen Orchester von achtzehn Mann. Gute Leute sind darunter, und außerdem finden sich im Schloß hervorragende Instrumente und wahre Schätze an Notenmaterial. Damit läßt sich arbeiten, und aus dem Konzertmeister des frommen Wilhelm Ernst wird der Hofkapellmeister des nicht so frommen Leopold. Der bedeutende Organist, der

Schöpfer großer, ernster Kirchenmusik scheint vergessen – und man fragt sich: Steht bei Bach alles andere hinter dem Gedanken an seine Karriere? Liefert er immer nur das, was gebraucht wird? Ist es also bei ihm, der einmal als der größte aller protestantischen Kirchenmusiker gelten wird, mit seiner Gläubigkeit gar nicht so weit her?

Wieder einmal stellt Bach vor Rätsel. Und wieder liefert am ehesten der Existenzkampf seiner frühen Jahre eine wirklich schlüssige Erklärung. Er hat diesen Mann auch Selbstverleugnung gelehrt. Jetzt kommt noch die Weimarer Erfahrung hinzu. Das böse Ende hat ihm seine Grenzen aufgezeigt und ihn ein weiteres Mal in rücksichtslose Anpassungsbereitschaft getrieben. Und schließlich: in Weimar war man *nur* fromm, *nur* gottzugewandt gewesen. Aber im jungen, vitalen Bach pulst auch das Blut seiner umherziehenden, zum puren Vergnügen der Zuhörer einherfiedelnden Musikantenahnen. Da mag er es denn in dieser Köthener Zeit auch als Erleichterung empfinden, sich nicht immer nur mit Gott und Glauben beschäftigen zu müssen.

So entsteht wohl nicht zufällig in gerade dieser Zeit die fröhlichste, weltlichste Musik, die Bach je geschrieben hat, Tanzmusik, wenn man so will, seine sechs »Brandenburgischen Konzerte«. Eigentlich sind sie dem in Berlin lebenden Markgrafen Christian Ludwig von Brandenburg gewidmet, dem Bach entweder in Berlin selbst oder in Karlsbad begegnet ist, und er schickt denn auch das Werk mit einer höflichen Widmung in makellosem Französisch an den jungen Brandenburger. Aber die Uraufführung dürfte in Köthen stattgefunden haben, und vielleicht hat Fürst Leopold dabei selber mitgewirkt. Jedenfalls sind einige Passagen auffallend einfach, denn Bach, nun ganz der angepaßte Höfling, weiß schließlich, was sich gehört, und will den sympathischen Leopold gern im Glauben lassen, nicht nur ein erträglicher Landesvater, sondern auch ein tragbarer Musiker zu sein.

Bach nennt sich nun »Hofkapellmeister und Direktor der fürstlichen Kammermusiken«. Er bezieht das stattliche Jahresgehalt von vierhundert Talern im Jahr, soviel wie ein Hofmarschall. Sein Fürst steht ihm fast freundschaftlich gegenüber, und der Hofkapellmeister mitsamt Familie darf sogar bei ihm im Schloß wohnen. Ein Bach im Fürstenschloß, und sei es auch nur das von Anhalt-Köthen – das ist ein Aufstieg, der sich sehen lassen kann. Da ist es eine Lust zu musizieren. Und Bach musiziert in den heiter beschwingten Rhythmen höfischer Tanzmusik.

Im übrigen fällt in dieser Zeit am Komponisten Bach eine Neigung zu sammelnder Selbstbesinnung und zusammenfassender Rückschau auf. Er ist nun schon ein Mann Mitte dreißig, Ehemann und Vater in angesehener Position. Er mag sich sagen, daß dies der Gipfel seines Lebensbogens ist, beruflich wie privat. Und da mag denn auch der Wunsch kommen, Bilanz zu ziehen, Erkenntnisse zu sichern und an die Nachkommen weiterzugeben. Der Lehrmeister in Bach meldet sich. Und so schafft er Sammelwerke, die zugleich Lehrbücher sind. Einen Anfang hatte er schon in Weimar gemacht, wo er mit seinem »Orgelbüchlein« begonnen hatte. Der bescheidene Titel täuscht. In Wahrheit verfolgt dieses Büchlein ein ehrgeiziges Ziel. Für alle Feiertage des Jahres sollen Choräle festgelegt werden, 164 insgesamt. Bach ist zunächst mit wahrem Feuereifer dabei. Aber in Köthen erlahmt der Eifer wieder. Das Orgelbüchlein bleibt Fragment. Nur 45 Choräle wird Bach zusammentragen. Dann scheint der sonst so Gründliche die Lust zu verlieren. Vielleicht liegt es an Köthen, wo sich Bach, durch seine Mühlhausener Erfahrungen gewitzt, aus allen religiösen Zwistigkeiten heraushält. Doch auch als Fragment bleibt das Orgelbüchlein ein Lehrbuch – und ein sehr persönliches Bekenntnis des Organisten Bach dazu. Hier fordert er Klarheit und Einfachheit, vielleicht in Erinnerung an manch eigene, bei Gerken und Buxtehude angelernte Virtuosenunart früherer Jahre.

Dem Orgelbüchlein folgt 1720 das »Klavierbüchlein«, gleichfalls ein Lehrbuch, diesmal für einen einzigen Schüler, den eigenen ältesten Sohn Friedemann. Den »lieben Friede« nennt der Vater ihn und hat schon früh seine außerordentliche musikalische Begabung entdeckt. Er ist stolz darauf, vielleicht etwas zu stolz. In späteren Jahren wird das noch ein großes Problem sein. Erstmal nimmt aber der Vater seinen Erben in straffe Zucht. Und hat es nicht Friedemann viel besser als er? Könnte er sich einen besseren Lehrmeister wünschen? Jetzt wird auch noch dem Zehnjährigen dieses Büchlein in die Hand gedrückt, in dessen Vorspruch es heißt: »Aufrichtige Anleitung, womit denen Liebhabern des Clavires, besonders aber denen Lehrbegierigen, eine deutliche Art gezeigt wird, nicht allein 1) mit 2 Stimmen reine spielen zu lernen, sondern auch bey: weiteren Progressen auch 2) mit dreyen obligaten Partien richtig und wohl zu verfahren ... am allermeisten aber eine cantable Art im Spielen zu erlangen ...«

Vom mehr privaten »Klavierbüchlein« ist es ein großer Schritt zu

Bachs bekanntestem Sammelwerk, dem »Wohltemperierten Klavier«. Um 1722 entsteht der erste Teil. In vierundzwanzig Präludien und Fugen greift Bach Überlegungen auf, die schon dreißig Jahre zuvor der Organist Andreas Werckmeister angestellt hatte. Werckmeister hatte die steif vorgeprägte Form damaliger Tastenmusik gestört, die dem Spieler die Möglichkeit zur freien Improvisation nahm. Ein Begriff war geprägt worden, der von der »musicalischen Temperatur«. Sie sollte freizügiger, variationsfähiger und reicher an Modulationsmöglichkeiten werden.

Werckmeisters Forderungen gingen nicht unter. Viele Musiker griffen sie auf. Aber Bach wird ihr Meister. Und wieder zeigt sich der typische Wesenszug seines Schaffens: Mögen an ihm auch Entwicklungen der Musik vorübergehen und ihn viel zu spät erreichen, mag sein musikalisches Wissen Lücken haben, die sich ein viel weniger bedeutender Komponist nie erlauben könnte – bei einem Feld, das er sich erst einmal angeeignet hat, scheint es bald, als sei er sein eigentlicher Entdecker. Kaum einer spricht noch von Werckmeister. Bachs »Wohltemperiertes Klavier« jedoch, dem er wenige Jahre später einen zweiten Teil mit weiteren vierundzwanzig Präludien und Fugen hinterherschickt, ist bis heute Bibel aller Klavierspieler, ihr »Altes Testament«, wie es im 19. Jahrhundert der Dirigent Hans von Bülow nennt. Bach, kann man vermuten, ist sich solcher Bedeutung seines Schaffens kaum bewußt. Er komponiert eben, was er gerade für wichtig hält. Die Wirkung auf andere scheint ihm eher gleichgültig zu sein, und sein »Wohltemperiertes Klavier«, dieses Jahrhundertwerk, läßt er nicht einmal drucken. Im übrigen mag er die entspannte Atmosphäre am Köthener Hof genießen, die ihm Zeit für solche Arbeit läßt.

In diesen Jahren wird der Hofkapellmeister fast ein Mitglied der fürstlichen Familie. Hier gibt es nicht die starren Schranken von Weimar. Der Fürst steht als Pate daneben, wenn Bach seinen fünften Sohn über das Taufbecken hält, und zeigt viel Mitgefühl, als nur ein Jahr später der Kleine, Leopold Augustus, stirbt. Bach mag weniger denn je bedauern, das steife Weimar verlassen zu haben, und läßt schon anklingen, dies sei wohl seine letzte Lebensstation – und warum auch nicht? Für ein Waisenkind aus Eisenach hat es der fürstliche Kapellmeister weit gebracht.

Zuweilen geht es auf Reisen, nach Berlin oder Karlsbad. Dorthin, schon damals ein Treffpunkt der großen Welt, begleitet Bach seinen Fürsten zur Badekur, und Leopold will nicht zurückstehen, wenn andere hohe Herrschaften mit eigenem Orchester anreisen. Musiker werden ausgewählt, die kostbarsten Instrumente verladen, drei Diener stehen zu ihrer Wartung bereit. Bach hat die Oberaufsicht. Und dann kann es hingehen in die große Welt, wo jeder Fürst dem anderen zeigt, wie prächtig an seinem Hof die Künste blühen. Kehrt aber die kleine Hofgesellschaft in ihren behäbig dahinrollenden Karossen in die Residenz zurück, lächelt sie sich zufrieden zu. Wenigstens in Sachen Musik kann sich Anhalt-Köthen hören lassen.

Es kommt die Reise, bei deren Rückkehr Bach das Lächeln vergeht. Im Sommer 1720 empfängt ihn die Nachricht, daß seine Frau, bei der Abreise noch bester Gesundheit, vor wenigen Tagen gestorben ist. Maria Barbaras Beerdigung hatte schon stattfinden müssen, und der Ehemann steht nur noch vor ihrem Grab. Der Tod, sein Begleiter vom zehnten Lebensjahr an, legt sich schwer über die Köthener Lebenslust, und Bachs Blick mag zu seinem zehnjährigen Ältesten hingehen. So wie Friedemann stand einst er selbst am Grab der Mutter, und seine Lage gleicht der des Vaters. Auch er wird nun für eine Schar mutterloser Kinder sorgen müssen. Und als ob damit der Parallelen im Haus Bach nicht genug seien, verliert Bach im nächsten Jahr seinen Bruder Johann Christoph wie damals der Vater den Zwillingsbruder.

Aber Bach geht daran nicht zugrunde. Wie der Vater entschließt er sich rasch zu einer zweiten Ehe. Im Dezember 1721 heiratet er Anna Magdalena, Tochter des Weißenfelser Hoftrompeters Wilcken.

Anna Magdalena, sechzehn Jahre jünger als ihr Mann, ist bis zu ihrer Heirat eine in damaliger Zeit eher ungewöhnliche Frau. Hübsch und begabt, wird sie schon früh Sängerin am Hof von Köthen, eine berufstätige Frau also mit eigenem Einkommen, mit Ehrgeiz und Karriere – und dann kommt die Verbindung mit Bach. Große Leidenschaft ist wohl auch diesmal nicht im Spiel. Die junge Frau mag vor allem den Musiker bewundern. Er wiederum braucht eine Mutter für seine Kinder. Und Anna Magdalena Bach tritt ohne Murren den Weg in eine Ehe ganz im Schatten des Mannes an, genügsam bis zur Selbstverleugnung. Persönliche Freiheit? Selbstverwirklichung? Das sind nicht Begriffe dieser Zeit.

Sie kennt auch die Selbstverwirklichung des Künstlers nicht. Seine privaten Empfindungen und inneren Erschütterungen interessieren nicht, und keine Note dieser Jahre läßt Bachs Schmerz um die tote Frau anklingen. Dennoch muß ihr Ende für ihn ein tiefer Schock sein, vielleicht sogar ein Anlaß zur Selbstbesinnung. In der Stille seines Kummers mag er kritische Bilanz ziehen. Ist er wirklich auf dem richtigen Weg? Macht es sich der Herr Hofkapellmeister nicht doch zu leicht? Ist er nicht eigentlich zu ganz anderem berufen, zu Orgelspiel und Kirchenmusik?

Es fällt auf, daß sich Bach ohne erkennbaren äußeren Grund plötzlich wieder um eine Organistenstelle bewirbt, und zwar in Hamburg an der dortigen Jacobikirche. Dort lebt noch Jan Adams Reinken. Hoch in den neunzig, sitzt er nun im Kirchengestühl und hört dem Spiel des Mannes zu, der einst zu ihm als gläubiger Jünger gewandert kam. Bach zeigt sich wieder einmal als geschickter Taktierer. Er hat für sein Vorspiel den Choral »An den Wasserflüssen Babylons« gewählt und spielt ihn ähnlich breit und variationsreich wie einst Reinken selbst. Das ist auch ein Risiko. Reinken könnte gekränkt sein, wenn ihm ein Jüngerer seinen eigenen Stil vorexerziert. Aber Bachs Rechnung geht auf. Dem fast hundertjährigen Uraltmeister stehen gerührte Tränen in den Augen. Er schüttelt Bach beide Hände: »Ich dachte, diese Kunst wäre ausgestorben, ich sehe aber, daß sie in Ihnen noch lebt . . .« Bach verneigt sich ehrfürchtig. Der Posten müßte ihm jetzt sicher sein.

Dennoch wird nicht Bach der neue Organist der St.-Jacobi-Kirche. Denn eine Kleinigkeit hat er übersehen: daß hier in aller Unschuld vom gewählten Kandidaten eine beträchtliche Geldspende erwartet wird. Bach kann die Summe nicht auftreiben, und die Wahl fällt auf einen gewissen Johann Joachim Heitmann, der sich denn auch mit viertausend Mark erkenntlich zeigt. Ein Seufzen bei Bach, achselzukkende Resignation: Der Künstler und der Kunstbetrieb, in dem es wahrlich nicht immer nur um Kunst geht – sein Leben lang begleitet ihn dieser Konflikt. Zur Ehre der Hamburger sei allerdings vermerkt, daß sie diesen Fall kaum verdeckter Korruption nicht widerspruchslos hinnehmen und von den Kanzeln herab einige sehr harte, bös ironische Worte fallen. An den Folgen ändert sich natürlich nichts. Bach bleibt fürs erste in Köthen.

Aber auch Köthen scheint auf einmal nicht mehr zu sein, was es eben noch war. Denn im Jahr 1721 heiratet nicht nur der Hofkapellmeister. Auch sein Fürst nimmt sich eine Frau, und Bach begrüßt die energische junge Dame artig mit seiner Gratulationskantate »Mit Gnaden bekröne der Himmel die Zeiten«. Es bleibt ein frommer Wunsch. Keinerlei Gnade krönt jetzt die Zeit von Köthen. Bach stellt erschrocken fest, daß Fürstin Friederica Henrietta eine »Amusa« ist, eine gänzlich unmusikalische Frau. Dafür hält sie um so fester ihren musikalischen Gatten im Griff. Und da mag sich gleich auch sowas wie Eifersucht regen: Wie? Ein kleiner Musikant bester Freund ihres Mannes? Das ist fast ein Skandal. Wo, bitte, bleibt das fürstliche Standesbewußtsein? Für Köthens Musikleben brechen graue Tage an und damit auch für Bach.

Das kleine Fürstentum wird nicht, wie eben noch erhofft, seine letzte Station sein. Die Wanderschaft geht weiter. Und da tut sich für ihn eine Möglichkeit auf, wie sie auch ohne die Köthener Schwierigkeiten von höchstem Reiz wäre. Im Juli 1722 ist in Leipzig Johann Kuhnau gestorben, Kantor an der Thomaskirche. Die Thomaskirche ist aber eine der bedeutendsten Stätten nord- und mitteldeutscher Kirchenmusik. Man gibt sich denn auch entsprechend wählerisch.

In Leipzig hätte man gern Georg Philipp Telemann gewonnen. Der berühmte Musiker, in Hamburg längst eine Institution, scheint nicht abgeneigt. Aber noch brillanter als Bach versteht Telemann mit dem Kunstbetrieb umzugehen. Wie damals Bach in Halle ist er nur zum Schein auf das Leipziger Angebot eingegangen. Die Hamburger klammern sich an ihren international gefeierten Musikdirektor. Und Telemann schraubt plötzlich seine Leipziger Ansprüche so hoch, daß die dortigen Herren passen müssen. Telemann setzt jetzt allerlei längst fällige Forderungen bei Hamburgs Pfeffersäcken durch – und Leipzig hat noch immer keinen Thomas-Kantor.

Der Posten wird ausgeschrieben, und jetzt bewirbt sich auch Bach. Aber dem Rang nach ist er kein Schütz, um den sich gleich zwei Höfe nahezu geschlagen hatten. Außerdem hat er einen prominenten Rivalen, den hessischen Hofkapellmeister Christoph Graupner. In Leipzig macht man keinen Hehl daraus, lieber den bekannteren Graupner als Thomas-Kantor zu sehen, was den Herren aus Leipzig bis heute das Hohngelächter der Bach-Gemeinde eingetragen hat: Suchte man nicht den besten Mann? Und wer hätte besser sein können als das Genie aller Genies? War man taub und dumm in Leipzig?

Man ist nicht taub und dumm. Auf seine Weise ist man sogar recht fortschrittlich. Denn des alten Reinken Segensspruch, in Bach lebe noch eine fast vergangene Kunst, ist hier eher ein Verdammungsurteil. Telemann, Graupner – das sind Musiker auf der Höhe ihrer Zeit. Aber dieser wunderliche Herr Bach mit seinen wahllosen Rückgriffen auf unterschiedlichste Musikzeiten und -formen bleibt doch in der modernen Musik eine etwas suspekte Erscheinung. Wahrscheinlich hat er im verschlafenen Köthen einfach nicht mitbekommen, was inzwischen Mode ist. Da zieht man eben Graupner vor, der von einem der bekanntesten deutschen Höfe kommt und nicht aus einer Residenz, bei der man erst mal fragen muß, wo sie überhaupt liegt. Eigentlich braucht Bach gar nicht mehr zum Vorspiel nach Leipzig zu reisen. Aber ein weiteres Mal hat er Glück. Auch Graupner muß passen. Sein Fürst gibt ihn nicht frei. Und er hat noch die Größe, auf den Kollegen Bach mit freundlichen Worten hinzuweisen. So nicken denn die Leipziger und seufzen dazu tief. Im Originalton: »Da man die besten nicht bekommen könne, müsse man mittlere nehmen ...« Unter diesem Vorzeichen heißt vom 13. Mai 1723 an der neue Thomas-Kantor Johann Sebastian Bach.

»Auf, ihr Musen an der Pleiße ...«

Familie Bach ist wieder einmal unterwegs, und Bach scheint entschlossen, Leipzig zu seiner letzten Station zu machen. Er hat denn auch einer letzten Versuchung widerstanden, doch noch in Köthen zu bleiben. Dort war überraschend die »Amusa« verstorben, und alle hofften, Fürst Leopold würde nun zu früheren, heiteren Zeiten zurückkehren. Aber Bach bleibt fest. Er legt sein Entlassungsgesuch vor. Leopold unterzeichnet es. Also auf nach Leipzig, in die Stadt an der Pleiße ...

Diesmal reicht nicht der kleine Karren, mit dem die Bachs einst von Mühlhausen nach Weimar gezogen sind. Jetzt transportieren allein vier Wagen alles Hab und Gut. In zwei weiteren Wagen folgt die Familie selbst. Bach setzt sich in den Polstern zurecht. Der elegante Hofkomponist wird zum gestrengen Herrn Kantor.

In tadelloser Haltung steht er hinter seinem Stuhl in der Leipziger Ratsstube. Gemessen nickt er zu den Worten der Herren dort in ihren hohen Sesseln. Bürgermeister und Superintendent begrüßen ihn. Im Hintergrund schreibt der Oberstadtschreiber eifrig mit. Bach ist ganz Gehorsam und Respekt. Höflich dankt er für die Berufung und gelobt Fleiß und Treue. Ein Papier wird ihm vorgelegt. In vierzehn Punkten listet es die Pflichten eines Kantors auf: Er wird also das musikalische Leben an den beiden Hauptkirchen leiten und »die Music dergestalt einrichten, daß sie nicht zu lange währen, auch also beschaffen seyn möge, damit sie nicht zu opernhafftig herauskomme, sondern die Zuhörer vielmehr zur Andacht aufmuntre . . .«

Bach wird die Schüler der Thomas-Schule unterrichten und ihnen »mit gutem Exempel vorleuchten«. Er wird sie »freundlich und mit Behutsamkeit tractiren; daferne sie aber nicht folgen wollen, solche moderat züchtigen oder gehörigen Orts vermelden«. Er wird sie im übrigen nicht nur in Musik, sondern auch in Latein unterweisen, und Bach nickt auch dazu. Er weiß recht wohl, daß erst diese Bereitschaft den Ausschlag für seine Wahl gab, während es Telemann rundheraus abgelehnt hatte, neben dem Musiker auch noch den Schulmeister zu spielen. Bach mag sich insgeheim dasselbe wünschen. Doch schluckt er alle Bedenken hinunter und setzt brav seine Unterschrift unter das Dokument. Es ist der 5. Mai 1723.

Die eigentliche Einführung im Monat darauf verläuft festlicher. Ein Chor singt. Ansprachen werden gehalten, Hände geschüttelt. Der neue Kantor ergreift das Wort und gelobt ein weiteres Mal ergebenen Fleiß. Alles ist eitel Harmonie. Doch im Hintergrund hört man schon häßliche Nebengeräusche. Auf Einladung des Konsistoriums hatte bei dieser Einführung der Pastor von St. Thomas gesprochen. Prompt protestiert der Magistrat, weil es doch allein seine Sache sei, Redner zu bestimmen. Verstimmung, gekränkte Mienen auf beiden Seiten, wochenlanger Briefwechsel voll gegenseitiger Vorwürfe – und Bach bekommt einen ersten Vorgeschmack von den Launen bürgerlicher Bürokratie, nachdem er gerade erst den Launen eines Fürstenhofs entkommen ist. Dort geht es immer nur um einen einzelnen Herrn. Hier hat Bach Diener vieler Herren zu sein, und er weiß nicht recht, was schlimmer ist: die Allüren eines gekrönten Potentaten oder das Gezänk eines wildgewordenen Beamtentums. Doch zunächst einmal geht er noch frohgemut in dieses so verlockend lebhafte und moderne Leipzig hinein.

»Ein Ort, wo man die Welt im kleinen sehen kann«, nennt später der Dichter Gotthold Ephraim Lessing diese Stadt, und Leipzig-Besucher Goethe wünscht spontan, »mich ein viertel Jahr hier aufhalten zu können«. Die Dichter sind nur zwei von vielen Leipzig-Begeisterten in diesem Jahrhundert. Hier scheint das Modell einer wahren Weltstadt gegeben, hell, frei und urban. Und was sich in ihren Winkeln an schlimmstem Provinzialismus, an Kleinbürgerei und Engstirnigkeit verbirgt, erfährt nur der, der in diese Winkel gewiesen wird. Alle anderen sehen zunächst einmal die freiheitlich leuchtende Fassade der 30 000-Einwohner-Stadt, die sich da souverän neben ihrer Konkurrentin und kleineren Schwester Dresden behauptet.

In Dresden regiert im ausladend prachtvollen Patriarchenstil August I., wegen seiner enormen Körperkräfte »der Starke« genannt, der letzte unter den bedeutenderen deutschen Fürsten, die noch den monumentalen Regierungsstil Ludwigs XIV. zu kopieren suchen. Dresden ist sein Versailles. Paläste schimmern im kostspieligen Goldglanz. Große Feste rauschen über die pompös aufgedonnerte Szenerie. Die Künste, reichlich gefördert, folgen dem Wink des in fliederfarbene Seide gehüllten Riesen auf dem Kurfürstenthron, in dessen Nähe immer irgendwelche Mätressen ihr geschminktes Lächeln zeigen. Leipzigs Glanz ist von anderer Art. Über Dresden liegt noch das schwere Parfüm einer allmählich vergehenden Zeit. An der Pleiße weht der frische Wind der Zukunft.

Hier regiert kein Fürst. Bürger geben den Ton an. Eigene Meinung darf blühen. Die Wissenschaft, die Literatur – sie stehen hoch im Kurs. Schon 1666 war dort mit der »Leipziger Zeitung« die allererste deutsche Tageszeitung gegründet worden. Schon seit 1677 gibt es hier eine Stadtbibliothek. Viele Verlage siedeln sich an. Leipzig wird eine Stadt des Buchs. Und sie ist eine Stadt des Geldes.

Alljährlich findet hier die große Messe statt. Dann wird Leipzig zum internationalen Handelsmarkt. Und nicht nur Kaufleute zieht es hierher, sondern auch Künstler, Diplomaten, Fürstlichkeiten. Sie suchen ihr Vergnügen und feiern ihre Feste. Die Stadt bemüht sich um spritzige Weltstädterei. Schon wird sie »Klein-Paris« genannt, und jeder Leipziger hört den Spitznamen mit Vergnügen.

Der ganze Stolz ist jedoch die Universität. Dort lehrt Johann Burckhardt Mencke, der erste große Historiker moderner Art. Sein Schützling ist wiederum Johann Christoph Gottsched, damals ein Papst der deutschen Literatur. Ein Papst ohne Unfehlbarkeit allerdings: Gottsched haßt Shakespeare und die vermeintliche Zügellosigkeit seiner Dramen. Er betet die formvollendeten französischen Tragödien an und versucht sich selbst in dieser Kunst, mit gähnend langweiligem Resultat. Aber dieser eigentlich trockene, pedantische Charakter liebt nun einmal das Theater und findet seine Verbündete in der Schauspielerin Charlotte Neuber, auch »die Neuberin« genannt. Gemeinsam leiten sie das Leipziger Theater und führen einen ebenso verzweifelten wie lächerlichen Kampf gegen die Lieblingsgestalt des damaligen Publikumsgeschmacks, den Hanswurst, bis schließlich Lessing spottet, der Hanswurst hätte mehr Witz im kleinen Finger als der lederne Gottsched am ganzen Körper. Jedoch verdankt das Leipzig der Bach-Zeit Gottsched und der Neuberin das wahrscheinlich fortschrittlichste Theater Deutschlands.

Auch Bach kommt mit Gottsched flüchtig in Berührung, als er 1727 eine Trauerode auf die gerade verstorbene Kurfürstin vertont. Gottsched dichtet die Verse in langweiliger Formvollkommenheit wie immer. Was er zu Bachs recht eigenwilliger Vertonung gemeint hat, wird nicht überliefert. Grundsätzlich hält er nichts von Musik, und auf seinen tyrannischen Einfluß geht zurück, daß Leipzigs Opernhaus wieder schließen muß. Ein weiteres Mal geht an Bach die Möglichkeit vorbei, sich mit der Kunstform Oper gründlich auseinanderzusetzen.

Im übrigen ist Leipzig aber eine hochmoderne Stadt. Sagen wir: Sie will es sein. Und so findet denn auch bald die modernste aller Geistesrichtungen in Leipzig ihren deutschen Nährboden: die Aufklärung, die an menschliche Vernunft als alleinseligmachende Kraft glaubt und an den Fortschritt als neuen Gott. Weniger fortschrittlich gibt man sich hingegen in religiösen Fragen. Hier bestimmen die strengen Lutheraner den Ton und machen den Angehörigen anderer Religionsgemeinschaften das Leben schwer. Bach kümmert das wenig. Seine Religion bleibt die Musik, und später wird es heißen, er hätte aus einer Stadt des Geldes auch eine der Musik gemacht.

Das ist zumindest übertrieben. Denn zwar liegt zur Zeit, da Bach sein Amt antritt, einiges im argen, da sein schwer lungenkranker Vorgänger Kuhnau vieles hatte schleifen lassen müssen. Doch ist Leipzig immer noch eine Stadt großer musikalischer Tradition, die in Bachs neuer Wirkungsstätte gipfelt, in der St.-Thomas-Kirche und dem angeschlossenen Thomas-Stift. Schon im 13. Jahrhundert war es gegründet worden. 1539 wurde von dort aus die Reformation in Leipzig eingeführt. Der alternde Luther, schon krank und müde, über die Höhe seines Ruhms hinaus, hatte damals eine stockend gestammelte Pfingstpredigt gehalten, nur noch der Schatten seiner selbst. Aber Leipzig blieb der Reformation gewonnen. Die Thomaskirche wurde ein Mittelpunkt protestantischer Musik.

Dem neuen Kantor mag ehrfurchtsvoll schaudern, wenn er den riesigen Hallenbau mit seinen aufstrebenden Stützpfeilern betritt und zur Kanzel hinaufsieht, die der Volksmund respektlos den »Würztopf« oder die »Tabaksdose« nennt. Wer ist hier schon alles Kantor gewesen: Schütz-Freund Johann Hermann Schein, Schütz-Schüler Sebastian Knüpfer, sein unmittelbarer Vorgänger Johann Kuhnau, studierter Jurist und in allen Weltsprachen bewanderter Autor, oder Johann Schelle, der neben viel geistlicher Musik auch weltliche Lieder schrieb, darunter das vielzitierte »Auf, ihr Musen an der Pleiße . . .« In den Thomas-Kantoren hatten diese Musen gute Hüter, und Bach bemüht sich nach Kräften, ein weiterer dieser treuen Wächter zu sein. Auf ihn wartet ein riesiges Arbeitsprogramm. Er muß den musikalischen Teil der Hauptgottesdienste in gleich zwei Kirchen betreuen, in St. Thomas und St. Nikolaus. Er leitet zwei Chöre. Er muß jeden Sonntag eine Kantate liefern. Dazu kommt der Unterricht an der Schule. Und hinzu kommen auch die Nebenaufgaben als musikalischer Leiter bei Ehrengelagen des Rats, bei Hochzeiten und Begräbnissen. Bach könnte es sich gar nicht leisten, diese zusätzlichen Verpflichtungen abzulehnen. Denn sie bedeuten bares Geld, und Bach braucht diese Einkünfte nur allzu sehr.

Auf rund hundert Taler beläuft sich sein Gehalt. Nebeneinnahmen und sonstige Zuwendungen stocken es bis zu siebenhundert Talern auf. Das ist nicht übel und weit mehr, als er in Köthen erhalten hatte. Doch stellt Bach fest: Das Leben in der Großstadt Leipzig ist viel teurer als im kleinen Fürstentum. Und außerdem war dort seiner Frau ihr Sängerinnenhonorar von zweihundert Talern weitergezahlt worden. Jetzt kann Anna Magdalena zwar gelegentlich bei dem einen oder anderen Konzert einspringen, doch bringt das nur ein Taschengeld. Familie Bach, Jahr um Jahr größer, muß von dem leben, was der Vater heimbringt. Also immer noch ein Gastspiel bei einer Hochzeit, immer noch eine Begräbnismusik, die einträglichste Verdienstquelle – und Bach klagt bitter über die gute Leipziger Luft. Sie ist offensichtlich zu gesund. Hier sterben viel zu wenig Leute.

Das also ist der nüchterne Alltag hinter der erhabenen Fassade eines Thomas-Kantors und Musikdirektors der Stadt – und müde vom Übermaß an Arbeit, zermürbt von den täglichen Sorgen geht der Musiker in sein Studierzimmer im ersten Stock des Thomas-Stifts, in die »Komponistenstube«. Er findet keine Ruhe. Die Wände sind dünn, und nebenan lärmen die Thomas-Schüler. In Bachs Klausur dringt nervenfetzendes Geschrei. Bach preßt sich verzweifelt die Ohren zu. Schließlich fährt er auf, läuft zu den Jungen hinüber, brüllt »Ruhe!« Es wird nicht ruhiger. Bach beißt die Zähne zusammen und versucht zu komponieren. Nerven, merkt er, darf ein Thomas-Kantor nicht haben.

Überhaupt dieser Thomas-Chor, die sogenannten Thomaner: Führt ihr Ruf nicht weit über Leipzig hinaus? Hat für sie nicht selbst der große Schütz komponiert? Nun, der Meister saß weitab in Dresden oder Weißenfels und hörte gelegentlich ein Konzert, mehr nicht. Bach steht jedoch jeden Tag vor diesen Thomanern, und sein Blick wird trübe, Blut schießt ihm ins breite Gesicht: Was ist das nur für eine Bande, nicht viel besser als der Chor von Arnstadt!

Es sind nicht Leipzigs Nobelfamilien, die ihre Söhne in den Chor geben. Das Thomas-Stift ist eine Armenschule, und seine Schüler kommen oft aus den kläglichsten Verhältnissen. Ihre Stimmen sind das Kapital, mit dem sie sich ihr Brot verdienen müssen. Und so singen sie, wo immer ein paar Groschen abfallen, bei Hochzeiten ebenso wie an offenen Gräbern, bei Sturm und Kälte, bei Regen und Hagelschlag. Ständig sind sie erkältet, und der eine steckt den anderen an. Epidemien brechen aus. Die Kinder bekommen die Krätze. Und mit ihnen soll Bach nun Kunst schaffen.

Er steht allein. Denn einen Verbündeten hat er nicht einmal im Rektor der Thomas-Schule. Der ist ein hochgebildeter, auf seine Weise sicher ganz verdienter Mann. Aber Johann Heinrich Ernesti hat bereits die siebzig überschritten. An der Universität lehrt er Poesie, schreibt selbst über jedes Thema unter der Sonne und versäumt nicht, Abgangszeugnisse in schöne Verse zu fassen. Aber die Thomas-Schule braucht keine erlesene Schöngeisterei, sondern eine feste Hand. Ernesti, im Höhenflug seiner Gedanken und Erkenntnisse, lächelt nur milde. Niemand nimmt ihn ernst, am wenigsten die Thomas-Schüler, diese hartgesottenen kleinen Proletarier, die in ihren jungen Jahren wahrscheinlich schon mehr vom Leben wissen als Ernesti mit seinen siebzig. Er läßt die Dinge treiben, wie sie sich ergeben. Bach spürt die Folgen Tag um Tag.

Er steht vor den Schülern und lehrt sie Latein. Sagen wir: Er versucht das. Müde vom Singen lümmeln sich die Schüler in den Bänken und hören kaum zu. Die Zeit von Arnstadt scheint wiedergekehrt. Und Bach ist nun einmal kein Schulmeistertyp. Endlich gelingt es ihm, diese lästigste seiner Pflichten abzuschieben und sie gegen Honorar einem anderen anzuvertrauen. Aber einstweilen muß er sich mit allen Mißhelligkeiten abfinden.

Allmählich wird er seiner neuen Umwelt gegenüber sicherer. Und je sicherer er wird, desto mehr verschwinden seine anfänglichen Demutsposen. Der andere Bach tritt wieder hervor, der auch ein unbeherrschter Despot sein kann. Er prügelt sich nicht gerade nächtens an Straßenecken. Aber Leipzig, um weltstädtische Geschliffenheit bemüht, vernimmt doch mit einigem Schaudern, was sich der neue Thomas-Kantor alles herausnimmt. Wie er zum Beispiel einen mißliebigen Chorpräfekten die Treppe hinunterwirft oder einen anderen aus dem Haus jagt. Die Bach-Legende wird um viele handfeste Anekdoten reicher.

Ihr Grundmuster ist eigentlich immer das gleiche. Irgend etwas reizt den Musiker. Seine Reaktion kommt prompt und, im wahrsten Wortsinn, schlagfertig. Ein Schüler macht beispielsweise eine abfällige Bemerkung über eine von Bach besonders geschätzte Fuge, und der Komponist hält sich nicht lange mit Gegenargumenten auf. Er gibt dem Kritikaster eine Ohrfeige. Oder ein Organist verspielt sich, Perfektionist Bach schreit »Gemansche!« und »Du hättest lieber Schuhflicker werden sollen!«. Und schon reißt er sich die Perücke vom Schädel und wirft sie dem armen Organisten ins Gesicht. Dann ist der Anfall vorüber und die Wut verraucht. Bach wird wieder der zutiefst gutmütige und herzliche Mann, der auch lachen und einen Spaß vertragen kann.

Solche Szenen verteilen sich über die Jahre hin. Aber immer wieder scheint dabei ein angepaßter Untertan und kleiner Musikbeamter aus den auferlegten Grenzen auszubrechen und gegen die Mittelmäßigkeit schlechthin zu wüten. Dann rast ein Titan gegen die Schranken einer kleinen Welt, die für ein Jahrhundertgenie wie ihn viel zu eng geraten ist, und die erschrockenen Leipziger ahnen dumpf, was sie sich mit diesem Mann eingehandelt haben: einen hervorragenden Musiker, aber alles andere als einen hervorragenden Kantor. Ein Kantor braucht kein Genie zu sein, nicht einmal ein besonders guter Musiker. Von ihm werden Fingerspitzengefühl, Organisationstalent und Menschenkenntnis verlangt. Das alles hat Bach nicht. Er wird nie ein guter Kantor sein. Denn auch für ihn gilt, daß große Künstler nur ausnahmsweise auch gute Organisatoren sind. Schütz war eine solche Ausnahme. Bach ist es nicht.

Er leistet sich manche Eigenwilligkeit. Hat er nicht gelobt, nie ohne Genehmigung des Bürgermeisters die Stadt zu verlassen? Dafür hat er jetzt nur ein Achselzucken. Er verläßt die Stadt, so oft er will. Der Bürgermeister wird nicht einmal benachrichtigt. Der Star ist wieder unterwegs. Und viele dieser Reisen gelten Köthen.

Die Zeit der »Amusa« ist vorbei. Gern wird Bach bei jeder seiner Visiten aufgenommen, und er revanchiert sich. Für jede sich bietende Gelegenheit komponiert er die Musik, für die zweite Hochzeit des Fürsten, für die Taufe eines Prinzen. Für Köthen ist Bach, was Schütz in seinen letzten Jahren für einige kleine Höfe war, der »Hofkapellmeister von Hause aus«, der gelegentlich vorüberziehende Stargast. Zum harten Leipziger Dasein ohne Glanz und Flimmer wird Köthen lange das Gegengewicht. Aber dann kommt das Jahr 1729.

In diesem Jahr arbeitet Bach ein letztes Mal in Köthen. Er schreibt eine Trauermusik. Denn im November zuvor ist, kaum fünfunddreißig Jahre alt, Fürst Leopold verschieden, der großherzigste und liebenswürdigste Mäzen, den Bach je hatte, der einzig wirkliche, wenn man so will. Bach weiß das wohl. Seine Trauer ist tief und echt. Und sie geht in die grandiosen Klänge ein, mit denen der Komponist dem toten Freund seine Klage ins Grab nachruft. In Köthen wird es danach nie mehr ein Musikleben von Rang geben. Für Bach ist diese Zeit endgültig vorbei. Er ist jetzt ganz und gar der Thomas-Kantor.

Nichts ärgert ihn mehr als diese Bezeichnung. Er selbst nennt sich Musikdirektor. Mit diesem Titel unterschreibt er auch seine Briefe. Und eine ironische Pointe wird sein, daß der Begriff »Thomas-Kantor« in der Musikgeschichte fast gleichbedeutend mit Bach sein wird. Im Jahr 1729 aber zeigt dieser Thomas-Kantor, was er vor allem ist: einer der größten Komponisten aller Zeiten. Denn am Karfreitag dieses Jahres erlebt eines seiner Meisterwerke seine Uraufführung. Zum ersten Mal erklingt Johann Sebastian Bachs »Matthäus-Passion«.

Eine wunderliche, der Musik wenig ergebene Obrigkeit

Schon Wochen vor diesem Karfreitag machen Gerüchte die Runde. Denn mit seiner Passion scheint der Thomas-Kantor wieder einmal etwas Außerordentliches zu planen. Allein der Aufwand ist enorm: ein Orchester mit siebzehn Spielern, zwei Chöre mit jeweils einem Dutzend Sängern und dazu noch ein Extrachor. In späteren Zeiten, da für die Matthäus-Passion bis zu dreihundert Mitwirkende und mehr aufgeboten werden, klingt das bescheiden. Aber damals sind solche Zahlen sensationell. Und sensationell ist auch die Spielzeit des Werks. Drei volle Stunden soll es dauern. Leipzigs Kirchgänger sitzen also bänglich, aber gefaßt in ihren Bänken.

Und dann bricht dieses Werk über sie herein.

Johann Sebastian Bach erzählt die Geschichte vom Leiden und vom Kreuzestod Christi. Und er erzählt sie, wie sie noch nie erzählt worden ist. Das ist nicht mehr der nüchterne Deklamationsstil alter Passionen. Hier wird nicht nur biblische Geschichte illustriert. Ein farbglühendes Tongemälde breitet sich aus, voll Inbrunst und Leidenschaft. Bachs Musik reißt in den tiefsten Schmerz hinein und öffnet zugleich die Hoffnung auf Erlösung und Auferstehung. Sie spart keine Wirkung aus. Schließlich meint der Zuhörer, selbst Zeuge am Berg von Golgatha zu sein.

Es ist nicht Bachs erste Passion. Schon um 1723 ist eine Johannes-Passion entstanden. 1724 wird sie in Leipzig aufgeführt, offenbar mit einigem Erfolg. Denn sie wird in den folgenden Jahren häufig wiederholt. Manches aus der Matthäus-Passion scheint dabei vorweggenommen. Doch bleibt dieses Werk um einiges karger und schmaler und gleicht mehr den Passionen früherer Art. Die Matthäus-Passion reißt hingegen eine völlig neue, ungeahnte Tiefe auf. Die Zuhörer blicken in eine Tonwelt, die sie kaum noch fassen können. Sie sind mehr betroffen als begeistert. Und eine ältere Dame, Witwe aus adligem Haus, ruft erschrocken aus, was viele denken: »Behüte Gott, ihr Kinder! Ist es doch, als ob man in einer Operacomödie wäre . . .«

Das trifft wohl den Kern. Das ist nicht mehr Kirchenmusik. Hier nützt Bach die vertraute und schon ziemlich altbackene Form der Passion, um seine ganz persönliche Art von Musiktheater zu schaffen. Gewiß, auch Schütz hatte mit theatralischen Mitteln gearbeitet. Aber er blieb doch im Rahmen musikalischen Erzählens. Bach erzählt nicht mehr. Er stellt dar, ein Musikdramatiker, der mit seiner Musik Menschen und Szenen schafft, als seien sie eben erst entstanden. Er wird nie eine Oper schreiben. Aber seine Matthäus-Passion ist eine der größten Opern überhaupt – und das in einer Stadt, die ihr Opernhaus geschlossen hat und ihren Kantor ermahnt, seine Musik dürfe nicht opernhaft klingen . . .

Das Unbehagen gegenüber der Matthäus-Passion beschränkt sich nicht auf Leipzig und die Bach-Zeit. Mit ihr geht es ähnlich wie später mit Beethovens Symphonien und einigen Opern Richard Wagners: Man kann von ihnen hingerissen oder abgestoßen sein – kalt lassen sie keinen. Kein anderes Bach-Werk hat denn auch ähnliche Begeisterungsstürme ausgelöst. Aber selbst noch in unserer Zeit findet sich eine Stimme wie die des Schriftstellers Manfred Hausmann:

»Wäre ich der Teufel, würde ich Bach einreden, die Matthäus-Passion zu komponieren. Denn nur vom Teufel kann der Gedanke stammen, etwas so Entsetzliches wie den Erstickungstod am Kreuz in so herrliche Musik zu fassen . . .«

Doch zurück zum Karfreitag in der Leipziger Thomaskirche, als die Menschen benommen aus dem Gottesdienst wanken: Bach wollte wohl bewußt zu gerade diesem Zeitpunkt mit einem ganz großen Werk aufwarten. Denn um diese Zeit steht es nicht gut um den Thomas-Kantor. Kritik mehrt sich. Die mißbilligenden Stimmen werden immer lauter. Bach hört mehr Tadel als Lob. Da mag es doppelt nützlich sein, die eigenen Gaben gleichsam mit einem Paukenschlag vor aller Ohren zu führen. Dennoch wird die Matthäus-Passion nicht der erhoffte Erfolg. Bald scheint sie wieder vergessen zu sein. Niemand spricht noch von ihr. Um so mehr wird von Bach gesprochen – und das mit immer unfreundlicherem Unterton.

Vieles kommt zusammen, ein wachsender Mißmut über Launen und Eigenwilligkeiten des Musikers mit dem allgemeinen Verdruß über den schlechten Zustand der Thomas-Schule. Der ist zwar kaum Bachs Schuld. Doch bietet sich der kantige Mann in all seinen deutlichen Schwächen als Sündenbock geradezu an. Vom Lateinunterricht hat er sich praktisch selbst befreit. Oft und gern verläßt er die Stadt und ist manchmal über Wochen hin in der Thomaskirche nicht anzutreffen. Und seine Ausdrucksweise ist auch nicht immer der richtige Ton für feinsinnige Gemüter. Man läßt es ihn spüren. Schon setzen die ersten kaum noch verhohlenen Attacken gegen ihn ein.

Das beginnt im Mai 1729. Kandidaten bewerben sich um die Aufnahme in die Thomas-Schule. Die jungen Leute sollen geprüft werden. Bach besorgt das gewissenhaft und legt seine Gutachten vor. Einige empfiehlt er, andere lehnt er ab. Das Konsistorium prüft das Dokument mit steinernen Mienen. Und dann entscheidet es genau anders als der Kantor. Wer von ihm abgelehnt worden ist, wird aufgenommen. Wen er empfiehlt, lehnen die Herren ab. Und unter den Aufgenommenen ist sogar einer dabei, den Bach gar nicht geprüft hat. Deutlicher kann man nicht zeigen, was man von ihm hält.

Es kommt noch ärger. Bachs Bezüge sollen gekürzt werden. Das ist nun so einfach nicht möglich. Schließlich gibt es einen Vertrag. Doch erinnern wir uns, daß Bachs Grundgehalt ohnehin nicht sein Haupteinkommen ist. Wesentlich mehr bringen die Nebeneinnahmen bei städtischen Festen, bei Hochzeiten und Begräbnissen. Hieran läßt sich prächtig drehen. Bach erhält plötzlich weniger Aufträge. Seine Einnahmen nehmen merklich ab. Er weiß jetzt, daß er sich wehren muß. Bach wehrt sich. Auf einmal nimmt er seine Arbeit als Kantor und Musikdirektor so ernst wie nie zuvor. Nacht um Nacht sitzt er über ein Memorandum gebeugt und schreibt dort nieder, was alles bei Leipzigs musikalischem Leben im argen liegt. Es wird ein umfangreiches Dokument. Denn nur nach außen hin spiegelt sich Leipzigs Musik im Glanz seiner großen Tradition. Die Wirklichkeit hinter der Fassade glänzt nicht.

Es fehlt an Berufsmusikern. Ihre Bezahlung reicht nicht aus. Zum Thomas-Stift gehören viel zu viele, die nichts von Musik verstehen. Von 54 Schülern sind gerade 17 zu gebrauchen. Bei zwanzig weiteren besteht wenigstens die Hoffnung, daß sie eines Tages zu gebrauchen sein werden. Und siebzehn sind schlicht unbegabt. Schließlich die grundsätzliche Forderung nach professionell betriebener Musik auf finanziell vernünftiger Grundlage: Nur wer ausreichend bezahlt wird, hat die nötige Zeit und Ruhe für Musik. Wer jedem Zufallshonorar nachhasten muß, weil er sonst nicht leben kann, verurteilt sich selbst zur Schlamperei.

Selten gibt sich Bach so kühl und genau. Kein aufgebrachtes Urgenie liefert eine überschwappende Szene. Vielmehr spricht ein Fachmann klar und ohne Umschweife unleugbare Tatsachen aus. Man fühlt sich an Schütz erinnert, wie er mit ähnlichen Denkschriften seinen Kurfürsten wachrütteln wollte. Leider erinnert aber auch anderes an Schütz. Wie Henricus Sagittarius stößt auch Bach auf taube Ohren. Und das ist in diesem Fall noch weniger verständlich. Denn in der Schütz-Zeit war Krieg und das Geld knapp. Jetzt herrscht tiefster Frieden, und Leipzig ist reich. Dennoch begegnen Bach nur eisig ablehnende Gesichter. Sein größter Fehler mag gewesen sein, daß er lobend auf das vorbildliche Musikleben in Dresden hingewiesen hat. Und genau das hört man an der Pleiße nicht so gern.

Ein zweites Mal mißlingt es Bach, die Mauer schweigender Ablehnung zu durchbrechen. Jetzt mag er sich schon wie in Arnstadt oder Mühlhausen fühlen. Alles scheint wiederzukehren. Und wieder will er die Konsequenz ziehen. Er will fort. Doch so reich sind lohnende Positionen auch wieder nicht gesät. Schließlich ist Bach kein junger Mann mehr. Er hat eine große Familie zu ernähren. Er kann nicht in seiner Not nach irgendeinem beliebigen Posten greifen. Und in dieser Lage entschließt er sich zu einem recht merkwürdigen Schritt.

Ein alter Freund fällt ihm ein, Georg Erdmann. Die Verbindung zum Gefährten aus frühen Jugendtagen ist nie ganz abgerissen. Erdmann, der Mitwanderer nach Lüneburg, hat Bach noch in Weimar besucht. Und er hat inzwischen eine stattliche Karriere gemacht. In kaiserlich-russischem Dienst lebt er in Danzig, ein Mann von Einfluß und mit einigen Verbindungen, die vielleicht auch Bach nützen können. Jedenfalls setzt sich der Thomas-Kantor hin und schreibt einen ebenso langen wie seltsamen Brief.

Hier müßte eigentlich ein Freund zum Freund sprechen, offen und herzlich. Aber Bach schlägt einen gleichermaßen unterwürfigen wie unpersönlichen Ton an. Eher scheint es eine Bittschrift an einen Vorgesetzten als die Nachricht an einen guten Freund zu sein. Und Bach scheut sich nicht einmal, sich selbst als Erdmanns »alten, treuen Diener« zu bezeichnen.

Ausführlich beschreibt dieser Diener sich selbst, seinen beruflichen Weg, seine familiären Verhältnisse, die Art seiner Einkünfte. Bitter beklagt er sich über seine Leipziger Vorgesetzten, diese »wunderliche und der Music wenig ergebene Obrigkeit«, mit der man »fast in stetem Verdruß, Neid und Verfolgung leben muß«. Endlich kommt Bach zu seiner eigentlichen Bitte an den »hochwohlgeborenen« Freund. Er bittet ihn um einen Posten. Er fleht ihn geradezu darum an. Jedoch demütigt sich der »alte, treue Diener« umsonst. Erdmann wird nie antworten. Wir aber können aus diesem Brief entnehmen, wie tief verzweifelt der sonst so stolze, hochfahrene Mann gewesen sein muß.

Als Bach an Erdmann schreibt, hat sich allerdings seine Situation etwas gebessert. Denn 1730 ist der alte Ernesti gestorben, und sein Nachfolger wird Johann Matthias Gesner, ein noch junger Mann von hoher Bildung und energischer Intelligenz. Die Zügel, die Ernesti so lange hatte schleifen lassen, nimmt er wieder fest in die Hand. Die Thomas-Schule wird umgebaut, eine neue Schulordnung erlassen. Bach atmet auf. Und dann schlägt seine Erleichterung in Entzücken um. Denn der neue Rektor versteht etwas von Musik. Und er bewundert Bach. Die beiden werden Freunde.

In den letzten Jahren ist Bach mit Beifall nicht gerade überschüttet worden. Vom neuen Freund hört er aber Komplimente wie in seiner besten Zeit, und noch viel später wird Gesner in einem Brief schwärmen: »Ich bin sonst ein großer Verehrer des Altertums, aber ich glaube, daß mein Freund Bach . . . viele Männer wie Orpheus und zwanzig Sänger wie Arion in sich schließt . . .« Bach, bei der Entgegennahme von Komplimenten nie kleinlich, weiß diesen Ton zu schätzen. Mit solchem Rektor kann er leben. Die Leipziger Nebel, immer dichter und stickiger geworden, lichten sich ein wenig. Der Tiefpunkt scheint überwunden. Von Abwanderungsplänen ist bald keine Rede mehr.

Doch schwelt die Krise weiter. Denn nur vermeintlich hat sich Leipzig mit seinem Kantor abgefunden. Und prompt setzt die alte Fehde wieder ein, als Gesner die Stadt verläßt. Auch ihm gegenüber hat sie sich in all ihrer Engstirnigkeit gezeigt. Denn bisher ist selbstverständlich gewesen, daß der Thomas-Rektor auch einen Lehrstuhl an der Universität bekommt. Gesner bleibt aus unbekannten Gründen diese Ehrung vorbehalten. Und als ihm Göttingen eine Professur anbietet, kann der ehrgeizige Mann nicht widerstehen. Neuer Rektor wird jedoch der erst 27jährige Johann August Ernesti, auch »der Jüngere« genannt, um ihn vom alten Ernesti zu unterscheiden. Zunächst scheint er keine geringeren Qualitäten als Gesner zu haben, und noch Jahrzehnte später rühmt ihn Goethe als ein »helles Licht«, das mit ihm in Leipzig aufstrahlt. Doch fällt das Licht nicht auf Bach.

Zunächst sieht es noch so aus, als würden sich auch diese beiden Männer gut verstehen. Im Thomas-Stift lebt man Wand an Wand beieinander, pflegt gutnachbarschaftliche, fast herzliche Beziehungen, und Ernesti steht bei einem Bach-Kind Pate. Doch dann stellt der Kantor entsetzt fest: Dieser junge Mann mit dem kühlen Blick, dem stets etwas ironischen Lächeln um den schmallippigen Mund und den energischen Gesichtszügen mag ein brillanter Denker sein, ein vorzüglicher Organisator und Geistesmensch durch und durch. Aber von Musik hat er keine Ahnung. Schlimmer noch: Er will sie gar nicht haben. Für ihn ist Musik nur Zeitverschwendung, und einen Musikschüler fährt er sarkastisch an: ob er wirklich Bierpfeifer werden wolle?

Bierpfeifer – bei diesem Wort schreckt Bach hoch. Dann packt ihn Wut. Wird hier nicht die trübe Vergangenheit allen Musikantentums aufgerührt, als Musiker noch die verachteten Gesellen vom Rand der Gesellschaft waren? Wie stolz ist man gerade im Haus Bach, mit dieser Vergangenheit nichts mehr zu tun zu haben. Und nun sieht dieser entsetzliche Ernesti gar in Bach selbst nur den besseren Bierpfeifer? In seinen kalten Zügen hat jetzt Leipzigs »wunderliche, der Music wenig ergebene Obrigkeit« ein erschreckendes Gesicht bekommen.

Ein zäher Kleinkrieg beginnt. Aus dieser Zeit stammt auch die Anekdote vom armseligen Chorpräfekten, den Bach in einem Wutanfall die Kirchenempore hinuntergeworfen (in anderer und milderer Version: nur von der Empore gewiesen) haben soll. Denn Ernesti hatte ihm diesen Präfekten aufgedrängt und damit nicht nur seine umfassende musikalische Ahnungslosigkeit bewiesen, sondern auch wieder einmal Leipzigs musikalisches Leben zu sabotieren versucht. Er meint die Musik, wenn er auf Bach zielt. Und er nutzt alle Waffen seines gerissenen Intellekts. Ihnen hat Bach wenig mehr als seine tobenden Wutausbrüche entgegenzusetzen, die ihn mit Perücken werfen und Türen knallen lassen.

Wieder sinnt er auf Abwanderung. Durch seine trüben Gedanken mag dabei immer wieder die eine Idee ziehen: ob nicht ein Mann wie er, ein Fürst in seinem Reich und kein sturer Beamter, besser an einem Fürstenhof als in einer Bürgerstadt aufgehoben ist. Wie gut hatte er sich zunächst mit dem Herzog von Weimar verstanden! Was für ein Freund war ihm Fürst Leopold gewesen! Bach hat die Verbindungen zur höfischen Welt nie ganz abreißen lassen und im Jahr nach Leopolds Tod das Amt eines fürstlichen Hofkapellmeisters in Weißenfels übernommen. Das ist kein sonderlich prächtiger Titel, und in Leipzig beeindruckt er keinen, am wenigsten Ernesti. Aber wenn es ein größerer, ein wirklich bedeutender Hof wäre – wie der des sächsischen Kurfürsten . . .

In Dresden regiert nun nicht mehr der anekdotenumwobene August der Starke. 1733 war er gestorben, schon zu Lebzeiten die eigene Legende in seiner beispiellosen Verschwendungssucht, eine Legende auch in Sachen Liebesleben: Bei über dreihundert unehelichen Kindern ging ihm der Ruf nach, im wahrsten Sinn des Wortes ein Landesvater zu sein. Sein Sohn Friedrich August II. ist eine solche Legende nicht, sondern eine mehr bläßliche Erscheinung. Doch Bach stört das nicht. Schon beim Vater war er gelegentlich vorstellig geworden. Jetzt läßt er alle Mittel spielen. Sein Ziel: die Anstellung in Dresden – oder wenigsten der Titel eines Hofkomponisten, der seine Leipziger Stellung halbwegs absichert . . .

Für seine Bewunderer macht Bach in diesen Jahren keine rühmliche Figur. Wir sehen ihn sich seinem Fürsten andienen, anbieten, geradezu aufdrängen. Für seine Schmeicheleien ist ihm selbst seine Kunst nicht zu schade. Er schreibt ein Werk, die hohe Messe in h-moll oder H-Moll-Messe, und überreicht diese »gegenwärtige geringe Arbeit«

und »schlechte Composition« dem Fürsten »in tiefster Devotion«. Und im gleichen untertänigen Atemzug bietet er sich »in schuldigstem Gehorsam« an, »in Componierung der Kirchenmusik sowohl als zum Orchester meinen unermüdlichen Fleiß zu erweisen« und »meine ganze Kraft zu Dero Dienste zu widmen«. Wenn nun der Kurfürst nicht endlich merkt, worauf Herr Bach aus Leipzig eigentlich hinauswill ...

Nahezu pikant wird die Anbiederei dadurch, daß der sächsische Kurfürst, zugleich König des katholischen Polen, selber Katholik ist. Bach stört das nicht. Der Titan protestantischer Kirchenmusik, das Denkmal musikalischen Luthertums scheint durchaus bereit, eben auch katholische Musik zu schreiben. Und als 1734 Friedrich August Leipzig besucht, ist Bach diensteifrigst zur Stelle. Er wartet mit einer Huldigungskantate auf und wird von der Majestät allergnädigst zum Handkuß zugelassen. Das Jahrhundertgenie beugt das Knie vor einem Mann, von dem die Geschichtsschreibung bald kaum noch den Namen nennt.

Hat ein Johann Sebastian Bach das nötig? Der Komponist der Matthäus-Passion? Der Beherrscher eines musikalischen Weltreichs? Die Antwort lautet: ja. Bach hat das so nötig wie jeder andere große Künstler auch. Von ihren Meisterwerken wird man noch nach Jahrhunderten sprechen. In ihrer Zeit sind sie nichts als arme Schlucker, die von den Mächtigen leben und sich mit ihnen arrangieren müssen. Bach, der dort seinem Fürsten ergebenst die lässig vorgestreckten Finger küßt – das ist nicht der musikalische Titan. Das ist der kleine Thomas-Kantor, der sich und seine Familie von seiner Kunst ernähren muß. Also auf die Knie, Herr Bach ...

Diesmal hat Bach nicht umsonst gekniet. Am 19. November 1736 hält er ein Dokument in der Hand, an dessen Ende in breiter Schrift der Name seines Fürsten prangt, »Augustus Rex«. König August teilt in knappen Worten mit, daß sich Bach von nun an »Compositeur bei Dero Hofkapelle« nennen darf. Das ist zwar nur ein Titel. Doch sichert er ihn bis zu einem gewissen Grad gegen Ernestis giftige Anwürfe ab. Und Hofkomponist Bach, ein Mann über fünfzig, lehnt sich in seinem Sessel zurück, greift zur geliebten Tabakspfeife und betrachtet seine eigene kleine Welt. Sie ist *sein* Königreich. Dort braucht er vor niemandem zu knien.

Das Königreich des J. S. Bach

Einige Male ist Bach gemalt worden. Das erste Bild entsteht wohl in Weimar und zeigt den jungen Mann mit locker gewellter Perücke und lose gebundenem Seidenschal. Das berühmteste Bach-Bild wird 1746 gemalt und ist eigentlich scheußlich. Bachs Züge wirken grob und verkniffen, und der blinzelnde Blick verrät bereits die zunehmende Kurzsichtigkeit. Und dann ist da noch der alte Bach, gemalt im Jahr vor seinem Tod, im braunen, sorgsam geknöpften Rock. Hier ist er ganz der Thomas-Kantor ohne den höfischen Anflug seiner frühen Jahre, ein alter Herr von fast pastoraler Würde.

Doch an diesen so unterschiedlichen Bildern fällt eines auf: wie sich über Jahrzehnte hin ein Gesicht gleichbleibt. In allen drei Fällen sehen wir die gleichen entschiedenen, fast harten Züge und einen ähnlich entschlossenen, selbstbewußten Ausdruck. Die Jugend macht ihn nicht milder. Das Alter zerstört ihn nicht. Die hinfällige Greisenhaftigkeit, aber auch die abgeklärte Weisheit auf dem letzten Schütz-Porträt fehlen ganz. Ein Mann bleibt sein Leben lang er selbst.

Und noch eine Kleinigkeit fällt auf: die Perücke auf den letzten beiden Porträts. In würdigem Grau und streng gerollten Locken wallt sie herab und unterstreicht das Löwenhafte des ausladenden Schädels. Zugleich wirkt sie aber auch schon etwas altmodisch. Denn um die Mitte des 18. Jahrhunderts sind Perücken in der Regel kleiner und eleganter geworden, und bald wird die Zeit kommen, da man wieder sein natürliches Haar zeigt. Aber auch hier schert sich Bach um keine Mode. Auch hierbei ist er ganz er selbst, ein König in seinem Reich.

So pudert er denn jeden Morgen dieses Monstrum sorgsam, stülpt es sich auf den Kopf und läßt sich von seiner Frau den schwarzseidenen Mantel umlegen. Er schnallt in Erinnerung an seine höfischen Jahre den Degen um und greift zum silberbeschlagenen Spazierstock. Schweren Schrittes stapft er hinüber nach St. Thomas, ein älterer, sehr gepflegter Herr, nun kein König mehr, sondern der korrekte Diener seines Amts. Sein Tagwerk wartet. Er geht an die Arbeit. Zurück bleibt seine Frau Anna Magdalena.

Auch sie ist gemalt worden. Aber das Bild geht verloren. Wir wissen also nicht, wie sie ausgesehen hat. Wir können sie uns aber als hübsch vorstellen, schlank und mädchenhaft bis ins Alter. Sie liebt Singvögel und Blumen. Sie gerät in Entzücken, als ihr jemand ein paar Nelken schenkt. Ihre Stimme, nicht sehr groß, eher wohl ein

J. S. Bach, Bild von E. G. Haußmann 1746

Mezzo als ein Sopran, behält ihren geschulten Wohlklang. Bach widmet ihr zwei Notenbüchlein, das erste schon 1722, das zweite drei Jahre später, und diese zwei Büchlein erzählen zugleich viel vom Menschen Bach.

Hier ist er nicht der Schöpfer großer Messen und Passionen. Bach gibt sich launig und fast jungenhaft. Er scheut auch nicht vor einem recht deftigen Hochzeitslied zurück, und gerade dieses Lied soll der

142

verschämten Anna Magdalena recht peinlich gewesen sein, für ihren Mann ein Grund mehr, es immer wieder augenzwinkernd anzustimmen. Dann wieder macht er sich seine musikalischen Gedanken zum Tabakrauchen: »So oft ich meine Tabakspfeife/ mit gutem Knaster angefüllt/ zur Lust und Zeitvertreib ergreife/ so gibt sie mir ein Trauerbild/ und füget dieser Lehre bei/ daß ich derselben ähnlich sei . . .« Der Gedanke an Tod und Vergänglichkeit: Selbst hier ist er nahe, ebenso wie in den Liebesliedern dieser Notenbüchlein. Eines wird über Jahrhunderte hin geradezu ein Schlager: »Willst du dein Herz mir schenken . . .« Doch gerade dieses Lied stammt nicht von Bach selbst, sondern von einem nicht weiter bedeutenden Italiener.

Und Anna Magdalena Bach summt die Melodien ihres Mannes. Sie freut sich über den Zeisig, den er ihr schenkt. Und wir sehen das Bild einer immerfort zufriedenen Hausfrau und Mutter. Nur zuweilen klingt an, wie es in Wahrheit um sie steht, so um 1740 in der Antwort auf eine Einladung nach Weißenfels: »Das Vergnügen, so ich mir in dem geliebten Weißenfels allemal zum voraus versprechen darf, kömmt bei mir niemals mit anderen erlaubten Ergötzlichkeiten in Vergleichung. Jedoch mein dauernder kränklicher Zustand beraubt mich leider solcher vergnügten Stunden, und der Rat der Meinigen will mir nicht gestatten, solche Reise vorzunehmen, von der entweder eine merkliche Besserung oder ein gänzlicher Ruin meiner Gesundheit abhängen könnte . . .« Anna Magdalena, mit noch nicht vierzig eine kranke, verbrauchte Frau: Sie verbirgt es, wagt es nur anzudeuten. Private Ansprüche zu stellen hat sie ebensowenig gelernt wie ihr Mann.

Fast jedes Jahr bekommt sie ein Kind, dreizehn insgesamt. Fünf dieser Kinder sterben früh, zwei gleich nach der Geburt, ein Sohn ist geistesgestört. Mehr als die Hälfte ihrer Ehejahre ist also diese Frau fast ständig schwanger und versorgt doch zugleich, unter allen Mühen, Kümmernissen und Einschränkungen, den unentwegt größer werdenden Haushalt. Hausvater Bach nimmt das ganz selbstverständlich, wie er eigentlich alles in seiner privaten kleinen Welt selbstverständlich nimmt, die frohen wie die düsteren Stunden, die stets gefüllte Kinderwiege in der Stube ebenso wie die kleinen Kindergräber draußen auf dem Friedhof, den Lärm um sich herum, die ganze Turbulenz einer unaufhörlich wachsenden Großfamilie. In ihrer Mitte ist er nichts als der fröhlich stolze Vater, der mit seinen Kindern herumtollt, sie in seiner Perücke zausen läßt und herzlich über ihre kleinen

Streiche lacht. Werden sie aber älter, wird der Vater ernst. Aus dem Spielgefährten, der eben noch mit schrecklichem Knurren und Fauchen über den Boden kroch und einen Löwen spielte, wird der Lehrer. Seine Hauptfächer heißen Musik und Religion.

Im Fach Religion kommt der strenge Lutheraner nicht sehr weit. In Glaubensfragen sind seine Kinder alle eher lax, und ein Sohn tritt später zum Katholizismus über. Anders steht es mit der Musik. Hier kann Bach in seinem Brief an Erdmann melden: »Insgesamt aber sind sie (die Kinder) geborene Musici...« Ein Bach und kein Musiker: Das gibt es auch nach Johann Sebastian nicht. Und die ersten ziehen denn auch schon hinaus ins musikalische Leben, Wilhelm Friedemann als Organist nach Dresden, Carl Philipp Emanuel nach Frankfurt. Eigentlich soll er Jurist werden, doch wird selbstverständlich auch er ein Musiker.

Der dritte Sohn, Johann Gottfried Bernhard, ist das erste Sorgenkind. Er scheint hochbegabt, und der Vater schenkt sich in seinem Fall das kostspielige Studium. Dafür vermittelt er ihm eine Organistenstelle in Mühlhausen, und Bach junior zeigt sich am Instrument bald ebenso eigenwillig wie einst Bach senior. Mühlhausens Bürger schlagen die Hände über dem Kopf zusammen: »Wenn H. Bach die Orgel so fort spielt, so ist sie in zwei Jahren hingerichtet, oder die meisten Kirchengänger müssen taub sein...« Ein Spezialist wird bemüht, der die Orgel auf mögliche Schäden untersuchen soll.

Nach solcher Beleidigung hätte sich der alte Bach eine neue Stelle gesucht. Aber der Sohn hat nicht die eisenharte Energie des Vaters. Er stiehlt sich davon – und hinterläßt einen Schuldenberg, den Bach zähneknirschend abtragen muß. Dem Sohn hält er in einem langen Brief eine düster grollende Strafpredigt. Sie nützt nicht viel. Einmal aus dem Gleis geraten, fängt sich Johann Gottfried Bernhard nicht mehr und stirbt unter rätselhaften Umständen mit schon vierundzwanzig Jahren, nachdem er sich doch noch für ein Jurastudium eingetragen hatte.

Woran ist dieser begabte junge Mann gescheitert? Ist Bach vielleicht doch nicht »der beste Familienvater der Musikgeschichte«, den sich die Bach-Legende zurechtgeschnitzt hat? Oder lastet der Schatten des Titanen zu schwer auf seinen Kindern? Sicher ist, daß Bach mit der größten Selbstverständlichkeit der Welt seine eigenen Maßstäbe auch an andere anlegt. Daß er viele damit überfordert: Es dürfte diesem so ganz in sich selbst ruhenden Mann nie bewußt geworden sein.

Bach unterrichtet nicht nur seine eigenen Kinder. Auch viele andere kommen zu ihm, und Bach ist ein hervorragender Pädagoge – für alle, die seinen Unterrichtsmethoden gewachsen sind. Denn strenge Regeln lehrt er nicht. Von seiner Art des Unterrichts läßt sich herzlich wenig schwarz auf weiß nach Hause tragen.

Einer dieser Schüler, Ernst Ludwig Gerber, schildert anschaulich Bachs Lehrmethode. 1724 kommt Gerber zu Bach, noch voll staunender Ehrfurcht gegenüber dem großen Mann. Der gibt sich betont herzlich, fast kameradschaftlich, und als er hört, daß Gerber aus Thüringen stammt, redet er ihn nur mit »Landsmann« an. Dann läßt er den Landsmann erst einmal ausführlich vorspielen, unterbricht nicht, korrigiert nicht. Gerber endet schließlich und wartet nun auf den Unterricht. Aber Bach verkündet nur gutgelaunt, dazu hätte er nicht die geringste Lust. Viel lieber möchte er jetzt selber spielen – und spielt, wie nur er es kann, Suiten und aus dem Wohltemperierten Klavier. Der Schüler hört zu. Allmählich begreift er: Das ist schon der eigentliche Unterricht und Bachs Spiel alleiniger Lehrstoff. Er bietet es als Modell an, gibt Anregungen und Muster, nicht mehr. Der Schüler soll ihn nicht kopieren, sondern seinen eigenen Stil finden, indem er das Gehörte umsetzt. Ohne Zweifel eine faszinierende und sehr moderne Methode, zugleich typisch für Bach, der selbst nie anders gelernt hat als vom Beispiel. Nur vergißt er, daß nicht jeder auch seine Ausdauer und innere Härte hat – und schon gar nicht sein Genie ...

Aber Bach ficht nichts an. Er nimmt sich nun einmal absolut. Und läßt er alle Widrigkeiten seiner Alltagsarbeit hinter sich und geht in seine Wohnung im Thomas-Stift, betritt er das Reich, in dem er der alleinige Herr ist. Der Privatmann Bach: Das ist kein dunkel dräuendes Genie, von der Qual zerrissen, das größte musikalische Werk seiner Zeit schaffen zu müssen. Das ist auch nicht der sich jähzornig mit seinen Gegnern balgende Musikdirektor. Dieser Bach ist ein sehr herzlicher, offener, man kann sagen: gemütlicher Mann. Und gemütlich richtet er sich denn auch in seiner kleinen Welt ein.

Nach den Umbauten der Ära Gesner zieht sich seine Wohnung über mehrere Stockwerke hin. Im ersten wohnen die älteren Söhne, im zweiten liegen Wohn- und Eßzimmer sowie das Heiligtum, die Komponierstube. Im dritten finden sich die Schlafkammern. Weißgekalkte Wände, hellgebeizte, stets frisch gescheuerte Fußböden, aus den Fenstern ein angenehmer Blick auf Leipzigs belebte Promenade – nüch-

tern-heiter müssen wir uns diese immer von kleinen Kindern durch-
wimmelte Welt denken. Für irgendwelchen Luxus hat man dort
weder Geld noch Neigung.

Der sorgsam aufgelistete Nachlaß überliefert Bachs Besitz. Kostbare
Teppiche oder wertvolle Bilder gehören nicht dazu, nur etwas Silber-
und Messinggeschirr. Die kleine Bibliothek umfaßt gerade fünfzig
Bände. Bach ist kein Mann des Wortes und hat offenbar nicht das
geringste Interesse an zeitgenössischer Literatur. So beschränkt sich
diese Bibliothek weitgehend auf allerlei theologische Schriften. Luthers Werke, seine Tischreden und Bibelkommentare stehen obenan.
Natürlich fehlt die Bibel selber nicht, und blättert Bach darin, blitzen
an seiner Hand zwei kostbare Ringe auf. Neben einer Tabaksdose aus
Achat und dem erwähnten Spazierstock mit Silberknauf sind sie seine
einzigen Wertgegenstände.

Man gibt sich sparsam, auch in der Kleidung. Vom Staatsrock Bachs,
den er auch auf seinem letzten Gemälde trägt, heißt es im Nachlaß, er
sei zweimal gewendet. Nur in einem Punkt wird im Haus Bach nicht
gespart: wenn es um das Höchste geht, um die Musik. Bach besitzt
eine ganze Sammlung kostbarer Instrumente. Allein fünf Klaviere
gehören dazu, eines im Wert von achtzig Talern, damals ein kleines
Vermögen. Und Musik bestimmt den Tagesablauf vom gemeinsamen
Choral als Morgengebet um sechs Uhr früh bis zu den Abendstun-
den, wo sich wieder die Familie um das väterliche Klavier versammelt.

Dann nickt der Mann seiner Frau zu, sie stimmt ein Volkslied an, die
Kinder fallen ein – das ist der abendliche Hauptspaß. Und in solchen
Augenblicken mag sich Bach sicher vor allen Unbilden jenseits von
St. Thomas fühlen.

Er ist nicht der weltabgewandte Geistesmensch, den die Überliefe-
rung aus dem Thomas-Kantor macht. Er ißt gern und viel, ist auch
dem Alkohol nicht abgeneigt. Mit einigen Flaschen Muskateller oder
einem Fäßchen Frankenwein kann man ihm immer eine Freude
machen. Dann genießt er den guten Tropfen mit kennerischem Beha-
gen, und seine Erinnerung geht immer wieder zum Festmahl in Halle
zurück. Davon erzählt er wenigstens so häufig wie von seinen Trium-
phen auf der Orgel. Und er greift zur Tabaksdose, steckt sich den
guten Knaster an, den er im Notenbüchlein so wehmütig besingt.
Rauch kräuselt sich, und Bach sinnt ihm nach, ein Mann mit sehr
durchschnittlichen Freuden und Neigungen, ohne auffallende Laster

oder Tugenden, ein Durchschnittsmensch – und eines der größten Genies aller Zeiten.

Mit immer neuem Staunen steht man vor dem Rätsel, wie der gleiche Mensch in zwei so völlig verschiedenen Welten zu leben scheint, hier in der etwas miefigen Bürgerlichkeit seines Alltags, wo er sein Pfeifchen schmaucht und der Frau liebenswerte kleine Anzüglichkeiten zuflüstert, und dann in der anderen Welt, seinem wahren Königreich, im schier unausschöpflichen, kaum auszuschreitenden Kosmos seiner Musik. Sie entsteht wie selbstverständlich. Ein Anlaß kommt – und sie löst sich aus Bachs Wesen wie ein Teil seiner selbst. Man kann sie kaum noch Kunst nennen. Sie ist ein Naturereignis, immer wieder neu und jung.

Allein die über dreihundert Kantaten, die Bach geschrieben hat: Eigentlich sind sie nur Pflichtübungen, und ihr Muster ist vorgegeben. Bach könnte es sich einfach machen, brauchte sich nur ständig zu wiederholen, und die Kirchgänger würden es ihm nicht einmal verübeln. Denn sie gehen zum Gottesdienst, nicht in ein Konzert. Aber Bach wiederholt sich eben nicht. Er liefert schwächere und stärkere Arbeiten. Aber nie wird ein Schema kalt und glatt abgespult. Jede Kantate hat ihre eigene Form. Keine ist mit der anderen austauschbar.

Im Reich seiner Musik bewegt sich Bach wie durch eine vertraute Landschaft, in der er doch immer wieder auf neue Wege, unverhoffte Schönheiten und überraschende Ausblicke stößt. Und den Gipfel dieser Landschaft markieren seine Passionen. Fünf scheint Bach komponiert zu haben. Nur drei sind erhalten, neben Johannes- und Matthäus-Passion noch eine Lukas-Passion, deren Urheberschaft allerdings umstritten bleibt. Von der sinnlichen Kraft der Matthäus-Passion war schon die Rede. Und sie läßt es auch nicht so seltsam scheinen, daß dem Protestanten Bach die weltzugewandte Farbenfreude des Katholizismus gar nicht so wesensfremd ist. Seine Passionen sind wie Gemälde, sehr farbig und menschlich zugleich, und ihr Schöpfer Bach rückt mit ihnen in die Nachbarschaft eines anderen Titanen abendländischer Kunst, zu Michelangelo, wie er an der Decke der Sixtinischen Kapelle die Erschaffung Adams entstehen läßt.

Wieder aber ist das nur die eine Seite des Rätsels Bach. Ohne Mühe steigt dieser Titan von den Massiven seiner welt- und gottumspannenden Passionen in irdische Gefilde hinunter und dirigiert, mit deutlichem Spaß an der Sache, in einem Leipziger Cafégarten heiterste

Unterhaltungsmusik, während an den langen Tischen Bier und Kuchen serviert werden. Bach stört das nicht. In den dreißiger Jahren hat er die Leitung des einst von Telemann gegründeten Collegium musicum übernommen, ein Amateurorchester mit Studenten, und seine Konzerte finden vor allem zur Messezeit enormen Zulauf. Bach genießt den Erfolg, und die Zeit der Bierpfeiferei scheint auch für ihn noch nicht vorbei.

Johann Sebastian Bach ist nicht einzuordnen, nicht als Mensch, nicht in seinem Werk. Er komponiert französisch, als er Franzosen kennenlernt, und schreibt Italienisch, als er Vivaldis Werk begegnet. Aber auch *seine* Musik, wie die von Schütz, ist nicht protestantisch oder deutsch. Es ist Bach-Musik. Nichts kann ihn dabei beirren.

Er schreibt die größte aller Passionen, als Passionen eigentlich schon aus der Mode sind. Er greift im Wohltemperierten Klavier auf dreißig Jahre alte Überlegungen zurück und nutzt sie, als hätte er sie als erster und ausschließlich angestellt. Er komponiert gängigste Unterhaltungsmusik und im gleichen Atemzug Werke, deren instrumentaler Schwierigkeitsgrad so hoch gewählt ist, als sei ein jeder Musiker auch ganz automatisch so begabt wie Bach – wie dies alles deuten? Als jedes menschenübliche Maß überschreitende Egozentrik wie bei Richard Wagner? Als weltfremde Hingabe an die eigene Musik wie bei Mozart, dessen »Zauberflöte« vom simpelsten Volkslied bis zur schwierigsten Arie gleichfalls vor kaum zu lösende Widersprüche stellt?

Man findet keine Antwort. Und das macht Bach schon für seine Zeitgenossen zum Problem. Anders als Schütz wird der Komponist zu Lebzeiten nie einen wirklich populären Erfolg haben, und es scheint dem sonst keineswegs ganz uneitlen Mann nicht einmal viel daran zu liegen. Wiederum anders als Schütz und gänzlich anders als Händel läßt sich Bach unendlich viel Zeit mit dem Druck seiner Werke. Man weiß nicht: Hat er nicht das Geld dafür, oder ist der Perfektionist nie mit sich so zufrieden, daß er etwas Geschriebenes auch für alle Zeiten gedruckt sehen will? Zahllose seiner Werke, vor allem aus seinen frühen Jahren, gehen schon deshalb verloren, weil sie nie gedruckt worden sind.

Der Fall Bach: Vor diesem Mann und seiner Musik steht seine Umwelt ähnlich schaudernd wie die ersten Zuhörer vor seiner Matthäus-Passion. Gehört diese Musik zu einer alten oder neuen Zeit? Am wenigsten scheint sie in Bachs Gegenwart zu passen, in diese Zeit

der Aufklärung mit ihrem Prinzip, alles sei erklärbar. Bach-Musik ist nicht zu erklären, ebensowenig wie Bach selbst. Das löst Aggressionen aus. Schon 1737 kommt es zu einem ersten offenen Angriff.
In Hamburg wird die Zeitschrift »Der Critische Musicus« gegründet und bald in ganz Deutschland beachtet. Vor allem ist sie die Sprecherin der jungen Musikergeneration. Dort beschäftigt sich nun ein Artikel mit Bach. Er setzt als Lobeshymne ein. Bach wird als »der vornehmste unter den Musicanten« gepriesen, als »außerordentlicher Künstler auf dem Clavier und auf der Orgel«. Aber das ist nur das Vorspiel. Denn danach kommt die Rede auf den Komponisten Bach. Und das hört sich dann so an: »Dieser große Mann würde die Bewunderung ganzer Nationen seyn, wenn er mehr Annehmlichkeit hätte und wenn er nicht in seinen Stücken durch ein schwülstiges und verworrenes Wesen das Natürliche entzöge und ihre Schönheit durch allzu große Kunst verdunkelte ...«
Hier stockt man kurz. Meint man hier nicht den Nachruf auf Schütz zu hören? Pastor Geiers Mahnpredigt an die jungen Herren Musici, nicht so viel Kunst zu suchen? Die Enkel übernehmen die Argumente der Großväter. Natürlich geht es ihnen nicht wie Geier um »den alten Fleiß, zu singen und zu beten«. Der ist unwiederholbar aus der Mode. Der neue Fleiß will verstehen und aufklären. Eben ihn verdunkelt Bachs »allzu große Kunst«.
Seinem Werk wird Unspielbarkeit vorgeworfen. Er muß sich den Vergleich mit den völlig überholten Dramen Lohensteins gefallen lassen, einem Dichter des 17. Jahrhunderts. Bach – das Fossil, ein Mann des überwundenen Gestern ...
Der Artikel trägt keinen Autorennamen. Aber dann wird der Verfasser bekannt. Es ist ein gewisser Johann Heinrich Scheibe. Und damit scheinen die Hintergründe dieses seltsamen Angriffs geklärt. Denn Scheibe ist für Bach kein Unbekannter. Er hat ihn schon als jungen Mann gekannt, als Sohn eines Leipziger Orgelbauers, der selbst Musiker werden wollte. Es war ihm nicht gelungen. Zweimal hatte er sich beworben. Einmal wurde ihm ein Bach-Schüler vorgezogen, und das andere Mal trug er zwar ein wohlwollendes Gutachten des Thomas-Kantors in der Tasche, doch da um diese Zeit Bach selbst umstritten war, hatte dieses Gutachten Scheibe wohl mehr geschadet als genützt. So mag er denn den dumpfen Zorn mit sich herumtragen, Bach sei eigentlich an seinem Scheitern schuld, und seine ganz private Rache wird der Angriff im »Critischen Musicus«.

Aber so einfach ist es nicht. Hier drücken sich auch grundsätzliche Vorwürfe einer ganzen Generation gegen diesen wunderlichen älteren Herrn unter seiner altmodischen Perücke aus, und er selbst muß erkennen: Er ist nicht mehr jung. Um sein kleines, stilles Königreich spülen die Fluten einer neuen Zeit. Und im Jahr 1740 stellt sich ihr neuer Star im preußischen Berlin vor. Auch Bach wird von seinem Glanz geblendet sein, von diesem jungen König namens Friedrich.

»Der alte Bach ist da . . .«

Durch Berlin fährt ein offener Wagen. In seinen Polstern lehnt ein junger Mann mit strahlend blauen Augen im mädchenhaft hübschen Gesicht. Er ist bester Laune. Er jauchzt geradezu und wirft mit beiden Händen Geldmünzen in die Menge. Die Menge jauchzt zurück, nicht nur der Münzen wegen. Dort im Wagen fährt die Hoffnung auf eine bessere Zukunft mit. Denn am Pfingstsonntag 1740 ist Friedrich II. König von Preußen geworden.

Schon lange raunt es um den gerade 28 Jahre alten Mann. Man kennt die trübselige Geschichte seiner Jugend im Schatten eines überstrengen Vaters, der im Sohn nur das weibische Bürschchen ohne Mark in den Knochen sah. Man kennt seine Vorliebe für Kunst und Philosophie. Er verspricht ein anderer König zu werden als sein tyrannischer Vater. Und vom Augenblick seiner Thronbesteigung an scheint Friedrich II. die schönsten Erwartungen zu erfüllen. Eine Flut von Verordnungen geht auf Preußen nieder. Die Folter wird abgeschafft, das Recht reformiert. Die staatlichen Vorratskammern werden geöffnet. Preußen kann sich das alles leisten. Denn das Regiment des krankhaft geizigen Soldatenkönigs hat einen Vorteil gehabt: Das Land ist reich. Der Sohn verfügt über Europas bestgefüllte Staatskasse.

Jeder in seinem Land, heißt es, soll nach seiner Façon selig werden. Also Glaubensfreiheit, keine religiösen Zwänge mehr – über Nacht wird der junge Herrscher das Idol der europäischen Intellektuellen werden, und als er später in einer Schlacht über die Franzosen siegt, jubeln diese Intellektuellen, vor allem in Frankreich. Das gleißende Licht seiner Anfangsjahre strahlt bis Leipzig. Im Hause Bach horcht man auf. Sollte das verschlafene Berlin, unter dem Soldatenkönig trostlos wie ein Kasernenhof, das neue Paradies der Künste werden?

Friedrich II. ist hochmusikalisch. Er beherrscht mehrere Instrumente und komponiert selbst. Das Traumbild eines idealen Musikermäzens entsteht. Darauf mag Bach hoffen, und es ist keineswegs ausgeschlossen, daß er die Übersiedlung nach Berlin erwägt. Der Hof des jungen Preußenkönigs könnte genau der richtige Hintergrund für ihn sein, ein neues, größeres Köthen. So unternimmt er denn erste, behutsame Schritte in die Nähe dieses Wunderkönigs.

Schon gehört als Kammercembalist Bachs Sohn Carl Philipp Emanuel zum königlichen Orchester. Eine erste Verbindung ist damit hergestellt, und Bach läßt wenig Zeit verstreichen, um sie zu nutzen. Schon im Jahr nach Friedrichs Thronbesteigung bricht er nach Berlin auf, den Sohn zu besuchen. Er darf wohl annehmen, dann auch vom König empfangen zu werden. Es kommt anders. Bach macht die Erfahrung vieler Menschen dieser Zeit. Der schillernde junge Mann auf dem Preußenthron ist immer für eine Überraschung gut.

Das Berlin, das der alte Bach 1741 erreicht, ist nicht die erträumte Musenstadt. Ihre Straßen erfüllt jetzt Kriegsgeschrei. Waffen klirren. Soldatenschritte hämmern auf das Pflaster. Und Preußenkönig Friedrich bekommt leuchtende Augen: Jetzt wird alle Welt erfahren, ob er wirklich nur das verweichlichte Jüngelchen seiner Jugendjahre ist. Jetzt will er, wie er später freimütig eingesteht, seinen Namen in den Zeitungen lesen, und dort soll stehen, was für ein Kerl in ihm steckt.

Sein Vater hatte Soldaten so sehr geliebt, daß er keinen einzigen in einem Krieg geopfert sehen wollte. So war es denn gekommen, daß ausgerechnet in der Ära des Soldatenkönigs kein einziger Krieg von preußischem Boden ausgegangen war. Der Sohn haßt Soldaten. Ihre Uniform nennt er die »grauen Sterbekittel«. Aber jetzt, da ihm Europas viertstärkste und bestausgerüstete Armee in die vor Ehrgeiz vibrierenden Hände fällt, kann er gar nicht schnell genug möglichst vielen seiner Untertanen die grauen Sterbekittel anziehen. Krieg muß her, um jeden Preis. Ein Anlaß ist rasch gefunden.

Im selben Jahr wie Friedrich ist in Österreich eine junge Frau an die Macht gekommen, Maria Theresia. Niemand nimmt dieses Mädchen ernst. Das große Kesseltreiben gegen sie setzt ein. An der Spitze gallopiert Friedrich. Alles scheint nur eine Sache von wenigen Wochen zu sein. Aber Maria Theresia hält sich heldenhaft. Kriege beginnen, an denen Preußen fast verbluten wird. Friedrich liest seinen Namen häufiger, als ihm noch lieb ist. Am Ende seufzt er, in seiner zweiten Regierungshälfte die Fehler seiner ersten wiedergutmachen zu müssen. Doch um 1740 ist er noch der selbsternannte Schlachtengott und stürzt sich mit der Naivität eines rauflustigen Schuljungen in das erste große Abenteuer seiner Laufbahn.

Bach hat also für seinen Berlin-Besuch den denkbar schlechtesten Zeitpunkt gewählt. Der König hat alles andere im Sinn als einen alternden Musiker, selbst wenn es der berühmte Bach ist. Dessen Bewunderung für Friedrich überdauert die erste Enttäuschung. Und dabei macht es der Preußenkönig Friedrich gerade seinen sächsischen Bewunderern nicht leicht. Denn um 1745 rückt er auch nach Sachsen vor. Seine Truppen stehen vor Leipzig, und die Menschen ducken sich angstvoll unter dem Kanonendonner preußischer Artillerie. Bach gibt darauf eine eigene Antwort. Mitten im Kriegslärm wird seine Friedenskantate »Du Friedefürst, Herr Jesu Christ« uraufgeführt. So weiß es jedenfalls die Bach-Legende, während die Kantate in Wahrheit wahrscheinlich schon zwanzig Jahre früher entstand. Doch ist es möglich, daß sie Bach unter dem Eindruck der Leipziger Belagerung von neuem aufführen läßt.

Berlin bleibt weiterhin für ihn verschlossen. Er kann nicht einmal, seufzt er in einem Brief, seinen 1745 geborenen Enkel sehen. Also weiterhin Leipzig, zuweilen eine Reise nach Dresden, die eine oder andere Orgelabnahme – das bestimmt sein Leben. Und wie um den alternden Schütz legt sich auch um Bach der Ring wachsender Vereinsamung. Er hat seine Frau und seine Kinder. Er hat Freunde in der Stadt. Aber in ihrem musikalischen Leben scheint er keine allzu große Rolle mehr zu spielen. Er ist ein Stück geduldig ertragener Vergangenheit geworden, der knorrige alte Herr, vor dem man höflich den Hut zieht – und sich dann anderen, wichtigeren Dingen zuwendet.

Scheibes Angriff war ein Signal gewesen. Eine neue Generation meldet ihren Anspruch an. Von Bach will sie nicht viel wissen. Und das Unglaubliche geschieht: 1743 gründen Leipziger Bürger im Meßhaus der Tuchhändler, dem »Gewandhaus«, eine Konzertgesellschaft, und Bach wird nicht einmal gefragt, ob er Mitglied werden will. Weder gehört er zum Gründungskommittee, noch wird dort zu seinen Lebzeiten ein Bach-Werk uraufgeführt – kein Ruhmesblatt in der Geschichte des Gewandhausorchesters, das seinen späteren Weltruhm vor allem Bach-Interpretationen verdankt.

Soll man es wie bei Schütz als Wunder bezeichnen, daß sich auch der Komponist Bach in seinen späten Jahren auf ungebrochener Höhe hält? Er gibt den zweiten Teil seines Wohltemperierten Klaviers heraus. Er stellt die nach seinem Schüler Johann Georg Schübler benannten sechs Schübler-Choräle für Orgel zusammen. Er überarbeitet die Matthäus-Passion. Und er leistet sich immer noch Ausflüge in heiter-deftige Unterhaltungsmusik.

Er hat schon seine Kaffee-Kantate geschrieben, die Geschichte um ein junges Mädchen, das sich vom geliebten Kaffee nur abbringen lassen will, wenn ihr der Vater einen Bräutigam ins Haus bringt. Natürlich sucht sie sich dann einen Freier aus, der den Kaffee ebenso liebt wie sie. Und wieder stößt Bach gegen eine Grenze vor. Seine Kaffee-Kantate ist eigentlich schon eine kleine Komische Oper. Und das trifft auch für die 1742 entstehende »Bauernkantate« zu. In diesen Werken steht Bach als der kräftige Komödiant und würdige Nachfahr seiner bierpfeifenden Ahnen vor uns.

Im selben Jahr 1742 entsteht aber auch ein ganz anderes Werk, die »Klavierübung IV. Teil«, auch die »Goldberg-Variationen« genannt. Sie haben gleich zwei Vorgeschichten, die beide für Bachs Leben wichtig sind. Zunächst die eine: 1731 war es gewesen, als Bach in Dresden auf der berühmten Silbermann-Orgel in der Sophienkirche ein Gastspiel gegeben hatte. Anderntags hatten die Dresdener »Merkwürdigkeiten« geschwärmt: »Ein angenehmer Bach kann zwar das Ohr ergötzen/ Wenn er in Sträuchern hin, durch hohe Felsen läuft/ Allein den Bach muß man gewiß viel höher schätzen/ Der mit so hurtger Hand ganz wunderbarlich greift . . .« Und dann war es auch nicht mehr weit bis zum üblichen Orpheus-Vergleich gewesen. Aber nicht nur die Kritiker hatte Bach entzückt. Auch das übrige Publikum war begeistert. In diesem Publikum saß aber der Diplomat Hermann Carl Reichsgraf von Keyserlingk.

Der geborene Balte Keyserlingk bewundert Bach. Er sucht seine Bekanntschaft. Die beiden so unterschiedlichen Männer werden Freunde, und Bach profitiert von dieser Freundschaft kräftig. Als 1733 Keyserlingk Gesandter des russischen Zaren am sächsischen Hof wird, geht wohl Bachs Ernennung zum Hofcompositeur vor allem auf den Einfluß des Grafen zurück. Aber Bach bekommt Gelegenheit, sich zu revanchieren.

Der Graf hat eine Schwäche. Er kann nicht schlafen. Nacht um Nacht liegt er wach, horcht in das tote Dunkel hinaus und wälzt sich ruhelos in seinem Bett. Er läßt schließlich ein Cembalo in das Zimmer neben seinem Schlafraum stellen – vielleicht, daß ihm freundliche Musik etwas Entspannung schenkt. An diesem Cembalo soll der hochbegabte, noch ganz junge Bach-Schüler Johann Gottlieb Goldberg sitzen, den der Graf selbst Bach empfohlen hatte. Den Komponisten bittet er jedoch um eine passende Musik. Bach könnte beleidigt sein: seine Kunst ein besseres Schlafmittel! Aber mit der gewohnt großen Selbstverständlichkeit geht er an die Arbeit. Wenn Kantaten gewünscht sind, schreibt er Kantaten. Braucht jemand Tanzmusik: Bach liefert sie. Und nun schreibt er eben eine Gute-Nacht-Musik. Nur: Wie soll sie sein?

Das ist die zweite Vorgeschichte der Goldberg-Variationen. Sie führt in die heitere Helle von Köthen zurück, als Bach für die kleinen Feste des Fürsten die Musik liefern mußte. Suiten entstehen, eine Gruppe von verschiedenen Tänzen, die auf der Laute und dann später vom Klavier begleitet wurde. Ihre Form ist festgelegt. Doch wie immer hält sich Bach nicht daran. Wieder zieht er ein vorgefundenes Muster an sich, als sei es einzig seine Erfindung, und streut die Früchte seiner eigenen üppigen Phantasie darüber.

Die ganz und gar höfische Kunst der Suite führt Bach im bürgerlichen Leipzig weiter. Er schreibt seine Klavierpartiten, Suiten für sein zweitliebstes Instrument. Sie scheinen großen Anklang gefunden zu haben. Bach läßt sie drucken. Die Klavierpartita in B-dur, 1726 erschienen, ist wahrscheinlich das erste Bach-Werk überhaupt, das im Druck vorliegt. Nun erscheint in jedem Jahr zur Messe eine Klavierpartita. 1731 werden sechs solcher Partiten zur »Klavierübung« zusammengefaßt. Auch sie sind Auftakt einer ganzen Serie, und die Goldberg-Variationen sind schon ihr vierter Teil.

Bach scheint es sich sehr einfach zu machen. Er blättert im Notenbüchlein seiner Frau und stößt dort auf eine Arie, die vermutlich nicht einmal von ihm selber stammt. Doch was heißt das schon bei ihm? Was Bach auswählt, wird auch gleich originale Bach-Musik, im Fall dieser Klavierübung: dreißig Variationen des gefundenen Motivs, immer wieder neu und anders, aus schier unerschöpflicher Einfallsfülle heraus. Und am Ende ist unter seinen Händen aus einem Stück Unterhaltungsmusik eines der schwierigsten Klavierstücke der gesamten Musikgeschichte geworden.

Der Einwand der Unspielbarkeit schert Bach wieder einmal nicht. Er hat Musik geliefert wie gewünscht. Das ist alles. Und sein Auftraggeber ist zufrieden. Allein darauf kommt es an. Graf Keyserlingk bedankt sich denn auch mit einem kostbaren Becher voller Goldstücke.

Bach verneigt sich. Aber der Dank des Freundes reicht noch weiter. Die ersten Kriege des Preußenkönigs sind vorübergetost. Seiner Popularität schaden sie nicht. Friedrich bleibt das große Idol. Katzenhaft geschmeidig wechselt er die Maske. Aus dem Kriegsgott wird ein Friedensfürst. Der Schlachtenqualm verzieht sich. Friedrich, bald »der Einzige« und schließlich »der Große« genannt, tritt aus dem Pulverdampf als milder Herrscher schöner Künste hervor. Musik gehört dazu. Jeden Abend versammelt sich sein Orchester. Der König als sein eigener Solist spielt die Querflöte. Kerzen schimmern sanft und tauchen den Raum in einen warmen Goldton. Schöne Klänge steigen zur geschnitzten Decke hinauf. In diesem Augenblick ist Frieden, im Land, am Hof und in Friedrich selbst. Und einen solchen Augenblick könnte Keyserlingk, inzwischen russischer Gesandter am Preußenhof, genutzt haben. Ob denn der König nichts von Bach wüßte, dem größten aller Musiker?

Friedrich ist interessiert. Gewiß dürften ihm Bach und seine Musik auch schon vorher ein Begriff gewesen sein. Schließlich sitzt Bachs eigener Sohn am Cembalo des königlichen Orchesters. Huldvoll zieht ihn der Monarch ins Gespräch: ob sich der Vater nicht auch einmal in Berlin blicken lassen wolle. Schließlich wird der König dringlich. Er wünscht, nun endlich Herrn Johann Sebastian Bach kennenzulernen. Natürlich gibt der Sohn den königlichen Wunsch prompt an den Vater weiter.

Aber eine Reise nach Potsdam braucht Zeit und Kraft. Bach ist schließlich schon ein alter, nicht mehr ganz gesunder Mann. So dauert es bis 1747, bevor er ein weiteres Mal nach Preußen reist. Es ist schon Abend, als er gemeinsam mit seinem Sohn Wilhelm Friedemann eintrifft. Drüben im Stadtschloß hat man sich gerade zum Konzert versammelt. Der König greift zur Flöte und putzt sie sorgfältig. In solchen Augenblicken ist der Maskenreiche nur ein Musiker. Man kann fast vergessen, daß dieser Flötenspieler auch ein König ist. Er selbst vergißt das auch. Unwillig zuckt er zusammen, als sporenklirrend ein Offizier eintritt. Er reicht dem Monarchen ein Blatt Papier. Ach so, richtig, die Liste derer, die heute über die Stadtgrenze gekommen sind ...

Friedrich überfliegt sie. Er legt sie fort und will endlich mit dem Flötenspiel beginnen. Dann greift er noch einmal zum Papier, liest ein weiteres Mal. Ein Name ist ihm aufgefallen. Tatsächlich, dort steht er: Johann Sebastian Bach. Der König wird unruhig. Fast wirkt er wie ein

Schüler, der in leichter Nervosität dem Eintreffen eines bewunderten und gefürchteten Schulmeisters entgegensieht. Er wendet sich an die übrigen Musiker. Seine Stimme zittert leicht: »Meine Herren, der alte Bach ist gekommen . . .« Sofort, trotz der späten Stunde, will er den alten Musiker sehen. Also wird nach Bach geschickt. Eine Sternstunde in beider Leben kündigt sich an.

Ein ungemein geschickter Mann

Der alte Mann tritt in den Saal. Er ist verschwitzt und müde. Die so lange herbeigesehnte Begegnung hat er sich wohl anders vorgestellt, feierlicher, der großen Stunde würdig. Jetzt hat man ihm nicht einmal Zeit gelassen, den Reiserock zu wechseln, und zwischen aller höfischen Eleganz muß er sich doppelt schäbig vorkommen. Er stammelt Entschuldigungen. Aber der König läßt ihn kaum zu Wort kommen. Friedrich, mit seiner magischen Ausstrahlung auf Frauen wie Männer, kann sehr charmant sein, wenn er will. Jetzt will er. Instinktsicher trifft er den richtigen Ton. Der König spricht nicht zum Bürger, sondern der Musiker zum Musiker. Eitelkeit mag mitschwingen. Komponist Friedrich will ernstgenommen werden und gleich zeigen, daß es Fachmann Bach mit einem Kollegen zu tun hat. Er zieht den alten Herrn durch alle Schloßräume und führt ihn von Klavier zu Klavier. Jedes einzelne muß Bach ausprobieren.
Bach probiert. Genauer: Er liefert jedes Mal aus dem Stegreif eine brillante Improvisation. Nun fühlt sich der König unwohl. Neben solcher Meisterschaft muß das eigene Können verblassen. Also ein anderes Gebiet: Friedrich setzt sich selbst ans Instrument und spielt ein selbstkomponiertes Thema an. Ob es wohl Herr Bach in der Art einer Fuge variieren könne . . .
Auch das kann Bach. Wieder aus dem Stegreif schafft er eine Fuge für drei Stimmen. Friedrich lächelt gütig. Allmählich ahnt er, was für einen Meister er an die kostbaren Instrumente seiner parfümierten Räume gelassen hat. Nun denn, er wird dem alten Löwen Futter geben. Wunderschön ist diese Fuge, wirklich meisterhaft – aber ob sich Bach nun auch zum gleichen Thema eine sechsstimmige Fuge zutraue? Jetzt hält Bach den Atem an.
Eine Fuge für sechs Stimmen – die schafft nicht einmal ein Bach aus

dem Handgelenk, zumal zu einem fremden Thema, das er eben erst gehört hat. Der König, wenn er wirklich Fachmann ist, müßte das eigentlich wissen. Will er den alten Musiker blamieren? Oder ist er eben doch nicht solch ein Fachmann? Frühere Bemerkungen seines geduldig am Cembalo sitzenden Sohnes fallen ihm vielleicht ein: daß die bewunderte Musikalität des Königs nur ein weiterer Bluff des trickreichen Genies ist und in Wahrheit weder sein Können noch sein Geschmack den soliden Durchschnitt übersteigen.

Bach zieht sich mit Anstand aus der Affäre. Eine solche Fuge zu improvisieren, sei er nicht in der Lage. Aber gern wird er in Leipzig daran arbeiten und dem König das Ergebnis zusenden. Friedrich gibt sich zufrieden. Der Abend im königlichen Schloß geht zu Ende. Eine Sternstunde fand nicht statt.

Es wird sie auch nicht in den nächsten beiden Tagen geben. Zwar wird ein Bach-Konzert in der Potsdamer Garnisonskirche ein großer Erfolg. Aber solch flüchtige Solistenerfolge ist Bach sein Leben lang gewohnt. Am Abend trifft er ein weiteres Mal den Herrscher, und die kleine Niederlage vom Vorabend scheint noch in ihm zu wühlen. Er erklärt sich zur gewünschten sechsstimmigen Fuge bereit, allerdings zu einem eigenen Thema. Sie wird das Ende dieses kurzen Gastspiels am Preußenhof. Friedrich läßt sich zu pflichtschuldiger Begeisterung hinreißen und ruft mehrfach ein emphatisches »Nur ein Bach!« aus. Aber sehr viel mehr haben sich die Herren nicht zu sagen. Auch der Preußenkönig gehört zu einer anderen Generation.

Bach kehrt nach Leipzig zurück. Dort erwartet ihn eine andere Ehrung. Schon 1738 war eine »Societät der musikalischen Wissenschaften« gegründet worden, eine Gesellschaft für Musiktheorie, die alle vier Wochen einen Band ihrer »Neu eröffneten musikalischen Bibliothek« vorlegt. Erstes prominentes Mitglied wird Telemann. Andere folgen. Und 1745 erlebt die Gesellschaft ihren größten Triumph. Georg Friedrich Händel, weltweit berühmtester Musiker dieser Zeit, tritt ihr bei. Nun soll Bach das vierzehnte Mitglied werden.

Bach nimmt die Ehrung sehr ernst. Er läßt sich eigens malen, und das schon erwähnte Porträt von E. G. Haussmann entsteht, das ein interessantes Detail zeigt, ein kleines Notenblatt in Bachs Hand mit einem Kanon für sechs Stimmen nach dem Motiv »Vom Himmel hoch, da komm ich her . . .« Es ist, wenn man so will, Bachs Prüfungsarbeit. Denn jedes neue Mitglied der Gesellschaft muß einen frisch komponierten Beweis seiner Meisterschaft vorlegen. Und so kurios das im Fall Bachs klingt: Auch dafür ist er sich nicht zu schade und schafft gleichsam nebenher ein kleines Meisterwerk.

In ihm spukt aber immer noch die königliche Herausforderung. Er versenkt sich in die Arbeit. Keine sechs Wochen braucht er, dann liegt die sechsstimmige Fuge vor, und Bach nennt sie das »Musikalische Opfer«. Andere sprechen zuweilen von der »Preußischen Fuge«. Unter welchem Namen auch immer: Unter allen schwierigen Bach-Werken bleibt sie eines der schwierigsten. So kommt denn auch der Verdacht auf, Bach hätte bewußt der ahnungslosen Überheblichkeit des Königs eine Lektion erteilen und ihm am praktischen Beispiel wirklich große und schwierige Musik jenseits sanft zirpender Flötenkonzerte vor Ohren führen wollen.

»Musicalisches Opfer aller unterthänigst Seiner Königlichen Majestät in Preußen gewidmet« heißt es in der Vorrede zu diesem Werk. Im Juli 1747 geht es an den König ab. Bach legt ein Schreiben bei. Das Werk »hat keine andere als nur diese untadelhafte Absicht, den Ruhm eines Monarchen, ob gleich nur in einem Puncte, zu verherrlichen, dessen Größe und Stärke, gleich wie in allen Kriegs- und Friedenswissenschaften, also auch besonders in der Musik, jedermann bewundern und verehren muß . . .«

Auch über diesen Brief ist viel gerätselt worden. Man will böse Ironie oder sogar einen Friedensappell herausgelesen haben. Doch ist das Schreiben wohl eher die übliche Ergebenheitsadresse und nicht mehr. Am interessantesten erscheint dabei, daß sich Bach diesmal das Angebot weiterer Dienste schenkt. Wenn er also mit Friedrich II. irgendwelche konkreten Hoffnungen verbunden haben sollte, hat er sie nach der ersten und einzigen enttäuschenden Begegnung begraben.

Das »Musikalische Opfer« ist kein Erfolg. Die knapp hundert gedruckten Exemplare verschenkt Bach größtenteils. Von Potsdam her kommt keine Resonanz, und offensichtlich ist dort dieses Werk zu Lebzeiten Friedrichs nie aufgeführt worden. Der König, in seinen späteren Jahren ebenso krankhaft geizig wie sein Vater, überweist nicht einmal ein Honorar, obwohl doch das Titelwort vom »Opfer« so fein darauf anzuspielen scheint. Für den größten König dieser Zeit ist ihr größter Musiker abgehakt. Erst als Jahrzehnte später einmal in seinem Umkreis das Gespräch auf den unseligen Bach-Sohn Friedemann kommt, mischt sich Friedrich ein und meint, an den Vater reiche Friedemann wohl doch nicht heran. Und dann singt noch der alt gewordene König mit schon etwas zittriger Stimme jenes Thema, das er Bach damals vorgegeben hatte – ein später königlicher Abgesang auf den längst toten Komponisten.

Einstweilen jedoch lebt Bach noch. Ein Mann Mitte sechzig, nimmt er um 1749 eine Arbeit auf, die sein letztes großes Werk wird und fast schon wie ein Vermächtnis wirkt, »Die Kunst der Fuge«. Schon der Name ist ein Programm.

Die Fuge, Bachs Lieblingsform, entspricht so sehr seiner auf Ordnung ebenso wie auf Entfaltung drängenden Natur. Wie ein Thema aufgegriffen, ein anderes Thema dagegengestellt wird, wie sich der Klang der Instrumente dabei verschränkt und sich schließlich ein kleiner musikalischer Kosmos in allen Variationsmöglichkeiten öffnet und wieder schließt – das hat in seiner Strenge einen fast mathematischen Reiz und entfaltet doch zugleich alle Möglichkeiten schöpferischer Phantasie. So wird für Bach, die Rechnernatur, deren Phantasie sich wie in genau kalkulierten Mustern zu bewegen scheint, die Fuge eine Urform der Musik schlechthin, und Schüler fragt er stets zuerst, ob sie auch fleißig im Fugenspiel seien. Jetzt, gegen Ende seines Lebens, legt er noch einmal das große Bekenntnis zur Kunst der Fuge ab.

Es ist wohl ein bewußtes Bekenntnis. Bach weiß recht gut, wie die junge Generation zu ihm steht. Er spürt, wie wenig sie sich noch von ihm sagen läßt. So will er wenigstens festgehalten wissen, was er dennoch zu sagen hat. Der alte Bach erinnert an den alten Schütz. Auch Schütz hatte seine letzten Arbeiten wie ein künstlerisches Testament geschrieben. Und auch ihr persönliches Schicksal gleicht sich. Auch Bach wird blind.

Wahrscheinlich liegt es in der Familie. Auch zwei nahe Verwandte sind erblindet. Und die Nachtarbeit bei trübe flackerndem Kerzenlicht trägt gleichfalls ihre Folgen. Ein Schlaganfall könnte dazugekommen sein. Jedenfalls nehmen von Ende Mai 1749 Bachs Sehstörungen zu, und im Jahr darauf erblindet er gänzlich. Vor ihm liegt aber »Die Kunst der Fuge«. Bach will das Werk unbedingt fertigstellen.

Ein letzter Kampf um seine Kunst beginnt: gegen die Zeit, gegen Alter, Schwäche und Krankheit. Bach findet einen Helfer in seinem Schüler und Schwiegersohn Johann Christoph Altnikol, Organist in Naumburg. 1749 hatte er Bachs »Liesgen«, seine Tochter Elisabeth Juliane Friederica, geheiratet. Nun kommt er mit seiner Frau aus Naumburg angereist. Bachscher Familiensinn bewährt sich. Altnikol

J. S. Bach, Bild von Gottlieb Friedrich Bach

sitzt neben dem blinden Schwiegervater und schreibt seine Worte
auf. Und aus dem Dunkel dieser Nacht steigt als das größte aller
Bach-Rätsel »Die Kunst der Fuge« auf, neunzehn Fugen in konse-
quenter Steigerung bis zum letzten unvollendet gebliebenen Stück,
Musik um der Musik willen und für keinen anderen Anlaß geschrieben als für des Komponisten Abschied von seinem Werk: ein letzter
Gruß von Johann Sebastian Bach.

Er ist wieder allein in seinem Königreich. Aber draußen in der anderen Welt tuschelt und wispert es. Seine Umwelt, der lästige Gegner sein Leben lang, läßt ihm noch immer keine Ruhe. Denn die Nachricht von Bachs Erkrankung macht die Runde. Schon heißt es, das Amt des Thomas-Kantors würde wohl bald frei. Und das offizielle Leipzig kann sich noch einmal in seiner ganzen erbärmlichen Schäbigkeit zeigen.

Beim Bürgermeister trifft ein Brief aus Dresden ein. Er trägt den gewichtigen Absender des allmächtigen Staatsministers Graf Brühl, dessen legendäre Eitelkeit einst Friedrich II. zu dem Ausruf verleitete: »Wieviele Perücken für einen Mann ohne Kopf!« Jetzt macht der Minister seinem Ruf alle Ehre.

Auch Brühl hat von Bachs Krankheit gehört. Der geborene Intrigant nutzt gleich die Gelegenheit, einen eigenen Favoriten in das Amt des Thomas-Kantors zu schieben, den Dresdener Johann Gottlob Harrer, eine »sehr stille und comportable Natur« – so der Graf Brühl. Still und comportabel, also verträglich, war Bach nun wirklich nicht. Die Leipziger Herren nehmen den gräflichen Wunsch begierig auf. Welche Gelegenheit, nicht nur den unbequemen alten Bach abzuschieben, sondern sich auch gleich Liebkind beim Minister zu machen! Sie genieren sich nicht einmal, Harrer zum Vorspiel zu bitten, als sei Bach schon tot.

Aber Bach lebt. Die Nachricht von der Intrige dringt selbst in seine Dunkelheit. Er setzt sich zur Wehr: So lange er lebt, soll sich Harrer nicht an seinem Amt vergreifen! Das erreicht er auch. Aber zugleich bricht in ihm Panik aus. Er muß wieder gesund werden, muß wieder sehen können, um jeden Preis. So läßt er sich denn auf ein Abenteuer ein, das ihn vermutlich das Leben gekostet hat.

In Deutschland gastiert gerade eine medizinische Berühmtheit, der englische Augenarzt John Taylor, ein Star seines Fachs. Sein Genie besteht vor allem darin, sich so lange interessant zu machen, bis ihm ohne Grund der Ruf eines Wunderdoktors vorausgeht. Auch Bach hat von Taylor gehört. Er braucht ein Wunder. Er vertraut diesem »Okulisten« mit der flinken Zunge.

Lesen wir Taylors Originalbericht: »Da erhielt ein berühmter Meister der Musik, der schon achtundachtzig Jahre alt war, von meiner Hand sein Augenlicht wieder. Er war derselbe Mann, mit dem Händel zusammen erzogen war, und ich hoffte, bei ihm denselben Erfolg wie einst zu diesem zu haben, denn alle Umstände, Beweglichkeit der

Pupille, Augennerven usw. schienen günstig zu sein. Indessen bei näherer Untersuchung fand ich den wirklichen Grund der Erkrankung: ein leiser Schlagfluß hatte das Augenlicht zerstört ...«

Taylor weiß alles. Er kennt zwar den Namen seines Patienten nicht. Er verschätzt sich bei seinem Alter um nur eben zwanzig Jahre. Er schwatzt Unsinn über Bachs Beziehung zu Händel. Aber seiner ärztlichen Kunst ist er sich absolut sicher. Er kennt sogleich den Grund der Erkrankung. Und er meint, ihm ebenso geholfen zu haben wie dem gleichfalls erblindeten Händel. Aber Taylor hat Händel nicht geholfen. Und er hilft Bach nicht.

Zweimal wird der alte Bach ohne jede Betäubung operiert. Es sind qualvoll schmerzhafte Prozeduren. Aber Bach hält aus. Ein letztes Mal zeigt sich seine ganze Energie. Und Taylor eilt, mit sich und seiner Kunst zufrieden, dem nächsten prominenten Opfer entgegen, das fette Honorar in der Tasche. In Leipzig hat er noch den Zoo besucht. Laut Bericht beeindruckt ihn die »ungeheure Menge verschiedenster merkwürdiger Tiere« wenigstens so sehr wie sein Patient. Und Bach bleibt blind.

Das Ende eines Musikerlebens: Bach kann nicht mehr seinen Namen schreiben. Er, der Familienmensch, wohnt nicht einmal mehr der Taufe eines Enkels bei. Er ist erst fünfundsechzig, aber doch schon ein hinfälliger Greis. Taylors Medikamente, vor allem die unaufhörlich angeordneten Aderlässe haben ihn zusätzlich geschwächt. Aber immer noch kreisen seine Gedanken um Musik. Er diktiert dem Schwiegersohn einen letzten Choral: »Vor deinen Thron tret ich hiermit ...« Er spürt wohl, daß er die eigene Totenmusik schreibt. Es erfüllt ihn nicht mit Schrecken. Seinem großen Lebensgefährten Tod wird er nun bald selbst gegenübertreten, und der Gedanke mag ihn eher friedlich stimmen. Bach ist nie ein furchtsamer Mensch gewesen, nicht in seinem Leben und nicht in seiner Kunst. Er wird es auch jetzt nicht sein.

Noch einmal scheint ein Wunder zu geschehen. Am 18. Juli 1750 kann Bach plötzlich wieder sehen. Doch dann erleidet er einen Schlaganfall. Bald darauf veröffentlicht die Berliner »Spenersche Zeitung« die kurze Notiz: »Verwichenen Dienstag, als den 28. Juli, ist allhier der berühmte Musikus Herr Johann Sebastian Bach, Königlich polnischer, Kurfürstlich sächsischer Hofcompositeur, etc. allhier im 66. Jahr seines Alters an den unglücklichen Folgen der sehr schlecht geratenen Augenoperation eines bekannten englischen Okulisten verstorben . . .« Und: »Der Verlust dieses ungemein geschickten Mannes wird von allen wahren Kennern der Musik ungemein bedauert . . .«

Die Erben namens Bach

Bach ist tot. Seine Familie trauert. Es trauert die Schar seiner Schüler. Es trauern, wie die Berliner Zeitung vermutet, alle wirklichen Musikkenner. Die Stadt Leipzig trauert nicht. In unhöflicher Eile wendet sie sich vom großen Unbequemen ab und scheint ihn so rasch wie möglich vergessen zu wollen. Das Amt des Thomas-Kantors wird ausgeschrieben. Aber das ist nur Farce. Zwar bewirbt sich auch Bachs Sohn Carl Philipp Emanuel. Doch neben dem Brühl-Günstling Harrer hat er keine Chance. So nimmt denn diese Mittelmäßigkeit auf Bachs Stuhl Platz, still und comportabel. Über Bach selbst wird nur mit den Achseln gezuckt: ein guter Musikus, gewiß. Aber Leipzig braucht einen Kantor.

Ein großes Begräbnis findet nicht statt. Drei Tage nach seinem Tod, in der Frühe des 31. Juli 1750, wird Bach unauffällig auf dem Johannisfriedhof beigesetzt. Bald ist die Grabstätte vergessen, und erst hundertfünfzig Jahre später wird nach den Gebeinen geforscht. Knochen finden sich, die Bachs Skelett gewesen sein könnten, und sie werden unterhalb des Altars von St. Thomas beigesetzt. Letzte Gewißheit, ob dort wirklich Bach seine allerletzte Ruhe fand, gibt es nicht.

Diesen Abgang ohne Glanz und Würde nimmt die Familie gelassen hin. Sie plagen andere Sorgen. Bachs Erbe ist gering, rund tausend Taler, die sich die Angehörigen teilen müssen. Und es zeigt sich, daß die Musterfamilie der deutschen Musikgeschichte nicht besser ist als zahllose andere Familien auch. Jeder will sich seinen Anteil sichern. Für die Witwe bleibt gerade noch ein Drittel.

Anna Magdalena Bach wendet sich an den Rat der Stadt. Sie bittet, ihr wenigstens bis zum Jahresende die Bezüge ihres verstorbenen Mannes weiterzuzahlen. Der Rat ist bereit. Aber zunächst setzt das große Rechnen ein. Und siehe: Bei Amtsantritt waren einst Bach zwei Monatsgehälter zuviel bezahlt worden. Die 21 Taler werden nun der Witwe abgezogen, und die Leipziger Bürokratie feiert in Sachen Bach ihr allerletztes Fest. Anna Magdalena nimmt das hin, wie sie ihr Lebtag lang alles hingenommen hat. Am Ende ist sie schließlich auf Almosen angewiesen. Und 1760 stirbt sie so unauffällig, wie sie gelebt hat.

Bach hinterläßt vier Töchter. Nur eine, das Liesgen, ist verheiratet und hat ihrerseits zwei Töchter. 1759 wird sie Witwe, und Musterbruder Carl Philipp Emanuel unterstützt sie ebenso wie auch seine anderen Schwestern Catherina, Caroline und Susanne. Ihr Weg verliert sich im Dunkeln. Nur Susanne, letztes Kind des Thomas-Kantors, erregt noch einmal Aufsehen. Um die Wende zum 19. Jahrhundert schreckt die Nachricht die Musikwelt auf, die letzte Bach lebe in bitterster Armut. Eine Sammlung findet statt, und zu den Spendern gehört auch Beethoven. Vom Erlös kann Susanne wenigstens leben. Sie stirbt 1809.

Der Weg der Söhne verläuft auffälliger. Fünf haben den Vater überlebt, darunter der geistesschwache Gottfried Heinrich. Bach-Schwiegersohn Altnikol nimmt sich des behinderten Schwagers an. Dessen Schicksal ist die erste Tragödie in den Reihen der Bach-Erben gewesen. Die zweite war die des unseligen Johann Gottfried Bernhard. Und es gibt noch eine dritte Tragödie, diesmal um den »lieben Friede«, Bachs ältesten Sohn Wilhelm Friedemann.

Immer ist Friedemann der Kronprinz gewesen, der gehätschelte Liebling des Vaters und sein Begleiter auf vielen Reisen. Er scheint alle Hoffnungen Johann Sebastian Bachs zu rechtfertigen. Sein hinreißendes musikalisches Temperament macht ihn schon bald zu einem Virtuosen auf Klavier und Orgel. Ein Engagement in der Dresdener Residenz kommt auf ihn zu. Gerührt mag ihm der Vater nachsehen. Sein Friede scheint unterwegs zur ganz großen Karriere, die ihm selber vorenthalten blieb.

Dresden ist so ganz anders als Leipzig. Hier tobt man sich in großen Festen aus. Hier gehen unablässig neue Opern und Ballette über die Bühne. Friedemann überläßt sich dieser Welt voll Wohlbehagen. Sie ist so viel amüsanter und farbiger als die ewig starre Düsternis von St. Thomas. Sie meint es auch gut mit dem Ankömmling. Von Salon zu Salon wird der Träger eines großen Namens weitergereicht: der Sohn vom Bach, sieh an! Er ist ein Liebling der Dresdener Gesellschaft. Ihm scheint das ganz selbstverständlich zu sein. Ist er nicht immer schon umschmeichelt worden, ein Favorit, der geborene Star? Zugleich mag er Vergleiche ziehen. In welch armseliger Welt lebt doch der Vater! Doch wie bunt und lustig kann die Welt sein!

Einstweilen scheint noch alles seinen Gang zu gehen. Nach Dresden kommt Halle. Friedemann fühlt sich auch dort als Star. Er zeigt entsprechende Allüren. Und als man ihm wie einst dem Vater bedeutet, sein Spiel sei doch reichlich lang, hat er die schlagende Antwort bereit: »Der Herr Pfarrer versteht den Teufel, was zu einer guten Fuge nötig ist; ich werde spielen und schließen, wie sich's gehört ...« Auch von der Predigt eines mißliebigen Pastors will man wissen, deren Überlänge der gereizte Friedemann schließlich mit dröhnendem Orgelspiel zudeckt. Jedenfalls kommt es zum Skandal. Friedemann verläßt Halle. Immer wieder hat er raschen, rauschenden Erfolg. Wenn es aber um eine feste Anstellung geht, zuckt alles zurück: ein guter Musiker, sicher, der vielleicht beste, den es gibt, aber so schwierig, fast noch schwieriger als der schwierige Herr Vater ...

Der Vater, immer der Vater – er ist Friedemanns größtes Problem. Es geht nicht nur darum, daß er sich an ihm messen lassen muß. Schlimm ist, daß er sich wohl selber an ihm mißt. Er fühlt sich als Erbe und Bewahrer seines Werks. Und wenn er zu komponieren anhebt, klingt es immer ein wenig wie von Johann Sebastian Bach, nur eben aus zweiter Hand.

Äußerer Mißerfolg kommt hinzu. Der Bach-Sohn braucht Geld. Er verschleudert Handschriften des Vaters. Er scheut vor Fälschungen nicht zurück. Er gibt Kompositionen des Vaters als eigene aus und eigene als des Vaters Werk. Sein Ruf ist ruiniert. Die Legende bemächtigt sich seiner. Man will ihn über Landstraßen irren, in Schenken aufspielen gesehen haben.

Das Dunkel um seinen Lebensweg wird immer dichter. Er heiratet wohl, hinterläßt eine Tochter. 1784 stirbt er, und die Nachwelt hat stets für den genialischen Bach-Sohn eine gewisse Vorliebe, weniger für sein Werk allerdings als für seinen wirren, wüsten Lebenslauf. Romane werden über ihn geschrieben. Ein Film entsteht. Eine Oper beschäftigt sich in freier Nachdichtung mit seinem Schicksal. Auch dort spielt er immer nur die Rolle des zu kleinen Sohnes im Schatten eines übergroßen Vaters. Selbst der Tod hat ihn davon nicht erlöst.

Eine ähnliche Tragödie scheint sich beim jüngsten Bach-Sohn anzubahnen, bei Johann Christian. Es ist dann aber mehr eine Komödie mit erträglichem Ausgang. Johann Christian ist gerade neunzehn, als der Vater stirbt. Carl Philipp Emanuel, der Unentwegte, nimmt ihn zu sich nach Berlin, wie einst auch das Kind Bach der ältere Bruder aufgenommen hatte. Doch in jeder Hinsicht wählt Johann Christian einen anderen Lebenslauf als der Vater.

Zunächst einmal verliebt er sich Hals über Kopf in eine italienische Sängerin. Als sie in ihre Heimat zurückkehrt, ist er ihr Begleiter. Der Süden fasziniert ihn, seine Farben, seine Klänge, vor allem seine Religion. Der Bach-Sohn wird katholisch. In Mailand arbeitet er als Organist, und das nächste Friedemann-Schicksal zeichnet sich ab. Aber Johann Christian ist kein anderer Friedemann. Den schon bei seiner Geburt ältlichen Vater hat er wohl nie ganz ernst genommen, auch nicht dessen Kunst. Überhaupt scheint er nicht viel ernst zu nehmen, nicht einmal die eigene Musik. Dennoch fallen ihm Erfolge rasch und mühelos zu.

Schon der Vierundzwanzigjährige ist ein internationaler Star. Von Italien wechselt er in die brodelnde Weltstadt London über. Die paßt zu ihm. Hier fühlt er sich wohl. Seine Opern werden Riesenerfolge. Aus ganz Europa treffen Angebote ein. Bach nimmt alles mit. Er lebt nicht, um zu komponieren, sondern komponiert, um zu leben. Das ist sein Wahlspruch. Bach lebt ausgezeichnet davon. Er verdient ungeheure Summen und gibt sie restlos wieder aus. Als er 1782 erst siebenunddreißigjährig stirbt, hinterläßt er Schulden in der Höhe von dreißigtausend Talern, mehr als der Vater in seiner gesamten Zeit als Thomas-Kantor verdient hat.

Zwischen diesen beiden chaotischen Genies nimmt sich Bachs zweiter Sohn Carl Philipp Emanuel wie der eigentliche Wahrer des seriösen väterlichen Erbes aus. Vom Hof des Preußenkönigs wechselt er als Organist der Michaeliskirche nach Hamburg über und hat dort eine Position, wie sie sich der Vater immer erträumt hat. Bei diesem Gedanken mag der Sohn Genugtuung empfinden. In seiner Jugend hatte er immer im Schatten Friedemanns gestanden. Jetzt erfüllt er und nicht der »liebe Friede« die Ansprüche des Vaters.

Auch Carl Philipp Emanuel komponiert und löst sich dabei am weitesten vom Vorbild Bach. In seinem Werk kündigt sich bereits die heraufziehende Romantik an, und sein Ruhm mehrt sich bedächtig. Von Zeitgenossen wie Mozart wird er fast mehr bewundert, als je Bach von seinen Zeitgenossen bewundert wurde, und noch Franz Schubert vergleicht Carl Philipp Emanuel mit dem Maler Raffael. 1788 stirbt er, und im folgenden Jahrhundert wird sich doch noch über das Andenken an sein Werk die Erinnerung an das Werk seines Vaters legen. Auch Carl Philipp Emanuel entkommt diesem Schicksal nicht.

Unter den Brüdern scheint es nicht viel Liebe gegeben zu haben. Überlieferte Bemerkungen lesen sich mehr wie kaum noch harmlose Sticheleien. Jeder scheint den anderen mit gespielter Gutmütigkeit abwerten zu wollen, und die Vision einer im Geist väterlicher Musik verbundenen Brüderschar bleibt holde Illusion. Die Erinnerung an den Vater hat keinerlei bindende Kraft.

Dafür drängt sich ein anderes Bild auf. Fast scheint es, als verkörpere jeder Bach-Sohn auf seine Weise eine auch schon im Vater angelegte Möglichkeit.

Carl Philipp Emanuel – das ist der gemächlich voranschreitende Musiker mit einer Lebensbahn voll Harmonie und stetigem Erfolg. Ein Johann Sebastian Bach nicht in Leipzig, sondern im urbaneren Berlin, im toleranten Hamburg: Er hätte wohl ein ähnliches Leben geführt und ein besseres als an der Pleiße.

Dann Johann Christian: Das ist der internationale Karrieremacher, der überbegabte Verschwender seines Talents, ein Lebemann auch, eine Vollnatur und keinem Vergnügen abgeneigt. Können wir uns Vater Bach in einer ähnlichen Welt vorstellen? Das strenge Bild des Thomas-Kantors scheint einen solchen Gedanken zu verbieten. Aber es hat auch den Bach von Köthen gegeben, den Hofmann, den Komponisten der Brandenburgischen Konzerte. Nach Köthen Dresden statt Leipzig oder in jungen Jahren eine ähnlich erfolgreiche Italienreise wie die des jungen Händel – und Bach wäre vielleicht doch der große weltliche Musiker geworden, der Schöpfer von Opern statt von Passionen.

Auch ein Friedemann-Schicksal ist nicht völlig undenkbar. Bach selbst stand zwar nicht im Schatten eines großen Vaters. Aber Friedemanns Züge finden wir auch bei Bach, den gleichen auftrumpfenden Jähzorn, die herrische Gebärde, das große, grobe Wort und die Neigung, bei jedem Fehlschlag gleich wieder auf Wanderschaft zu gehen. Und schließlich hätte auch das Schicksal des vierten Bach-Sohnes, Johann Christoph Friedrich, das Geschick des Vaters sein können.

Von den vier Söhnen ist Johann Christoph Friedrich der unauffälligste. Mit achtzehn wird er Musiker, später Konzertmeister bei den Grafen von Schaumburg-Lippe. Seine Heimat ist das Städtchen Bückeburg. Dort bleibt er fünfundvierzig Jahre lang bis zu seinem Tod, ein Musikant und brav. Kein Skandal verbindet sich mit seinem Leben, kein herausragender Erfolg. Aber er scheint mit diesem Leben so zufrieden gewesen zu sein, wie sich wahrscheinlich Bach selbst damit zufrieden gegeben hätte und so vielleicht am glücklichsten geworden wäre.

Über Johann Christoph Friedrich hält sich die Familie in direkter Folge am längsten. Johann Christian hat keine Kinder, von den beiden Söhnen Carl Philipp Emanuels überlebt der Vater den einen, der andere stirbt nur ein Jahr nach ihm selbst. Von Friedemanns mutmaßlicher Tochter weiß man nichts. Aber Johann Christoph Friedrichs Sohn, Friedrich Wilhelm Ernst, lebt bis 1845, Musiker wie Vater und Großvater, Kapellmeister der Preußenkönigin Luise und Musiklehrer ihrer Söhne. Er erlebt auch noch, wie sich das 19. Jahrhundert geradezu stürmisch des großväterlichen Werks bemächtigt.

Anders als Schütz wird Bach nie ganz vergessen sein. In Leipzig gehört seine Musik wie selbstverständlich zu öffentlichen Konzerten, und noch 1783 wird von einem ländlichen Fest vermeldet: »Das Chor Musikanten streicht wacker zu, debütiert mit Sonaten von Bach und schließt mit Gassenhauern«. Aber wie schon zu Lebzeiten der Komponist Bach nie so bekannt war wie der Instrumentalvirtuose, so wird auch nach seinem Tod Bach-Musik mehr beiläufig behandelt. Es hat sie gegeben, man kann sie noch spielen, nun gut. Das ist auch schon alles.

Erst in der frühen Hälfte des 19. Jahrhunderts ändert sich das. Beethoven bewundert Bach. Felix Mendelssohn wird einer seiner großen Wiederentdecker. Der Kosmos Bachscher Musik strahlt unverhofft mit einer solch schmerzenden Helle auf, daß sie den Betrachter fast blendet. Über Bach wird nicht mehr geurteilt, sondern nur noch jubiliert. Kein Vergleich scheint auf einmal zu groß, um nicht für Bach zu gelten. Er wird der fünfte Evangelist, das gottähnliche Wesen, der Übermensch. Bach auch ein Mensch aus Fleisch und Blut, mit Vorlieben und Schwächen, keineswegs nur sympathisch, eine sehr irdische Gestalt – solch schlichte Gedanken wären nackter Frevel gewesen. Um Bach liegt der Heiligenschein eines erdenfernen Genies, eines Gottvaters der Musik, ebenso glühend verehrt wie flammend verkitscht. Besonders der deutsche Protestantismus hatte sein Superidol gefunden.

Irgendwann muß sich dann auch bis Leipzig herumgesprochen haben, daß der Thomas-Kantor vielleicht doch keine ganz unwichtige Erscheinung war. Plötzlich ist man stolz auf ihn. Leipzig ernennt sich selbst zur Bach-Stadt und verzeiht sich alle ihre Sünden gegen ihn nur allzu gern. Um so heftiger wird nun auch an der Pleiße im allgemeinen Bach-Kult mitgetrommelt. 1843 ist es dann soweit. In Leipzig wird ein Bach-Denkmal enthüllt. Zu den Gästen der Festlichkeiten gehört auch Friedrich Wilhelm Ernst, der letzte lebende Bach-Enkel. Er ist über achtzig Jahre alt und längst in Pension. Geduldig läßt er den Kult mit dem Großvater über sich ergehen. Bescheiden geht er danach wieder beiseite. Zwei Jahre später stirbt er, und mit ihm endet nach dreihundert Jahren die Musikerfamilie Bach.

Dreihundert Jahre Familie Bach – sie wirkt in ihrer struppigen Vielfalt wie der Anblick einer Landschaft, wie die einst von Bach durchwanderte Heide vielleicht. Und mitten in dieser Landschaft entdecken wir, ein Rätsel, unnahbar, einen riesigen grauen Findling. Er gehört dazu. Aber er paßt eigentlich nicht hinein: das Werk Johann Sebastian Bachs, ohne Vorfahren, ohne Nachkommen. Bach hat einen Vater gehabt. Aber er hat keine Väter. Er hat Söhne, aber keinen Erben. Er ist ganz und gar einzigartig.

Wie aber diesen Ausnahmefall als Künstlertyp in seiner Zeit einordnen? Von Schütz hatte es geheißen, er sei der letzte große Diener der Musik gewesen. Auch Bach dient. Oder genauer: Er folgt Anweisungen. Aber anders als Schütz genügt ihm nicht die bestmögliche Erfüllung der auferlegten Pflicht. Die gestellte Aufgabe dient immer nur als Anlaß für die Entfaltung seiner Meisterschaft. Auch sein Glaube ist für den Komponisten Bach zutiefst nur Anlaß. Oder mit den Worten des Komponisten Carl Friedrich Zelter in einem Brief an den Bach-Bewunderer Goethe: »Als Kirchendiener hat er nur für die Kirche geschrieben, und doch nicht, was man kirchlich nennt. Sein Stil ist Bachisch, wie alles, was sein ist . . .« Und hellsichtig fügt Zelter hinzu: »Bachs Urelement ist die Einsamkeit . . .«

So steht Bach, als Musikertyp, doch näher beim »Genie« Beethoven als beim großen Diener Schütz. Und er ist zugleich ein großer Herr wie Händel, ein absoluter Herrscher in seinem Reich, nur eben insgeheim, in seinem heimlichen Weltreich. »Er will belauscht sein«, wie ein weiteres Mal Zelter an den Freund Goethe schreibt.

Händel hingegen braucht niemand erst zu belauschen. Ihn überhört man nicht. Im strahlendsten Licht der Öffentlichkeit lebt er vor aller Welt in seinem Reich, und niemand darf bestreiten, daß er dort der alleinige Herr ist. Damit gibt er zugleich ein Beispiel, daß auch in seinem Jahrhundert ein Künstlerleben nicht so arm und mies sein muß wie das von Bach.

Händel klopft Kardinälen auf die Schulter. Bach wird höchstens von einem Fürsten aus Köthen getätschelt. Händel streitet sich mit Herzögen herum. Bach steht brav hinter seinem Stuhl und muß sich seine Pflichten vorbeten lassen. Auch Händel hat Feinde. Auch über ihn wird ein Prinz in kokettem Mitleid näseln, der alte Herr sei doch passé. Aber Händel setzt allen Angriffen den hohnlachenden Triumph immer neuer Erfolge entgegen. Bach leistet sich allenfalls einmal einen Wutausbruch. Zum Schluß muß er doch immer wieder unter dem Gekeif seiner Gegner zusammenzucken.

Das vielleicht Schlimmste aber ist daran, daß diese Gegner aus ihrer Sicht völlig recht haben. Bach *war* für Arnstadt ein schlechter Organist. Sein Benehmen gegenüber dem Herzog von Weimar *war* dumm und taktlos. Und er *war* ein miserabler Thomas-Kantor. Aber niemand hat hinter seinen Schwächen das Besondere, das ganz und gar Einmalige dieses Mannes gespürt. Jeder hat ihn nur aus seiner eigenen kleinen Perspektive beurteilt und ihn auf die eigene Mittelmäßigkeit hinunterzuziehen versucht. Das ist die eigentliche Tragödie im Fall Bach. Das ist solchen Ausnahmemenschen gegenüber unser aller Tragödie. Und das Wort vom »unverdienten Geschenk an die Menschheit«, das meist auf Mozart angewendet wird – es gilt erst recht für Johann Sebastian Bach.

GEORG FRIEDRICH HÄNDEL
Der große Herr

Händel ist der größte Komponist,
der je gelebt hat.
Ich würde mein Haupt entblößen
und auf seinem Grab niederknien.

Ludwig van Beethoven
über Georg Friedrich Händel

Das Duell der Giganten

Im kleinen Gotteshaus rauscht und braust es. Jemand spielt die Orgel, wie man es im kleinen oberthüringischen Städtchen noch nie gehört hat. Die ungewohnten Klänge locken den Schulmeister herbei. Vor der Kirche steht ein breit ausladender Reisewagen. Pferde stampfen. Bedienstete halten die Zügel. Es muß ein vornehmer Mann sein, der dort spielt.

Zögernd betritt der Schulmeister die Kirche. Auf Zehenspitzen steigt er zur Empore hoch. Im Halblicht kann er nur einen Schatten erkennen, einen breiten Rücken und eine gewaltige Perücke über einem markanten Schädel. Behutsam schleicht sich der Schulmeister heran. Die Orgel braust im vollen Ton, schwillt wieder ab. Das Spiel endet mit einem kräftig triumphierenden Akkord. Der Schulmeister hält den Atem an. Er wispert zum breiten Rücken hin: »Herr Bach, nicht wahr?«

Der Fremde fährt herum. Er springt auf. Wut verzerrt sein Gesicht. Entsetzt weicht der Schulmeister zurück. Aber zu spät: Der Fremde packt ihn, schüttelt ihn, wirft ihn die Treppe hinunter. Benommen starrt der arme Mann die Empore hinauf. Nein, das ist nicht Johann Sebastian Bach. Das ist Georg Friedrich Händel.

Auch diese Geschichte dürfte wie die von Bachs Geburt zu Orgelklang nur gut erfunden sein. Wäre sie aber wahr, müßte sie um 1716 spielen. In diesem Jahr bereist der längst weltbekannte Händel die alte Heimat. Sicher hat er dabei vor der einen oder anderen Kirche halten lassen und ihre Orgeln ausprobiert. Auch sein Jähzorn, seine ungehemmten Wutausbrüche sind bekannt. Die Frage bleibt, warum ihn gerade der Name Bach so in Rage bringt. Doch davon später.

Zunächst einmal: Es steht seltsam um diese beiden größten Komponisten ihrer Zeit. Auf den ersten Blick hin verbindet die beiden nichts: der eine aus reichem, der andere aus armem Haus; der eine die ausschweifende Abenteurernatur, der andere ein grundsolider

Bürger; der eine von frühem Weltruhm umstrahlt, der andere bis zum Schluß der biedere Thomas-Kantor. Ganz Weltstadt der eine, Provinz der andere: Die Unterschiede gehen bis in den privatesten Bereich hinein. Bach gilt als Urbild des treusorgenden Familienvaters. Händel bleibt sein Leben lang Junggeselle.

Dennoch kommt es dieses Leben lang zu Überschneidungen. Schon bei der Geburt fängt das an. 1685 wird Georg Friedrich Händel geboren, am 23. Februar, nur vier Wochen vor Bach. Sein Geburtsort ist Halle, nicht allzuweit entfernt von Eisenach. Von der Mutter her soll böhmisches Blut in seinen Adern fließen. Das wird auch von der Familie Bach behauptet. Weißenfels, Schütz' Heimatstadt, spielt in beider Leben eine Rolle. Bach führt dort seine Jagdkantate auf und gastiert später als Hofkapellmeister. Händel hört dort zum ersten Mal höfische Musik. Und in seiner Geburtsstadt Halle bewirbt sich Bach als Organist. Wäre er es geworden: Er wäre Nachfolger von Friedrich Wilhelm Zachow gewesen. Zachow ist aber Händels Lehrmeister.

1705 reist Bach nach Lübeck und hört dort Buxtehudes Abendmusiken. Kurz vor ihm sind zwei andere junge Männer beim Altmeister, Händel und sein Freund Johann Mattheson. Auch ihnen könnte der alte Buxtehude das Angebot gemacht haben, seine Tochter zu heiraten und sein Nachfolger zu werden. Die beiden wahren mühsam die Fassung. Erst auf der Heimfahrt prusten sie los: Dieses alte Mädchen zu heiraten, welch Gedanke! Bach dürfte das Angebot ernster genommen haben. Für den mittellosen kleinen Aufsteiger bietet sich eine einmalige Chance, und fast wundert es, daß sie Bach nicht wahrnimmt.

Bach kehrt nach Arnstadt zurück. Händel bricht bald darauf zur Weltkarriere auf. Damit scheinen sich beider Wege endgültig zu trennen. Der Jubel um den einen weht an den anderen wie ein fernes Echo heran. Bach bewundert Händel. Händel kennt von Bach kaum den Namen. Immer wieder versucht Bach, mit Händel Verbindung aufzunehmen. Es mißlingt jedesmal. *Will* Händel Bach am Ende gar nicht sehen? Womit wir wieder bei dem seltsamen Zwischenfall von 1716 wären.

Zwei Erklärungen sind denkbar. Einmal reagiert Händel, der Weltstar, nur deshalb so gereizt, weil ihn ein kleiner Schulmeister nicht gleich erkennt. Oder Händel hat von Bachs Ruf als Virtuose gehört. Natürlich braucht er nicht ernst zu nehmen, wer in der sächsischen Provinz der Abgott ist. Aber diese Provinz ist doch auch die eigene

Heimat. Nirgendwo will man so anerkannt sein wie gerade dort. Und ausgerechnet in seiner Heimat passiert es ihm, daß er mit einem kleinen Hofkapellmeister aus Weimar verwechselt wird.

Es gibt noch eine dritte Erklärung. Natürlich ist der Name Bach für Händel ein Begriff, und zwar von Jugend an. Bach – das ist in Sachsen fast gleichbedeutend mit Musik und Musikern. Und da ist nun ein kleiner Junge, der sich nichts sehnlicher wünscht, als Musiker zu sein. Aber er ist kein Bach. Seine Familie hat nichts mit Musik im Sinn. Der Vater bemüht sich kräftig, seinem Sohn alle musikalischen Flausen auszutreiben. Und der denkt: Ja, wenn ich ein Bach wäre ... Jetzt aber, da er endlich Musiker geworden ist und sogar ein weltberühmter, legt sich wieder der Schatten Bachs über ihn. Aller Weltruhm scheint in der Heimat nicht zu gelten. Man hat die Bachs und damit gut. Da mag dann plötzlich manch schmerzende Erinnerung an die Kindheit aufreißen. Und polternd fällt der Schulmeister die Treppe hinunter ...

Von dieser Kindheit wissen wir eigentlich nur, daß Händel schon in seinen frühesten Jahren nichts als Musik im Kopf zu haben scheint. Die Legende malt ein rührendes Bild: Der Junge hat auf dem elterlichen Dachboden ein Wunderding entdeckt: ein kleines Klavier. Nachts schleicht er hinauf, im Hemd, auf bloßen Füßen. Er setzt sich an das Instrument und fängt zu spielen an, ganz leise zunächst. Der Zauber der Musik umfängt ihn. Er spielt lauter, versinkt in seinen Träumen. Plötzlich wird die Tür aufgerissen. Im Rahmen stehen Vater und Mutter. Sie starren den kleinen Klavierspieler an: Das ist ja ein Wunderkind, ihr Sohn! Sie sind mehr entsetzt als begeistert.

Denn sehen wir uns diese Eltern an: Die Mutter ist noch jung, um dreißig Jahre jünger als ihr Mann, Tochter eines Pastors, eine gutherzige, mütterliche Frau. Sie vergöttert ihren Sohn, und er hängt sein Leben lang an ihr. Den Vater zeigt ein Bild aus seinen späten Jahren als einen sehr gepflegten Mann, Bürger durch und durch, als einen, der es in seinem Leben mit Verstand und Können zu etwas gebracht hat und sich dabei durch Gefühle und anderen Luxus nicht ablenken läßt.

Der Großvater war Kupferschmied. Der Vater bringt es zum Barbier und Wundarzt. In erster Ehe heiratet er die um zehn Jahre ältere Witwe eines Kollegen. Das ist ein guter Ausgangspunkt für die Karriere. Außerdem wütet gerade der Dreißigjährige Krieg. Wundärzte haben Hochkonjunktur. Der Vater tritt in schwedischen, sächsischen und kaiserlichen Dienst. Er wird von allen Parteien gebraucht und reich dabei. Nach dem Krieg kann er es sich leisten, in Halle ein ehemaliges Wirtshaus zu kaufen und es zu einem stattlichen Wohnhaus umzubauen. Hier verlebt der junge Händel seine ersten Jahre.

Eine Jugend also wie die von Schütz: bürgerliches Elternhaus, solider Wohlstand, eine tiefbürgerliche Welt um ihn herum. Aber Vater Schütz hatte die musischen Neigungen seines Sohnes toleriert. Vater Händel toleriert sie nicht. Sie sind für ihn nur Zeitvertreib, um nicht gleich zu sagen: Zeitverschwendung. Sein Sohn ein Musiker – das ist undenkbar. Der Vater sieht ihn als Juristen. Das ist der bürgerliche Traumberuf dieser Zeit. Schütz soll Jurist werden, Bach läßt seine beiden ältesten Söhne Jura studieren. Jura scheint auch die Zukunft Händels zu sein. Aber er will Musiker werden. Er wird es. Eine Reihe von Glücksfällen gehört allerdings dazu.

Glücksfall eins: Vater Georg Händel, seines Zeichens fürstlich sächsischer und kurfürstlich brandenburgischer Leibchirurg, hat zuweilen in Weißenfels zu tun. Das ist nun nicht mehr die bieder-bürgerliche Kaufmannsstadt der Schütz-Zeit. 1680 hatte der sächsische Herzog hierher seine Residenz verlegt, und das höfische Leben wirft seinen Schimmer auf die behäbigen Bürgerhäuser und gebuckelten Pflaster. Der junge Händel darf seinen Vater gelegentlich nach Weißenfels begleiten. Wie Bach in Celle starrt nun Händel in eine neue Welt.

Dabei ist auch Halles Kulturleben so übel nicht. Es gibt in den Kirchen tüchtige Organisten und gute Chöre. Theater wird gespielt, viel Shakespeare darunter. Aber das alles reicht eben doch nicht an die Prachtentfaltung eines Fürsten heran. In Weißenfels gibt es eine Oper. Fast täglich werden Konzerte aufgeführt. Und dann öffnet sich der Himmel aller Seligkeit: Das Kind Händel darf selber spielen. Aufmerksam hört ihm Herzog Johann August zu.

Der Herzog ist ganz Güte und Verständnis. Er winkt den Vater heran: ob er seinen begabten Sohn nicht ausbilden lassen wolle. Vater Händel antwortet mit einer tiefen Verbeugung. Sein Fürst entläßt ihn mit einer milden Handbewegung. Er mag nur so dahingeplaudert haben. Für seinen Leibchirurgen ist aber das fürstliche Wort Befehl. So mag denn Georg Händel heimlich mit den Zähnen knirschen. Aber sein Sohn bekommt jetzt seine Ausbildung. Und da es nun einmal sein muß, die in Halle denkbar beste, wie es sich beim Sohn eines angesehenen Bürgers gehört.

Glücksfall zwei: Händels Lehrer wird Friedrich Wilhelm Zachow. Er gehört nicht zu den großen Musikern seiner Zeit. Aber er hat Geschmack, Kultur und ein umfassendes Wissen. Er versteht dieses Wissen weiterzugeben. Im übrigen gibt es noch seine umfangreiche Bibliothek. Händel versenkt sich in ihre Schätze. Er ist kaum zehn, als er sich schon in italienischer, französischer und englischer Musik auskennt. Er beherrscht die Grundregeln der Komposition. Er komponiert auch selbst.

Von diesen ersten Versuchen ist kaum etwas erhalten. Auch Händel selbst nimmt seine ersten Fingerübungen nicht ernst. Als viele Jahre später auf krausen Umwegen eine dieser Frühkompositionen in seine Hände gelangt, wird er nur mit lächelndem Achselzucken meinen, damals hätte er eben »wie der Teufel« komponiert. Und er fügt noch hinzu, die Oboe sei sein Lieblingsinstrument gewesen. Daneben beherrscht er Klavier und Orgel, wohl auch die Geige. Aus Zachows Musikunterricht geht er als fertiger Musiker hervor.

Aber immer noch wünscht der Vater, daß der Sohn Jurist wird und sonst nichts. So muß wohl als Glücksfall drei in Händels Leben gewertet werden, daß der Vater stirbt, bevor er den Weg des Sohnes endgültig verpfuscht hat. Lange liegt sein Schatten über dem jungen Mann. Noch 1702, als der Vater schon fünf Jahre tot ist, tritt der Sohn brav zum Studium an der Universität von Halle an. Doch bleibt das die allerletzte Gehorsamsgeste. Händels eigener Entschluß ist längst gefällt.

Wieder gibt es einen Glücksfall in Händels jungem Leben. Um die Jahrhundertwende reist er nach Berlin. Genauer Zeitpunkt und eigentlicher Anlaß sind unbekannt. Die Folgen werden um so deutlicher. Denn in Berlin erlebt Händel die Musik seiner Zeit in ihrer üppigst blühenden Form.

Über der preußischen Hauptstadt liegt noch nicht das trostlose Grau des Soldatenkönigs. Auf dem Thron sitzt noch dessen Vater Friedrich I. Allerdings regiert weniger er als seine Frau Sophie Charlotte, eine Prinzessin von Hannover. Die Meinungen über Sophie Charlotte sind geteilt. Die einen halten sie für eine versponnene Hysterikerin. Andere rühmen ihren Kunstverstand. Gewiß ist sie hochmusikalisch, und unter ihrem Einfluß wird Berlin eine Metropole zeitgenössischer Musik.

Hier ist alles eine Nummer größer als in Weißenfels. Für Opernaufführungen holt man sich die besten Sänger ihrer Zeit. Wie in Dresden geben auch in Berlin Italiener den Ton an. So rauschen sie denn an

Händel vorbei, keine geduckten kleinen Musiker, sondern die großen Stars aus dem Süden, selbstbewußt und hochmütig. Schon ihre Namen klingen wie Musik: Ariosti, Bononcini, Corelli ... Ihr Glanz läßt Händel nie mehr los. Jetzt sieht er das Ziel, das er sich selber steckt. Ein solcher Star sein – dann ist man selbst in Halle ein großer Mann.

Die näheren Umstände dieser Reise sind, wie gesagt, nicht bekannt. Aber mit einiger Sicherheit scheint Händel Gelegenheit gehabt zu haben, auch sich selbst zu produzieren. Das Herrscherpaar sitzt im Parkett. Und wieder setzt die Legende ein: Friedrich I. zeigt sich nicht weniger entzückt als der Sachsenherzog. Er bietet dem jungen Virtuosen sogar an, ihn auf seine Kosten nach Italien zu schicken und ausbilden zu lassen.

Händel widersteht der Versuchung. Er kehrt nach Halle zurück und beginnt sein Jurastudium. Aber vom Bazillus Musik ist er nicht mehr zu kurieren. Und kein Vater hält ihm länger Strafpredigten, er würde eines Tages im Straßengraben als herumziehender Bierpfeifer enden.

Kurze Zeit scheint es, als könne Händel in Halle Studium und Neigung verbinden. Er wird, auf Probe, Organist am Dom von Halle. Man denke: Gerade siebzehn ist er, als er bereits eine Stellung erreicht, von der um diese Zeit der gleichaltrige Bach nur träumen kann. Sie wird mit fünfzig Talern im Jahr nicht einmal schlecht bezahlt. Eine solide Provinzkarriere zeichnet sich ab, wie sie Bach machen wird. Aber Händels Ehrgeiz reicht weiter.

Halle wird ihm zu eng, die Orgelbank im Dom zu schmal. Ein weiteres Mal mag sich der Schatten des Vaters über ihn legen. Sollen sich dessen düstere Prophezeiungen erfüllen? Bringt es der Sohn mit seiner Musik nicht weiter als bis zu einer kleinen Organistenposition? Nein, wenn schon Musiker, dann die ganz große Karriere, den Weltruhm, die allerhöchste Spitze – allein das kann übers Grab hinaus die Antwort auf alle väterlich-bürgerlichen Bedenken sein. An Händels Augen mag noch einmal der schillernde Reigen der großen Italiener vorüberziehen; wie herablassend sich diese Herren selbst im Umgang mit Fürsten geben, wie sie selber kleine Fürsten sind ...

Noch ein weiterer Glücksfall kommt hinzu: die Freundschaft mit Georg Philipp Telemann. Er reist gerade nach Leipzig, wo er unter anderem das Collegium musicum gründen wird, jenes Studentenorchester, das in den dreißiger Jahren Bach so viel Freude macht. In Halle macht Telemann Station. Er freundet sich mit Händel an. Noch ist er selbst kein Musiker, aber Musik spukt in ihm schon ebenso wie in Händel. Die Freunde dürften lange Gespräche geführt haben, wie sich als Musiker Karriere machen läßt. Man macht sie nicht in einem Nest wie Halle. Eine Großstadt muß es sein, Dresden wäre nicht übel, Berlin noch besser. Am besten ist Hamburg.

Deutschlands größte Handelsstadt hat um diese Zeit einen seltsam zwiespältigen Ruf. Zum einen regieren hier die Pfeffersäcke, die Kaufleute. Der Rechenstift schlägt den Takt, nicht der Dirigentenstab. Aber diese Pfeffersäcke haben ein erstaunlich weites Herz für Kunst. Vielleicht wollen es die freien Bürger nur den Fürsten gleichtun. Vielleicht hängt es mit dem Ruch von Internationalität zusammen, der vom Hafen her über die Stadt weht. Sie wirkt freier und toleranter als Städte und Residenzen im Binnenland. Für viele Künstler ist sie ein Traum. Schütz wünscht sich, dort seinen Lebensabend zu verbringen. Auch Bach sehnt sich nach Hamburg. Händel beläßt es nicht bei Wunsch und Sehnsucht. Er entscheidet: Hamburg ist sein erstes Ziel. 1703 reist er aus Halle ab, ohne festes Angebot, ohne Sicherheit.

Wieder ein Seitenblick zu Bach: In seinem Leben fehlen ähnlich mutige Entscheidungen. Er gibt eine Stellung immer erst auf, wenn die nächste schon in Sicht ist. Aber seine Voraussetzungen sind eben auch ganz anders. Händel kennt nicht den harten, nackten Existenzkampf von Jugend an. Er ist auch das von der Mutter verwöhnte Bürgersöhnchen, das immer bekommen hat, was es wollte. Auch mit Schütz kann man ihn nicht vergleichen. Wenn Schütz überlange zögert, seine bürgerliche Welt aufzugeben und dann scheinbar wider jede Vernunft in Dresden ausharrt, schwingt in ihm auch noch das Selbstverständnis des mittelalterlichen Menschen, an dem Platz bleiben zu müssen, wohin ihn Gott gestellt hat. Für Händel gilt ein solches Weltgefühl nicht mehr. Und mit allem Selbstbewußtsein eines abenteuerhungrigen Achtzehnjährigen tritt der kommende Gigant europäischer Musik in eine Welt, die dem anderen Giganten Bach sein Leben lang verschlossen bleibt.

Lustig ist das Opernleben

Er ist »groß, stark, breit und kräftig vom Leibe«. Er gibt sich elegant mit einem Schuß genialen Künstlertums. Über die ungepuderten

Haare stülpt er gern ein Samtbarett. Das Gesicht beherrschen die sehr großen, dunklen Augen und eine kräftige Nase. Mit ihr schnüffelt denn im Frühjahr 1703 Georg Friedrich Händel in die ungewohnte Luft: Salzgeruch vom Meer her, vermischt mit den Parfüms der großen Welt. Händel atmet sie begierig. Das ist ein anderer Duft als im Provinznest Halle.

In den Straßen, auf den Märkten herrscht Sprachgewirr. Englisch, italienisch, vor allem französisch, dazwischen deutsch – so redet es durcheinander. An der Elbe ist man international und will es sein. Schon sind die Beziehungen zu England stark ausgeprägt, und später wird es heißen, Hamburg sei eigentlich ein Vorort von London. Doch einstweilen ist noch Venedig das große Vorbild. Hamburg das Venedig des Nordens – jeder Hamburger hört das gern.

Händel sucht die großen Kirchen auf, von deren Kanzeln beim Gottesdienst nicht nur Predigt und Gebet, sondern auch die jüngsten Börsenkurse verlesen werden. Er trifft wohl auch die berühmten Organisten, den alternden Reinken, den jungen Vincent Lübeck. Aber sie wirken auf ihn nicht annähernd so stark wie auf Bach. Vielleicht ahnt er schon: Trotz seiner eigenen Arbeit als Organist sind Kirche und Kirchenmusik nicht eigentlich seine Welt. Jetzt braucht nur noch ein Anstoß zu kommen, um Händel die endgültige Richtung zu weisen. Der Anstoß kommt. Wieder hält das Schicksal einen Glücksfall bereit.

Händel schweift durch die Stadt. Er tritt in das ehrwürdige Halbdunkel der Magdalenenkirche und steigt zur Empore hoch. Er will sich wohl an der Orgel versuchen. Aber er ist dort nicht allein. Ein anderer, nicht viel älter als er, tritt ihm mit verbindlichem Lächeln entgegen. Man begrüßt sich, stellt sich vor. Der andere, sehr elegant und weltgewandt, nennt seinen Namen: Johann Mattheson. Händel hat den Freund gefunden, den er in genau diesem Augenblick braucht.

Allerdings ist Mattheson keine ganz unproblematische Natur, noch selbstbewußter als Händel, ein Herrentyp schon in jungen Jahren. Er kann ein guter Freund sein. Aber vom Freund verlangt er auch bedingungslose Unterordnung. 1681 geboren, aus wohlhabendem Haus wie Händel, hat er rasch Karriere gemacht. Er besitzt eine gute Tenorstimme und gilt als vorzüglicher Sänger. Er komponiert und dirigiert. Er beherrscht alle nötigen Instrumente. Aber seine wahre Stärke ist die Theorie. Hier ist er nicht zu schlagen. Er kennt alles, weiß alles. Mit grausamer Genauigkeit kann er bei jedem Werk den

Finger auf die schwache Stelle legen. Zugleich setzt er sich mit allem Nachdruck für jede Musik ein, die ihm gut und richtig zu sein scheint. Gut und richtig ist für ihn alles Neue und Moderne. Mattheson wird der fortschrittlichste Musikschriftsteller seiner Zeit.

Für Kirchenmusik hat er nur ein Achselzucken. Weltliche Musik interessiert ihn, genauer: die Oper. Sie ist das große Zauberreich, das noch erobert sein will. Und Mattheson vertritt hochmoderne Ansichten. Oper ist für ihn kein Konzert im Kostüm. Das Spiel der Sänger ist ebenso wichtig wie ihr Gesang. Daran glaubt Mattheson, dafür setzt er sich ein. Und jetzt steht er einem jungen Mann gegenüber, der von solchen Dingen noch keine Ahnung hat. Mattheson findet seinen Schüler. Behutsam nimmt er den Arm des neuen Freundes und führt ihn aus dem stickigen Kirchendunst fort und zum Hamburger Gänsemarkt hinüber. Dort liegt das Opernhaus, der Stolz der Stadt.

Wer einen Prachtbau italienischer Art erwartet, wird enttäuscht. Hamburgs Oper, ein spitzgiebeliger Fachwerkbau, nimmt sich wie eine bessere Scheune aus. Wäsche hängt davor auf langgespannten Leinen. Hier trocknen die Komödianten ungeniert ihre Kostüme. Hebt sich aber in dieser Scheune der Vorhang, ist alle Erbärmlichkeit vergessen. Denn nun funkeln Kulissen in allen Farben. Prächtige Kostüme werden vorgezeigt. Technische Tricks zaubern eine Wunderwelt auf die kahlen Bretter. Vom Orchester her dringt der satte Klang französischer Streichmusik in den Saal, während der Gesang mehr italienisch klingt und in die deutschen Texte immer wieder italienische Arien gestreut werden. Das Publikum versteht kein Wort und nimmt dabei keinen Schaden. Denn die Texte sind in der Regel miserabel. Um so herrlicher tönt die Musik.

Um 1703 ist die Hamburger Oper gerade fünfundzwanzig Jahre alt und hat doch schon eine recht bewegte Geschichte. Venedigs Opernhäuser sind das große Vorbild gewesen, als sich ein gewisser Gerhard Schott zur Gründung des Unternehmens entschloß. Sein Konzept war von Anfang an ein Kontrastprogramm zu den höfischen Bühnen. Dort waren Opern das Privatvergnügen der Fürsten und ihrer Höflinge. In Schotts »Öffentlichem und Volksopernhof« hatte aber jedermann Zutritt. Er ist eine Oper für Bürger. Am 2. Januar 1678 wird sie eröffnet.

Schon die Gründung verläuft nicht ohne Störmanöver. Von den Kanzeln der Kirchen tönt gellender Protest. Die Pastoren wettern gegen die neue Lasterstätte. Sie haben nicht einmal ganz unrecht. Denn die neue Oper ist bald auch ein Amüsiertempel, wo sich Lebejünglinge mit ihren Dämchen treffen und allerhand buntscheckiges Gesindel nistet. Aber die braven Bürger genießen diesen zusätzlichen Reiz. Und mag sich Schott in der Anfangsphase auch betont züchtig geben und sein Programm mit einem frommen Spiel über die Erschaffung Adams eröffnen: Die Zuschauer wollen genau das, worüber die Pastoren so empört sind. Sie wollen kein himmlisches, sondern ein sehr irdisches, ein »diabolisches« Theater. So wird denn vor den Kulissen geliebt und gemordet und dahinter gehurt und gesoffen. Die Oper ist das große, sündig knisternde Vergnügen.

In diese Welt tritt jetzt Händel ein. Freund Mattheson ist hier schon lange zu Hause. Er gehört zu den bekanntesten Sängern des Hauses, ein junger Star, der sich von einem hingerissenen Publikum anschmachten läßt. Eigentlicher Star kann aber an der Hamburger Oper nur einer sein: ihr Direktor Reinhard Keiser.

Von Hause ist Keiser Komponist, ein Mann übersprudelnder Einfallsfülle, dem die Ideen nur so zuströmen. Wie viele Opern er insgesamt geschrieben hat, kann nur geschätzt werden. Allein achtzig werden in Hamburg uraufgeführt und reißen das Publikum durch ihre bunt und selig dahinflutende Melodienfülle immer wieder mit. Auch Händel ist hingerissen. Das sprengt all seine Vorstellungen streng geformter Kirchenmusik. Keiser wird sein erster großer Anreger. Aber nicht nur der Komponist fasziniert den jungen Mann aus Halle.

Hamburgs Operndirektor versteht nicht nur zu komponieren. Er weiß auch zu leben. Seine Feste sind Stadtgespräch. Dort strömt dann der Tokajerwein, Leckerbissen aller Art werden aufgetragen, und auch an anderen Genüssen ist kein Mangel. Denn wo sich Keiser aufhält, sind in der Regel schöne Frauen nicht fern. Über seine ständigen Affären, noch zahlreicher als seine Opern, schüttelt das sittsame Hamburg den Kopf, um dem Lebemann auf dem Direktorensessel doch immer wieder zu verzeihen. Zu schön sind seine Melodien, zu viel versteht er von Theater, als daß ihm seine ausgiebigen Laster ernstlich verübelt werden könnten.

Keiser hat für Talente einen sechsten Sinn. Er holt erstklassige Sänger heran und baut ein vorzügliches Orchester auf. Jetzt steht Händel vor ihm, und Keiser engagiert ihn prompt als Zweiten Geiger. Das ist keine besonders glänzende Position. Aber von Anfang an weiß Händel auf sich aufmerksam zu machen.

Man versammelt sich zu einer ersten Probe. Händel stellt sich den

Kollegen vor. Noch grinsen sie: mal hören, was dieser junge Mann zu bieten hat. Er bietet allerhand. Seine Begriffsstutzigkeit treibt selbst den Gutmütigsten zur Verzweiflung. Er geigt, daß es den anderen kalte Schauer über den Rücken treibt. Keiser wird aufmerksam: ob sich Händel denn wenigstens am Klavier auskenne? Händel hebt verlegen die Schultern, ganz der große, dumme Junge aus der Provinz. Schwerfällig stapft er zum Instrument. Die Kollegen stöhnen gottergeben auf. Und dann läßt der eben noch so tolpatschige Anfänger das Instrument aufbrausen, daß die anderen nur noch gebannt zuhören können. Jetzt ist es an Händel, übers ganze Gesicht zu grinsen, und die anderen fangen zu lachen an. Sie verstehen endlich den Scherz, den sich ihr junger Kollege erlaubt hat.

So fröhlich wie der Auftakt verspricht die gesamte Hamburger Zeit zu werden. Mattheson gibt sich als der beste Freund der Welt. Sie musizieren gemeinsam und unternehmen Ausflüge und Flußpartien. Mattheson, in allen Sätteln gerecht, führt Händel in die Hamburger Gesellschaft ein. Dort sind Künstler die Prunkstücke der patrizischen Salons. Händel lernt, sich über Hände zu neigen und weltgewandt zu plaudern. Mild schimmern die Kerzen, Erfrischungen werden gereicht. Händel nippt an seinem Glas und verbeugt sich voll liebenswürdiger Gelassenheit. Das also ist Gian Gastone Prinz von Toscana aus dem Haus der Medici und dies der Konsul Ihrer britischen Majestät, John Wyche – angenehm, sehr angenehm ...

Zu Wyche wird der Kontakt besonders angenehm. Denn der reiche Mann sucht einen Musiklehrer für seine Kinder. Mattheson, unermüdlich, hilft unauffällig nach, und Händel bekommt den Auftrag. Man ist mit ihm zufrieden. Sein Ruf spricht sich herum. Bald gehört es zum guten Ton, beim jungen Mann vom Opernhaus Musikstunden zu nehmen. Das tut auch seiner Kasse gut. Noch 1703 hatte er sich von der Mutter unterstützen lassen. Jetzt verdient er schon so viel, daß er die Mutter unterstützen kann, ein guter Sohn sein Leben lang. Und im Hintergrund lächelt Mattheson. Neben anderem ist er auch ein trefflicher Geschäftsmann, und Händel zeigt sich als sein bester Schüler. Die Harmonie zwischen den beiden könnte nicht größer sein.

Ganz allmählich kommt ein Wandel. Erster Anlaß für das künftige Zerwürfnis ist dabei eine Holland-Reise Matthesons. Nach außen hin scheint noch eitel Sonne. Die beiden tauschen herzliche Briefe aus, und Händel erwähnt auch ein Mädchen, der einzige Hinweis auf eine intimere Frauenbekanntschaft in seiner Hamburger Zeit. Aber zugleich erlaubt er sich, was ihm der freundschaftliche Tyrann Mattheson nie verzeihen wird. Er tut etwas, ohne ihn zu fragen.

Zu Händels Hamburger Bekannten gehört auch ein gewisser Postel, ein Pastor mit einer unausrottbaren Vorliebe für die Oper. Er hat, mehr schlecht als recht, eine Unzahl miserabler Textbücher verfaßt. Jetzt ist er alt und krank. Reue tritt ihn an: ob es vor dem Herrgott nicht doch eine Sünde war, sich immer nur in seiner Dichtung mit irdischen Dingen beschäftigt zu haben? Wenigstens am Ende soll ein frommes Werk stehen, eine Johannes-Passion. Händel soll die Musik schreiben. So wird am 17. Februar 1704 seine Johannes-Passion uraufgeführt, und Musikkritiker Mattheson macht sich über den Rückfall in eine längst überholte Form ausgiebig lustig.

Aber ist Händel überhaupt noch ein Freund? Ist er nicht vielmehr ein Rivale geworden? Längst sitzt er nicht mehr bescheiden auf seinem Platz als Zweiter Geiger. Er spielt jetzt das Cembalo und dirigiert das Orchester. Und Keiser hat bei ihm auch schon eine eigene Oper in Auftrag gegeben. Gemächlich, aber unaufhaltsam droht Händel dem Freund über den Kopf zu wachsen, und Mattheson kann nicht mehr wie früher die ihm teure Rolle des allwissenden Beschützers spielen. Das schmerzt. Der Konflikt spitzt sich zu und führt schließlich zur groteskesten Episode in Hamburgs Operngeschichte.

Der 5. Dezember 1704 ist ein schöner Tag. Passanten flanieren über den Gänsemarkt. Drinnen im Opernhaus wird gerade »Kleopatra« uraufgeführt, eine Oper von Johann Mattheson. Er singt auch die Rolle des Antonius. Händel dirigiert. Ein großer gemeinsamer Erfolg zeichnet sich schon ab. Da fliegt plötzlich die Tür auf. Geschrei dringt auf die Straße. Die Menschen bleiben stehen. Sie sehen zwei junge Leute hinaus auf den Marktplatz stürmen, die gezogenen Degen in der Hand. Die Passanten staunen: Das sind doch Händel und Mattheson, das berühmte Freundespaar. Und jetzt gehen sie mit der Waffe in der Hand aufeinander los und scheinen sich zerfleischen zu wollen – das ist ja schrecklich! Das muß man sich ganz genau ansehen!

Dabei hatte alles völlig harmlos angefangen. Mattheson hatte lediglich an seinem eigenen Werk einen schrecklichen Fehler festgestellt. Zwar durfte sein Antonius sehr viel und schön singen, aber nur im ersten Teil der Oper. Dann mußte er sich entleiben, um anschließend still und unauffällig in die Kulisse abzugehen. Der ganze Schluß, eine halbe Stunde lang, würde Kleopatra gehören und ihrer Sängerin der abschließende Applaus. Das kann ein Star wie Mattheson nicht dulden.

Er hat einen Einfall. Wenn sein Part gesungen ist, verschwindet er nicht einfach von der Bühne. Vielmehr steigt er ins Orchester und nimmt dort den Platz des Dirigenten ein. Hamburg würde staunen: Der Erste Tenor ist zugleich ein Erster Dirigent – was wohl Freund Händel davon hält? Dessen Antwort: nichts! Er weigert sich schlicht, bei diesem Spiel mitzumachen.

Er und kein zweiter dirigiert »Kleopatra«, und Mattheson hat im Orchester nichts zu suchen.

Die Aufführung kommt. Mattheson steht im Kostüm des Antonius auf der Bühne. Er singt seine Partie und bekommt rauschenden Beifall. Er rammt sich das Schwert in den Leib, und das Blut spritzt aus der Schweinsblase unter seinem Arm. Der Beifall wird noch lauter. Mattheson, sehr lebendig, verneigt sich tief und will nun ins Orchester gehen, um Händel mit glattem Lächeln beiseite zu schieben. Händel klammert sich an seinen Platz. Die Musik bricht ab. Im Publikum kommt Unruhe auf. Alles beugt sich vor, um die Vorgänge im Orchester besser zu sehen. Dort hat Mattheson, nun schon recht unsanft, Händels Arm gepackt. Der schüttelt ihn ab und stößt ihn zurück. Der Streit ist nun schon ein regelrechtes Handgemenge. Mattheson flüchtet auf die Straße, Händel hinterher, hinaus auf den Gänsemarkt. Ihre Degen klirren. An Körperkräften ist Händel überlegen. Aber Mattheson ist der bessere Fechter.

Man versucht, die beiden zu trennen. Der Kampf, von eindrucksvollen Flüchen untermalt, wird nur noch hitziger. Matthesons Degen zielt jetzt auf Händels Brust. Er sticht zu, und der Stich könnte tödlich sein. Aber Händel hat Glück. Eine breite Metallschnalle an seinem Rock fängt den Stoß ab. Händel taumelt, ringt nach Luft. Mattheson läßt die Waffe sinken. Er begreift, was er fast angerichtet hätte, und der Schock überkommt ihn. Er fängt den Freund auf und schließt ihn wortlos in die Arme. Auch Händels Wut scheint verraucht. Schweigend verlassen sie den Markt, und Hamburg hat fürs erste Gesprächsstoff.

Für die beiden scheint die plötzlich aufgeloderte Feindschaft ausgestanden zu sein. Man sieht sie wieder einträchtig beisammen. Mattheson besucht die Proben zu Händels erster Oper, und sie streiten, scherzen und diskutieren wie früher. Dennoch hat sich ihre Beziehung verändert. Händel ist jetzt schon zu bekannt und selbstbewußt, um länger in Matthesons Schatten zu stehen. Seine erste Oper kann das nur unterstreichen.

Eigentlich kommt er mehr zufällig zu diesem Auftrag. Ein Stoff liegt vor, »Almira«, eine wie immer recht dünne Geschichte, die durch ein klägliches Textbuch nicht besser wird. Ursprünglich hatte sie der vielbeschäftigte Keiser selbst vertonen wollen. Aber dann schiebt er die Aufgabe seinem jungen Mitarbeiter zu. Die erste Händel-Oper entsteht, übrigens die einzige mit deutschem Text. Sie wird kein Meisterwerk. Aber sie hat Erfolg. Mit über zwanzig Aufführungen ist sie der Schlager der Spielzeit.

Jetzt hat Händel Opernblut geleckt. Schon entsteht seine zweite Arbeit, »Nero«, und nach dem Riesenerfolg des Erstlings wird »Nero« der erste riesige Mißerfolg, der gleich wieder vom Spielplan verschwindet. Aber Händel ist nicht mehr aufzuhalten. Er beginnt eine dritte Oper, »Florindo«. Sie gerät überlang, und als sie endlich aufgeführt wird, muß sie in zwei Teile aufgesplittert werden. Dazu wird sie noch von einem erfolgsgierigen Direktor durch allerlei populär gemeinte Einlagen bis zur Unkenntlichkeit entstellt. So bleibt aus Händels Hamburger Zeit nur seine »Almira« und wird einen besonders innigen Bewunderer finden: Johann Sebastian Bach.

Jener Direktor ist nicht mehr Reinhard Keiser und Händel zum Zeitpunkt der »Florindo«-Aufführung nicht mehr in Hamburg. So stürmisch, wie sie begonnen hatte, geht seine Zeit an der Elbe zu Ende. 1706 bricht Händel nach Italien auf, wieder ohne Angebot und Sicherheit, in aller Eile und Heimlichkeit. Matteson erhält nicht einmal einen Abschiedsbrief.

Über die Gründe dieser fast fluchtartigen Abreise ist viel gemunkelt worden. Der nicht mehr zu heilende Bruch mit Matteson wird ebenso genannt wie die mutmaßliche Eifersucht Keisers, der mit einer eigenen »Almira« einen gründlichen Mißerfolg hat. Doch wie immer: Zur Zeit von Händels Abreise steht es um Hamburgs Oper nicht gut. Keiser mag vieles sein, nur kein Kaufmann. Sein Schuldenberg wächst, und Keiser muß vor seinen Gläubigern schließlich regelrecht flüchten. Händel, mit dem Opernbetrieb vertraut, mag das alles geahnt und rechtzeitig die Konsequenz gezogen haben.

Doch zugleich erlebt man einen Grundzug seines Wesens: eine Umwelt, eine Situation, auch Menschen so lange zu benutzen, wie er sie braucht. Hat er seinen Teil, wendet er sich abrupt ab. Alles Vorangegangene scheint dann für ihn vergessen zu sein. So war es mit

Halle, und so ist es nun mit Hamburg. Mattheson zum Beispiel wird Händel trotz aller früheren Verbundenheit und aller großen Verdienste des Freundes um ihn nie wiedersehen. Ein neuer Abschnitt, eine neue Station, ein ganz neues Leben: Nach dem Venedig des Nordens strebt Händel nun dem Venedig des Südens zu.

»Es lebe der liebe Sachse!«

Im Theater herrscht Chaos. Die Holzwände beben. Der Kronleuchter klirrt. Die Musiker können kaum eine längere Passage ohne Unterbrechung spielen. Auch noch in die geringste Pause prasselt der Beifall hinein. Und immer wieder der eine Ruf: »Viva il caro Sassone!« Er kommt im Parkett auf, findet auf den Rängen sein Echo und wird schließlich zum einzigen großen Aufschrei: »Es lebe der liebe Sachse!« Der liebe Sachse ist natürlich kein anderer als Georg Friedrich Händel. An diesem 26. Dezember 1709, da im überfüllten Theater San Giovanni Crisostomo seine Oper »Agrippina« uraufgeführt wird, hat Venedig seinen neuen Liebling gefunden, und ganz Europa hört den Beifall. »Agrippina« wird Händels erster Welterfolg.

Mehr als drei Jahre ist es nun her, daß sich der junge Mann aus Halle fast verstohlen über die italienische Grenze schlich. Jetzt steht er mitten im Sonnenlicht, wo es am hellsten brennt, und hört die Menschen jubeln, nicht nur im Theater, auch auf den Straßen und Plätzen, aus den Gondeln und von den Balkons herab. Denn die Oper ist in Italien ein Volksvergnügen, und wer es diesem Volk bereitet, wird von ihm in herzlichen Überschwang in die Arme geschlossen. Italien ist Händels große Schule geworden. Er besteht die Abschlußprüfung mit Eins. Für diese drei Jahre gibt es keine exakte Chronik. Dreimal scheint Händel längere Zeit in Rom gewesen zu sein, je zweimal in Florenz und Venedig, einmal in Neapel. In welcher Reihenfolge bleibt offen und ist im Grunde gleich. In diesen Jahren bietet sich immer wieder das gleiche Bild: Die Tore der Palazzi öffnen sich. Der junge Mann tritt ein und brilliert auf Orgel und Cembalo. Die Mächtigen und Reichen laden ihn zu Tisch und bitten ihn fast demütig auf ihre Landsitze. Er darf in ihren Kutschen fahren und in ihren Häusern wohnen, »mit freyer Tafel, Kutsche und aller übrigen Bequemlichkeit«, wie es in einem Bericht über seinen Neapel-Aufenthalt heißt.

Der junge Händel

Ohne Mühe findet sich Händel in dieser Welt zurecht. Er sieht gut aus, ein hochgewachsener Hüne, der die meisten Italiener um Hauptteslänge überragt, und hat blendende Manieren. Mit Fürsten und Kardinälen verkehrt er wie mit seinesgleichen, »und glücklich war derjenige, der ihn zuerst erhielt und am längsten bewirtete«, wie es weiter in dem Bericht heißt. Italiens Oberschicht liebt diesen Mann aus Sachsen, und er erwidert die Liebe, zu den Menschen, dem Land, der italienischen Musik.

187

Das war zunächst gar nicht selbstverständlich gewesen. Denn Händels ursprüngliche Einstellung gegenüber dieser Musik gleicht der Meinung seiner meisten Landsleute. Natürlich bestreitet niemand den Rang italienischer Musik. Aber es bleiben doch »welsche Klänge«, und die lehnt man eigentlich ab. Und Händel zuckt verächtlich mit den Achseln, als ihm in Hamburg sein Medici-Freund Gian Castone einige italienische Kompositionen zeigt: recht nett, gewiß. Aber um solche Musik zu singen, brauche man Engelsstimmen.

Händel kann es noch nicht wissen: Was im feinen Grau Hamburger Nebeltage vielleicht übertrieben und aufdringlich wirkt, gewinnt in der grellen Farbenpracht des Südens eine ganz andere, natürliche Ausdruckskraft. Auch kennt er um diese Zeit die ungleich volleren, weicheren italienischen Stimmen noch nicht. Das alles erfährt er erst an Ort und Stelle. Dort korrigiert er sofort sein Urteil. Er nimmt italienische Musik so gierig in sich auf, daß sie bald wie seine eigene wirkt. Dennoch wird er nie der verhinderte Italiener sein. Er bleibt Georg Friedrich Händel.

Seine erste Station soll eigentlich Venedig sein. Doch macht er dann einen Bogen um die Lagunenstadt. Denn auf dieser Reise diktiert ein heimlich-unheimlicher Gefährte die Route, der große Krieg, der wieder einmal ausgebrochen ist. Eine gewaltige Allianz rückt im Kampf um das spanische Erbe gegen den französischen Sonnenkönig vor, Italien ist das bevorzugte Schlachtfeld, und an der Spitze der Allianz steht ein kleiner, etwas verwachsener Mann mit spitzer Nase im verkniffenen Gesicht: Prinz Eugen, der wahrscheinlich größte Feldherr seiner Zeit. Gerade hat er mit seinem Stab in Venedig Winterquartier bezogen, und Händel zeigt keine Lust, an machtpolitischen Zänkereien anderer teilzunehmen. Also keine Begegnung zwischen dem großen Musiker und dem größten aller Feldherren: Händel zieht an Venedig vorbei und nach Florenz weiter.

In Florenz hatte die Sippe der Medici im 15. und 16. Jahrhundert ihren Stadtstaat aufgezogen. Hier war ein Hort italienischer Kunst, und noch über die Jahrhunderte hin klingen die großen Namen von damals: Uccello, Botticelli, auch Leonardo, Raffael ... Aber das ist lange her. Mit den Jahrzehnten verblaßt der Glanz. Und auch mit der vielgerühmten Musikalität der Medici ist es nicht weit her. Zwar bildet sich Thronfolger Ferdinand viel darauf ein und hat in seinem Landhaus sogar eine kleine Oper eingerichtet. Aber über oberflächliches Amüsierbedürfnis geht sein Geschmack nicht hinaus.

Händel hält sich im Florentiner Hintergrund. Er beobachtet und lernt. Er beschäftigt sich viel mit der Form der italienischen Kantaten, die eigentlich schon kleine Opern sind, und wird selbst eine Fülle solcher Kantaten komponieren. Eine von ihnen wird in Florenz uraufgeführt, »Lucrezia«, und im Gewimmel der Höflinge setzt aufgeregtes Tuscheln ein. Lucrezia – ist das nicht der Vorname der gefeierten Sängerin d'André detta Caro? Sollte die beiden mehr verbinden als nur Musik? Es bleibt bei Gerüchten. Händel reist nach Rom weiter.

Nach Florenz also die Ewige Stadt mit ihren grandiosen Überresten antiker Herrlichkeit und dem Vatikan in der Mitte – das ist nun wirklich die ganz große Welt. Aber die Wochen von Florenz haben ihr Nachspiel. Denn sehr wahrscheinlich wird dort im Oktober 1707 Händels erste italienische Oper uraufgeführt, »Rodrigo« mit Vittoria Tarquini in der Hauptrolle.

In der Tarquini lernt Händel erstmals den Typ der Primadonna kennen, der später Lust und Last seiner Londoner Jahre sein wird. Erstmals erlebt er auch die Launen dieses Typs, wenn die Tarquini, eine schwarz qualmende Zigarre in der Hand, in Männertracht auf die Proben gestiefelt kommt. Im übrigen ist sie nicht mehr jung, doch ihr Männerkonsum noch immer beträchtlich, und wieder kursieren Gerüchte um den jungen Komponisten. Warum auch nicht? Der gutaussehende Mann hat Charme und Manieren, er komponiert eine so hinreißende Musik, Gründe genug für eine Diva, sich von ihm nicht nur schöne Arien schreiben zu lassen. Aber ein weiteres Mal versickert jeder Klatsch.

Nun aber Rom, wo Händel vermutlich im Januar 1707 eintrifft: Schon geht ihm sein Ruf als Virtuose voraus, und dafür ist im musikhungrigen Italien immer Bedarf. Ein Römer notiert in sein Tagebuch: »Ein Deutscher spielte die Orgel von San Giovanni di Laterano zur allgemeinen Bewunderung«, und damit kann gut der eben eingetroffene Händel gemeint sein. Auch in Rom setzt er sich ohne Mühe durch.

Dabei steht es in diesen Jahren um Roms musikalisches Leben gar nicht gut. Schon zehn Jahre zuvor hat der Papst das einzige römische Opernhaus schließen lassen und erlaubt erst 1709 seine Wiedereröffnung. Die Römer, ebenso opernbetrunken wie das übrige Italien, wissen sich zu helfen. Das Oratorium steht in Blüte, opernhafte Kompositionen meist biblischen Inhalts mit wenigen Solisten und dem Chor als eigentlicher Hauptperson. Erst der alternde Händel wird sich diese Form ganz zu eigen machen. Aber auch schon jetzt versucht er sich an einem eigenen Oratorium. Im April 1708 wird im Palazzo Bonnelli die Händel-Komposition »La Resurrezione« uraufgeführt, und während der Proben sitzt Roms beste Gesellschaft in ihren roten Samtsesseln, um dem jungen Maestro zu applaudieren. Der nickt gütig zurück. Längst fühlt er sich als Teil dieser Gesellschaft, und für seine im Jahr zuvor entstandene Serenata »Il Trionfo del Tempo« hat ihm kein geringerer als Kardinal Panfili den Text geschrieben.

Neben Benedetto Panfili ist ein weiterer Kardinal, Carlo Colonna, ein guter Bekannter, und Händels ganz großer Gönner wird Pietro Ottoboni, die schillerndste Erscheinung im Rom dieser Jahre. Blutjung ist er Kardinal geworden. Das hat seinen Grund: Sein Onkel ist der Papst. In seiner kirchlichen Würde sieht Ottoboni vor allem die ergiebige Einnahmequelle und ist bald einer der reichsten Männer Italiens. Er weiß mit seinem Reichtum umzugehen. Seine Kunstsammlungen, seine Bibliothek sind berühmt, seine großen Feste berüchtigt, und von weiteren Belustigungen des jungen Herrn im Kardinalspurpur wird mehr geflüstert als gesprochen: Auf fünfzig bis sechzig schätzt man die Zahl seiner unehelichen Kinder, und in seinem üppigen Schlafzimmer tragen die Madonnenporträts an der Wand allesamt die Gesichter seiner zahllosen Geliebten.

Solches Geraune interessiert Händel nur am Rande. Ihm geht es gut, er wohnt im Palast des Fürsten Ruspoli, trifft sich mit Ottoboni, Colonna oder Panfili zu geistreichem Geplauder oder hitziger Debatte in ihren goldstrotzenden Salons, und Ottoboni führt ihn schließlich zum Gipfel aller Herrlichkeit. Denn in seinem Palast tagt die 1690 gegründete Academia Poetico Musicale. Ursprünglich nur für Dichter und Gelehrte gedacht, nimmt sie gerade auch Musiker auf, und wenn Händel selbst auch noch zu jung ist, um reguläres Mitglied zu werden, so ist er doch geschätzter Gast.

Dort begegnet er aber den drei leuchtendsten Sternen der italienischen Musik.

Würdig sitzen sie in ihren hohen Sesseln, alle drei schon alt und weltberühmt. Höflich neigen sich ihre Köpfe zum Gast aus Sachsen hin, und Händel grüßt voll Respekt zurück. Welche Namen: Das nun ist Arcangelo Corelli, der Meister italienischer Instrumentalmusik und Schöpfer unzähliger Sonaten und Konzerte. Das ist Bernardo Pasquini, unübertroffen in aller Tastenmusik. Schließlich Alessandro Scarlatti, der größte Opernkomponist seit Monteverdi, unermüdlich und unerschöpflich in seiner Arbeitskraft und Einfallsfülle – das ist der erlauchte Kreis, in dem sich Weltmann Händel bewegen darf. Er macht vortreffliche Figur.

In die Polster einer fürstlichen Kutsche zurückgelehnt fährt er durch Roms Straßen, die silberweiße Perücke auf dem ausdrucksvollen Kopf, den Degen an der Seite. Leichten Schrittes betritt er die Salons, wo ihm lautlos dahingleitende Lakaien Delikatessen auf silbernem Tablett servieren. Er lächelt in die Runde und ärgert sich insgeheim über die Horden kleiner Geistlichen, die sich zu solchen Anlässen drängen, jeden mit nichtigem Geschwätz belästigen, sich im übrigen den Bauch vollstopfen und am Ende einige Damastservietten oder Kristallkaraffen mitgehen lassen. Händel ignoriert sie mit prinzlicher Würde. Er ist ganz Charme und Liebenswürdigkeit.

Aber hinter der Politur kann unversehens auch der andere Händel hervorbrechen, ein Mann von ungestümem, alle Schranken niederrei-ßendem Temperament. In Rom jagt er zwar keinen Freund mit dem blanken Degen durch die Straßen. Aber bei der Uraufführung von »Il Trionfo del Tempo« passiert es immerhin, daß er dem dirigierenden Corelli den Taktstock aus der Hand reißt und dem um dreißig Jahre älteren Kollegen von Weltrang erst einmal zeigt, wie ein anständiger Musiker dirigieren muß. Corelli weicht erschrocken zurück. Beschei-den erklärt er dem jetzt gar nicht so lieben Sachsen, dies sei in franzö-sischem Stil gehalten und davon verstehe er eben nichts. Händel ist beschämt. Er schafft eine zweite Fassung in italienischem Stil.

Roms Gesellschaft verübelt ihrem Liebling solche Eskapaden nicht. Fast scheint es, als würden sie von ihm erwartet. Denn das ist die Kehrseite dieser vermeintlich so toleranten Haltung gegenüber Kunst und Künstlern. Zutiefst werden sie in diesen Kreisen ebensowenig ernst genommen wie Bach vom Leipziger Rat. Hier wie dort sind Künstler exotische Geschöpfe, und in den Salons der oberen Zehn-tausend haben sie für Spannung, Aufregung und ein paar nervenkit-zelnde Sensationen zu sorgen, die dem ewigen Einheitsgeplausch über Liebe, Politik und Intrigen etwas Würze geben. Wer dieses Gesetz befolgt, ist Favorit. Händel befolgt es.

Mit Alessandro Scarlattis Sohn Domenico tritt er zum musikalischen Wettkampf auf Orgel und Cembalo an. Die Gesellschaft räkelt sich wohlig in ihren Kissen und läßt sich rasch noch ein Eisgetränk, ein weiteres Stück Konfekt reichen. Solche Duelle feuern den Sportsgeist an. Da läßt sich wetten und Punkte verteilen, und am Schluß senkt sich der Daumen nach unten oder oben wie einst im Rom der Gladiatorenkämpfe. In diesem Fall läuft der Kampf unentschieden aus. Auf dem Cembalo sind sich wohl die beiden Herren gleich. An der Orgel mag Händels kraftvoll-männliches Spiel überlegen sein. Also Applaus für den Meister aus Sachsen – und dann kann sich wieder neuen Sensationen zugewandt werden. Im übrigen dürfen Anekdoten blühen.

Um Händel blühen sie fast noch kräftiger als um Bach. In Venedig zum Beispiel, mitten im Karneval, sitzt der maskierte Händel im rotleuchtenden Domino am Cembalo und läßt die Tasten dröhnen. Niemand weiß, wer da so herrlich spielt, bis schließlich einer ausruft: »Das kann nur der Teufel oder Händel ...« Hier stoppt man. Wird nicht die gleiche Geschichte in geringer Variante auch von Bach erzählt? Das macht nichts. Solche Geschichten sind austauschbar. Es zählt nur der Spaß, den sie dem Erzähler und seinen Zuhörern machen.

Die Zeit in Rom ist allerdings bald nicht mehr spaßig. Mit wachsender Sorge sieht Händel die Römer ein Stadttor nach dem anderen verrammeln. Offenbar bereiten sie sich auf eine Belagerung der Ewigen Stadt vor, denn der Krieg rückt näher, und von Norden her zieht Prinz Eugen mit seinen Truppen heran. Ein weiteres Mal zeigt Händel nicht die geringste Lust auf seine Bekanntschaft und bricht in den Süden auf. Im Mai 1708 trifft er in Neapel ein.

Das ist nun wieder eine ganz andere Welt, fast schon in der Nachbarschaft des Orients. Die Farben werden lauter, greller, fröhlicher, und auch die Musik klingt anders als in Rom. Die Ewige Stadt – das ist der Hort der Tradition. Dort herrscht Kirchenmusik in den alten strengen Formen vor. In Neapel gibt man sich offener und kühner. Hier geht vor allem die neapolitanische Volksmusik in aller ungenierten Frische in die kunstvoll durchgeformten Klangbilder ein. Auch französischer Einfluß weht in die Hafenstadt. Neapel – das ist die Stätte der Avantgarde und des musikalischen Experiments.

Händel ist fasziniert. Lange Tage streift er durch die Umgebung der Stadt und hört den Gesängen der Fischer, Hirten und Bauern zu. Er lernt die »Siziliana« kennen, den Tanz der Sizilianer, und verwendet ihn sogleich für eine eigene Komposition. Er hört die Lieder der kalabrischen Hirten, die »Pifferari«, und sie schimmern später durch die Klangmassen seines »Messias«-Oratoriums. Zugleich versucht sich Händel an französischen Chansons: Das Musiklabor Neapel hat im Ankömmling aus Deutschland einen begeisterten Experimentierer.

Not leidet Händel in Neapel ebensowenig wie zuvor in Rom. Auch hier stehen ihm die Häuser der Reichen und Vornehmen offen, und gleich auch trifft er den Vornehmsten und Reichsten von allen, Kardinal Vincenzo Grimani, der sich selbst gelegentlich als Künstler versucht. Jetzt schreibt er das Textbuch für Händels Oper »Agrippina«, die hier in Neapel entsteht, ein Musikdrama ganz im Stil der Zeit, voll Leidenschaften, Intrigen und Verschwörungen, aber auch voll deftigster Komik. Für Händel ist die Geschichte um Kaiser Neros giftmischende Mutter vor allem ein Anlaß, mitreißende Klangfluten voll unerhörter Melodik zu entfesseln, und sie sind es dann, die das melodienverliebte venezianische Publikum in taumelnde Begeisterung treiben.

Denn das Werk wird nicht im relativ unbeachteten Neapel uraufgeführt, sondern gleich in Venedig, der Opernhauptstadt der Welt. Auch das verdankt Händel seinem Texter Grimani. Denn der Kardinal ist von Geburt Venezianer und gehört dort zu einer der reichsten Familien, die sich auch, selbstverständlich, ein eigenes Opernhaus leistet, eines von sieben in Venedig, das Theater San Giovanni Crisostomo.

Das Jahr 1709 kommt. Die Zeit des Karnevals bricht herein. Für Venedig ist er die eigentliche Hauptsaison. Die ganze Stadt scheint dann hinter glitzernde Larven zu schlüpfen, und über alle Straßen und Plätze, durch sämtliche Häuser und Palazzi wogt der nicht endende Reigen überschäumender Lebenslust. In den Theatern Amüsement über Amüsement, jede Vorstellung ist überfüllt: Für eine neue Oper gibt es keine günstigere Zeit. In diesem farbenfrohen Trubel will also der Komponist Händel die Feuerprobe Venedig bestehen.

Denn so ehrbar das römische Musikleben ist und so aufregend das von Neapel: Das Zentrum bleibt eben doch die Serenissima. Hier entscheidet sich, was Wert und Unwert hat. Die Venezianer sind unbestechlich. Und ein Werk muß schon ihren hochgezüchteten Ansprüchen genügen, um nicht gleich wieder durchzufallen. »Agrippina« fällt nicht durch. Das wache venezianische Publikum hört hier einen neuen Klang voll überfließender Melodik, aber auch voll Härte und Männlichkeit, der die gekünstelte Ziererei vieler anderer Barockopern wie ein Orkan beiseite fegt. Also denn: Es lebe der liebe Sachse!

Nach diesem Triumph könnte Händel in Italien bleiben. Aber wieder entdecken wir den Wesenszug von Halle und Hamburg: Dieser Mann versteht sich blendend darauf, ein Terrain in all seinen Möglichkeiten auszuschöpfen. Sind sie aber erschöpft, hält er schon nach einem neuen Terrain Ausschau. Mit seinem größten italienischen Erfolg ist das Abenteuer Italien für ihn abgehakt.

Allerdings: Wohin soll er nun gehen? Wo wartet das nächste, noch größere Abenteuer? An Händels Ansprüchen und Erfolgen gemessen, fällt seine Wahl eher bescheiden aus. Er wird Hofkapellmeister in Hannover. Aber hinter Hannovers höfischer Silhouette zeichnet sich schon das Panorama seines eigentlichen Ziels ab, die größte, frechste, abenteuerlichste Großstadt ganz Europas – London.

Sturm auf London

1701 hatte der große Krieg um die spanische Erbfolge begonnen. Zwölf Jahre später ist er beendet. Wieder einmal stellen Europas Menschen fest, wie gründlich sich ihr Kontinent verändert hat. Frankreichs absolute Vormachtstellung ist gebrochen. Durch die still gewordenen Alleen von Versailles stapft unter seiner grauen Riesenperücke ein alter, einsamer Sonnenkönig. Alle Augen richten sich nach Westen. Dort ist eine neue Weltmacht herangereift: Großbritannien, eigentlicher Sieger dieses Kriegs.

Schon im 16. Jahrhundert, als sich Englands rothaarige »Gloriana«, Königin Elisabeth I., einen Ring an den Finger steckte und ihrem königlichen Freier Philipp II. von Spanien beschied, ihr einziger Gemahl sei das britische Volk, war das ein Signal für den Aufstieg einer neuen Macht, wie man sie drüben auf dem Kontinent nicht kannte. Dort herrscht im 17. Jahrhundert der Absolutismus eines Richelieu oder Ludwig XIV. Er scheint die einzig mögliche Herrschaftsform zu sein. Doch auf den britischen Inseln ist alles anders als auf dem Festland. Ein König, der unselige Stuart Karl I., wird hingerichtet. Seine persönliche Tragödie stärkt das Selbstbewußtsein des englischen Volks: Es geht also auch ohne König! So entsteht zwar noch keine Republik. Aber die Monarchie ist doch schon demokratischer, die Kontrollinstanzen ihrer Untertanen sind stärker als auf dem europäischen Festland. Und daneben wird Großbritannien auch noch Wirtschaftsweltmacht Nr. 1.

Seine Flotten beherrschen die Weltmeere, seine Handelshäuser den internationalen Markt. Der ungeheure Kolonialbesitz schafft riesigen

Reichtum ins Land. Die kommende Industrialisierung zeichnet sich schon ab. Nur wenige Jahrzehnte später zerhacken qualmende Fabrikschlote die liebliche englische Landschaft, während man auf den prächtigen Landsitzen die Gläser auf *merry old England* hebt, auf das glückliche alte England, auf Tradition und Fortschritt, auf Weltläufigkeit und nationalen Eigensinn. Die Hauptstadt London ist aber der flirrende Spiegel dieses Volks mit all seinen Widersprüchen.

Hier lebt in seinen feudalen Stadtpalästen der Adel, reich und hochmütig. Es gibt eine wohlhabende, gebildete Mittelschicht. Aber es gibt auch die Elendsquartiere, und dort wimmelt es von Kreaturen, die kaum das Nötigste zum Leben haben. Londons Unterwelt ist ein Reich für sich und ihre Obergangster kleine Könige, deren trefflich organisierte Räuber- und Bettlerbanden die Welt der Reichen in Angst und Schrecken halten. Und vom Hafen her kommen immer neue Menschen in diese Stadt voller Gegensätze und Extreme, aber auch voll Möglichkeiten für Männer mit Kraft und Mut. Georg Friedrich Händel ist solch ein Mann. In London findet sein Talent die wahre Heimat.

Im Oktober 1710 bringt ihn das Paketboot über den Ärmelkanal. Hannover hat ihm nicht viel bieten können. Seine Arbeit als kurfürstlicher Kapellmeister bleibt ein kurzes Zwischenspiel. Gewiß, es gibt das berühmte Opernhaus mit 1300 Plätzen. Aber was nützt es, wenn Kurfürst Georg Ludwig sich eigentlich nur auf der Jagd und bei Festgelagen wohlfühlt, Bier und Austern jeder Kunst vorzieht und die Oper schließlich abschafft, weil er lieber französische Komödien sieht? Was bleibt da einem vor Ehrgeiz berstenden Mann wie Händel? Etwas Kammermusik für die fürstlichen Feste vielleicht, Musikstunden für die Prinzessinnen – und in Händels Ohren braust noch immer Venedigs Beifall. Der Weltruhm war ihm schon so nahe. Jetzt zieht er ihn um so stärker an. Und Händel blättert in seinem Vertrag. Der billigt ihm auch Urlaub zu. Kein halbes Jahr nach seinem Amtsantritt bittet er darum.

Was aber zieht ihn nun ausgerechnet nach England? Auch hierüber ist viel gerätselt worden. Man kommt dabei um den Verdacht nicht herum, daß es sich um keine spontane Laune, sondern vielmehr um einen langfristig und zielstrebig vorbereiteten Plan handelt. Denn schon in Hamburg ist Händel Engländern begegnet. Sie dürften ihn ausführlich über das britische Musikleben informiert haben.

Händel weiß, daß der bedeutendste englische Opernkomponist

Henry Purcell schon 1695 gestorben ist und keinen Nachfolger gefunden hat. Er könnte auch wissen, daß in der Themse-Stadt immer lauter nach Opern geschrien wird – und zwar nach Opern italienischer Machart. Sie sind die große Mode. Wer sie nach London bringt, kann dort der große Mann sein.

Aber Händel geht erst einmal nach Italien. Auch das kann Taktik sein. Der Komponist will Oper »lernen«, an ihrem Geburtsort. Aus dieser Lehrzeit geht er als Meister hervor. Gut möglich ist, daß ihm schon in Venedig der dortige britische Gesandte vorgeschlagen hat, nach London überzuwechseln. Aber Händel bleibt vorsichtig. Die hannoverschen Kurfürsten haben enge Verbindungen zum britischen Königshof. So ist ihre Residenz gleichermaßen Vorstation wie Rückversicherung.

Jetzt erst tritt Händel aus dem Vorhof hinaus. Nun wagt er das Abenteuer London. Er schickt sich an, diese stolze, widerspenstige, unberechenbare Stadt im gleichen Sturm zu nehmen wie Venedig. Allerdings ist diese neue Welt anders als alle, die er bisher kennengelernt hat. Auch Rom war eine Weltstadt, doch voll Würde und Maß. London ist hingegen jung, unruhig, hungrig. Auch Hamburg war eine internationale Hafenstadt. Aber im Vergleich zu London nimmt sie sich doch brav und bieder aus.

Wer damals als Musiker nach London kommt, mag sich wie ein heutiger Künstler fühlen, der von Europa nach Amerika überwechselt. Auf den ersten Blick zwei gleiche Kulturkreise – aber spätestens auf den zweiten Blick hin merkt er, daß jenseits des Ärmelkanals ganz andere Maßstäbe herrschen als auf dem Kontinent. Hier steht der Künstler für sich allein. Kein milder Mäzen fängt ihn huldvoll auf, wenn er scheitert. Das freie Angebot regiert. Jeder muß sehen, wie er sich am besten verkauft. Das wäre keine Welt für Bach gewesen. Um so mehr ist es die Welt von Händel. Er ist jung und stark. Er hat die nötige Brutalität für den Kampf aller gegen alle. Ihn bindet nichts. Er ist nur für sich selbst verantwortlich. Und so stürzt er sich denn mit der berserkerhaften Energie eines Raubtieres in den Dschungel London.

Gierig schmeckt er den vertrauten Geruch von Salz und Meer und hört das Sprachengemisch in den Straßen. Das klingt nach Ferne, Weite, unbegrenzten Möglichkeiten. Was schert ihn noch seine Herkunft aus Halle? Händel hat alle nationalen Eigentümlichkeiten abgestreift. Schon spricht er drei Sprachen fließend. Englisch gehört noch nicht dazu. Aber er lernt es. Und wenn die Engländer Schwierigkeiten mit seinem Namen haben und ihn beharrlich »Handel« schreiben, schreibt er ihn schließlich selber so. Der Mann aus Halle ist in mancher Hinsicht ein Chamäleon.

In Italien ist Händel fast Italiener geworden. In England wird er beinahe ein Engländer sein. Aber er bleibt dennoch Georg Friedrich Händel. Und für seine Musik gilt das gleiche wie für die Musik von Schütz und Bach. Sie hatten nicht »protestantisch« oder »deutsch« geschrieben, sondern eben wie Schütz oder Bach. Händel schreibt nicht »deutsch« oder »italienisch«. Er schreibt auch nicht »englisch«. Er schreibt Händel-Musik. Sie ist etwas ganz Neues, ebenso jung, so aufregend und so vital wie London selbst. Mit dem Teufel müßte es zugehen, wenn sie nicht auch diese Weltstadt mitreißen würde.

Händel sieht sich um. Er braucht Partner. Schon um 1705 war die Drury-Lane-Gesellschaft entstanden, ein Kreis hochachtbarer Herren, die sich um den Import italienischer Opern bemüht hatten. Aber noch um 1710 ist die Oper nach italienischem Muster längst nicht durchgesetzt. Die große Schlacht will erst geschlagen sein. Händel steht in erster Reihe.

Die vornehm dahinsiechende Drury-Lane-Gesellschaft interessiert ihn nicht. Sein Instinkt führt ihn zu zwei Herren, die beide mehr rüde Geschäftsleute als feinsinnige Künstler sind. Der größere Idealist mag Aaron Hill sein, ein schwerreicher Unternehmer mit musischen Neigungen. Er hat sich mit dem Schweizer Johann Jakob Heidegger zusammengetan, einer mit allen Wassern gewaschenen Rechner- und Spielernatur. Am Haymarket, dem Heumarkt, leiten sie das Queen's Theatre, die künftige Hochburg der Londoner Opernwelt. Einstweilen ist jedoch der Erfolg noch ausgeblieben. Es fehlt nicht nur an Stükken. Es fehlt vor allem der richtige Mann, der diese Stücke schreiben will. Hill und Heidegger finden ihn in Händel.

Der Herr Hofkapellmeister mag beim ersten Anblick dieser Herren erschrocken zurückgewichen sein. Zumal Heidegger ist ein grotesk häßlicher Mann mit dem schlau funkelnden Blick einer alten Kröte im lederhäutigen, von tiefen Falten durchzogenen Gesicht. Aber auch Hill verkörpert nicht den Typ des schöngeistigen Lebemannes wie Grimani oder Ottoboni. In diesem Kreis wird nicht eine tausendjährige Kultur gepflegt und das künstlerische Erbe vieler Jahrhunderte gehegt. Hier wird auf Jagd gegangen und Beute gemacht. Es zählt einzig der Erfolg. Aber Händel steht bereit.

Er stürzt sich in die Arbeit.

Aaron Hill hat schon einen Stoff bereit, »Rinaldo«. Für das Textbuch wird der Italiener Giacomo Rossi herangeholt, ein halbwegs fingerfertiger Verfasser gerade noch erträglicher Texte und für Händel keineswegs der angemessene Partner. Schon mit dessen Arbeitstempo kommt Rossi nicht mit. Bitterlich beklagt er sich im Vorspruch zu »Rinaldo«, ihm seien gerade zwei Wochen Zeit für die Arbeit geblieben. Händel und seine Partner bedenken sein Gewinsel mit einem Achselzucken. Für sie zählt nur, daß »Rinaldo« fertig wird. Am 24. Februar 1711 ist es soweit. Im ausverkauften Queen's Theatre hat »Rinaldo« seine Uraufführung und das theaterhungrige London seine Sensation.

Denn ihr Theaterhandwerk verstehen die Herren Händel, Hill und Heidegger. Schon die Ausstattung schwappt von technischem Schnickschnack über: Wasserfälle schäumen, Berge speien Feuer, und in einer zarten Liebesszene schwirren Dutzende von lebenden Sperlingen durch die Luft. Die aus Italien herbeigeholte Besetzung ist allererste Wahl, voran der Bassist Boschi, der schon am »Agrippina«-Triumph beteiligt war. Jetzt wird er auch an der Themse ein Star. Aber der wahre Star von »Rinaldo« ist nicht Boschi und sind auch nicht die Sperlinge. Größter Star ist Händel selbst.

Vom Cembalo aus dirigiert er sein Werk, und in der Partitur hat er immer wieder raffiniert Raum für kunstvolle Improvisationen gelassen. Dann kann der Virtuose seine ganze Meisterschaft dem staunenden Publikum vorführen. Das alles hat nichts mehr mit Schütz' dienender Demut zu tun oder mit Bachscher Anonymität. Das ist voller, satter Starkult. Das Publikum jubelt. Genau das ist sein Geschmack. »Rinaldo« wird ein Riesenerfolg. Er findet sein Echo in den Gassen. Dort preisen die Straßenhändler die »Rinaldo«-Noten an. Sie finden reißenden Absatz. Halb London summt schließlich Händel-Melodien, und den fröhlichen Chor stören auch gellende Protestschreie aus dem Hintergrund nicht.

England kennt keine Pressezensur. Und immer schon sind die Engländer Meister der Satire gewesen. Der Kampf gegen Händel, der eigentlich ein Kampf gegen die italienische Oper ist, wird jetzt in der Presse mit allen Mitteln giftigster Satire geführt. Zum journalistischen Vorreiter wirft sich im frisch gegründeten satirischen Blatt »Spectator« ein gewisser Addison auf, der einen sehr persönlichen Grund für seinen Haß auf das Erfolgsstück »Rinaldo« hat. Denn er selbst ist mit einer eigenen Oper kläglich durchgefallen. Aber wenn er vielleicht auch keine Opern schreiben kann, so versteht er sich auf Satiren um so besser. Sie machen ihre Runde durch ganz Europa, und selbst der Papst im Vatikan hält sich bei ihrer Lektüre den Bauch vor Lachen.

In einem anderen Land wäre das für Händels Kunst das sichere Todesurteil. Hier in London bedeutet es lediglich eine gute Reklame. Händel läßt sich denn auch nicht beirren. Schon sitzt er an seinem nächsten Werk.

Textautor Rossi kommt noch mehr ins Stöhnen als beim »Rinaldo«. Denn diesmal hat er gerade eine Woche Zeit. Das ist selbst für einen Händel zu kurz. Denn was dabei herauskommt, ein Werkchen mit dem Titel »Il pastor fide«, ist eigentlich eine klägliche Stümperei. Die Musik mag ihren Reiz haben. Doch fehlt jede Dramatik. Und auch an der Ausstattung hat man gespart. Die Kritiker dürfen spotten: »Die Kostüme sind alt und die Oper kurz.« »Il pastor fide« verschwindet schon nach sechs Aufführungen vom Spielplan.

Für Händel ist das eine Lehre. Auf sein nächstes Werk, »Teseo«, verwendet er mehr Sorgfalt. Vor allem tauscht er den Textautor aus und leistet ein beträchtliches Maß an Selbstüberwindung, als er hinüber zur Drury-Lane-Gesellschaft und ihrem Mitglied Nicola Haym geht, also eigentlich zur Konkurrenz. Aber Händel braucht Haym. Denn dieser Mann, ein für diese Zeit typisches Universaltalent vom Cellospiel bis zur Münzkunde, versteht sich auch auf wirkungsvolle Operntexte und wird der beste Autor sein, den Händel jemals hat. Sein »Teseo« besitzt alles, was eine Oper braucht: eine spannende Handlung, kraftvolle Helden und viele Möglichkeiten für technische Wundertricks. So bekommen denn die Londoner am 10. Januar 1713 wieder eine Oper geboten, wie sie sie lieben, mit prächtiger Musik und einer in einen wahren Zaubergarten verwandelten Bühne. Der Erfolg ist sicher.

In jeder Hinsicht hat sich Händel in London durchgesetzt. Wieder öffnen sich ihm die Türen der höchsten Gesellschaft, und wie selbstverständlich nimmt er in einem ihrer Häuser Quartier. In seinem Londoner Stadtpalais räumt ihm der Earl of Burlington ein ganzes Appartement ein, und weltgewandt wie stets, nach jüngster Mode gewandet, bewegt sich der junge Erfolgskomponist über das spiegelnd glatte Parkett. Verneigung nach allen Seiten: Ist das nicht Gräfin Arlington, Mutter des Gastgebers und Hofdame der Königin? Und dort – sitzt da nicht der berühmte Doktor Arbuthnot, Leibarzt von Queen Anne?

In Händel regt sich schon kräftigerer Ehrgeiz. Er hat Erfolg, ist populär. Sein Marsch aus »Rinaldo« geht den Londonern so ins Blut, daß ihn die königliche Garde übernimmt. Das alles ist recht schön und einträglich: Händel beginnt, ein wohlhabender Mann zu werden. Aber nun will er die Anerkennung von ganz oben. Er will Zugang zum Hof und, warum nicht, vielleicht die Anstellung als Hofkapellmeister.

Er geht mit beträchtlicher Schläue vor. Die Vorstellung bei Hof ist dank seiner Beziehungen noch eine Kleinigkeit: Händel steht vor Königin Anna und neigt sich tief über die Hand dieser nicht klugen, aber warmherzigen Frau. Aber er beläßt es nicht beim ergebenen Kratzfuß. Seine Huldigung für die Königin faßt er bald schon in gefällige Noten und widmet ihr eine höchst schmeichelhafte Geburtstagsode. Die Königin weiß sie zu würdigen. Für den Frieden von Utrecht, der 1713 den Spanischen Erbfolgekrieg beendet, soll Händel die Jubelmusik schreiben, das Utrechter Tedeum.

Händel fertigt das Tedeum in so rasendem Tempo an, daß der Verdacht nicht ausbleibt, er hätte es schon seit längerem fertig in der Schublade liegen. Die Königin stört sich nicht daran. Sie ist entzückt. Und Händel hat sich wahrlich Mühe gegeben und eine so typisch englische Musik geschrieben, daß sie auch vom vergötterten Purcell hätte stammen können. Danach steht seiner höfischen Karriere nichts mehr im Wege. Die Königin spricht ihm eine Jahresrente von zweihundert Pfund zu und nimmt Händel offiziell in ihren Dienst.

Ist aber Händel nicht immer noch Hofkapellmeister in Hannover und dort nur beurlaubt? Hat er in Hannover keine Pflichten mehr? Er hat sie, aber er nimmt sie nicht ernst. Zuweilen kehrt er noch nach Deutschland zurück, erledigt das Nötigste und besucht vor allem in Halle seine inzwischen erblindete Mutter, die stolz von der Ehe der ältesten Tochter mit einem Juristen erzählt. Händel mag dazu lächeln, stolz und vielleicht auch etwas wehmütig. Auch er wäre jetzt Jurist, wenn es nach dem Vater gegangen wäre – und ist nun ein Weltstar der Musik. Rasch bricht er wieder auf. Was bedeutet ihm noch diese kleine, bürgerliche Welt? Nicht nur Halle, auch Hannover, ganz Deutschland – das alles liegt längst hinter ihm.

Aber Hannover holt ihn ein. Denn 1714 geschieht, was alle mit Spannung erwartet hatten: Die ältliche Queen stirbt kinderlos, und ein entfernter Vetter folgt ihr auf dem Thron. Dieser ist aber kein anderer als Hannovers Kurfürst. Als Georg I. trägt er mehr mißmutig als begeistert Englands Krone. Sein Mißmut gilt dabei auch Händel, den seine Vorgängerin so umschmeichelt hatte. Denn kein Geheimnis ist, daß Anna ihren deutschen Vetter nicht ausstehen konnte und alles daran setzte, ihn von der Thronfolge auszuschließen. Und nun hat sich ausgerechnet sein eigener Kapellmeister bei der ungeliebten Dame so Liebkind gemacht. Dem sonst so geschickten Strategen der eigenen Karriere scheint ein großer Fehler unterlaufen zu sein.

Schon wollen Gerüchte von einer erbitterten Feindschaft zwischen dem König und dem Komponisten wissen. Aber so schlimm ist es dann nicht. Und spätestens nachdem ihm der Landsmann für ein Fest auf der Themse die berühmte »Wassermusik« geschrieben hat, zeigt sich Georg I. dem Musiker wieder gnädig. Die Legende malt ein rührendes Bild mehr, wie sich Händel um Frieden mit dem König bemüht und dafür einen Einfall hat, der aus einer seiner Opern stammen könnte. Denn nichtsahnend läßt sich der Monarch auf seiner Prunkbarke eines Tages die Themse hinuntergleiten, als plötzlich Musik ertönt und den dahinträumenden König in die süßesten Klänge hüllt. Ein anderes Boot treibt vorbei, mit Händel und mit einem ganzen Orchester an Bord. So huldigt er der neuen Majestät, und sie kann natürlich nicht mehr widerstehen. Sie bittet ihren Orpheus in die königliche Barkasse hinüber, und der Frieden zwischen Kunst und Macht ist geschlossen. Von jetzt an gilt Händel als Favorit des Königshauses.

Aber nicht bei Hof findet Händel seine Bühne, sondern allein im Theater. Dort bringt er im Mai 1715 seine jüngste Oper »Amadis« heraus und setzt damit die Reihe seiner britischen Erfolge fort. Doch dann scheint sich zunächst einmal ein Kreis zu schließen. Opernkomponist Händel zieht sich zurück.

Auf den ersten Blick hat das praktische Gründe. Aaron Hill hatte seinen Direktorenposten am Heumarkt aufgegeben und einem üblen Spekulanten überlassen, dessen einzige überragende Tat darin bestand, mitsamt der Theaterkasse zu verschwinden und lediglich die unbezahlten Rechnungen für Dekorationen und Kostüme zurückzulassen. Dem Geschick Heideggers war es zwar gelungen, das Theater vor dem blanken Bankrott zu retten. Aber um 1717 hält auch er es für ratsam, auf neue Produktionen zu verzichten. Händel bringt zunächst keine weiteren Opern auf die Bühne.

Anderes kommt wohl hinzu. Wieder einmal scheint für Händel ein Terrain in seinen Möglichkeiten erschöpft. Der Abenteurer in ihm will neue, andere Luft schnuppern. Aber diesmal zieht es ihn nicht über die Grenzen hinaus. Er bleibt im Land, und er geht aufs Land. Die neue Luft schmeckt nach Kuhgeruch und rustikaler Einsamkeit, natürlich nur vor allernobelstem Hintergrund, wie es sich für einen verwöhnten Erfolgsmenschen gehört. Auch diesmal hat Händel keine Mühe, einen Gastgeber zu finden, der es sich zur Ehre anrechnet, den berühmten Mann in seinem Haus aufzunehmen.

Für Händel öffnet sich der prunkhaft ausgedehnte Landsitz des Earl of Carnarvon. Wieder ist der Musiker bei der Wahl seines Gönners nicht kleinlich. Denn der Earl gehört zu den verrufensten, wenn auch reichsten Erscheinungen der britischen Gesellschaft. Woher seine Millionen stammen, weiß niemand, und als es einiges Tages doch jemand wissen will, kommt es zu einem Prozeß, aus dem sich der aalglatte Carnarvon nur mit äußerster Mühe winden kann. Danach haftet ihm das Etikett »Schieber« ebenso an wie der Ruf eines völlig amoralischen, in seinen Begierden und Lastern zügellosen Lebemanns, der sich in grenzenloser Eitelkeit mit seinen ausschweifenden Amouren ebenso schmückt wie mit der Gastfreundschaft für Händel. Der Musiker übersieht das großzügig.

Händel spaziert durch die herrliche Landschaft, musiziert ein wenig und lernt die Herren Gay und Pepusch kennen, die in seiner Laufbahn noch eine große, schlimme Rolle spielen sollen. In Ruhe beschäftigt er sich mit neuen musikalischen Formen und schreibt nach einigen Kantaten sein erstes »richtiges« Oratorium »Esther«, später noch ein oratorienhaftes Spiel mit dem Titel »Acis und Galatea«. Schon zuvor, vielleicht bei einem Besuch in Hamburg, hat er sich noch einmal an einer Passion versucht, und diese »Zweite Johannespassion« beeindruckt wieder Bach tief.

Aber die Oper? Ist Händel sie leid geworden? Oder fällt ihm nichts mehr ein? Der Schein trügt. Händel hat nur eine Pause gebraucht. Zwei Jahre später setzt er ein weiteres Mal zum Sturm auf London an. Die Opernschlacht beginnt erst.

1720 ist wieder einmal ein turbulentes Jahr. Im Norden geht der Krieg zwischen Rußland und Schweden seinem Ende entgegen. In Frankreich herrscht im Namen des noch unmündigen Ludwig XV. sein Onkel Philipp und versorgt den Kontinent mit Klatsch über sein wüstes Privatleben. Große Wirtschaftsunternehmen machen bankrott. Es kommt zu Krisen und Krächen. In London könnte man aber meinen, die Welt hätte nur ein einziges Problem: die Eröffnung der frisch gegründeten »Royal Academy of Music« im Theater am Heumarkt.

Tag um Tag spielen sich dort Szenen ab, wie sie selbst Englands Hauptstadt noch nicht erlebt hat. Dichtgedrängt in langen Schlangen stehen Menschen in der bangen Hoffnung, vielleicht doch noch eine Eintrittskarte zu ergattern. Elegante Kavaliere, sonst gewohnt, für die besten Plätze ein paar Münzen hinzuwerfen, bieten vierzig Shilling und mehr für einen erbärmlichen Stehplatz. Im Theater wird jeder Winkel ausgenutzt. Selbst auf der Bühne hocken Zuschauer, und in der Hitze des hoffnungslos überfüllten Saals fallen Damen gleich reihenweise in Ohnmacht. Kaum beachtet sitzt irgendwo König Georg mit seinen beiden ältlichen Geliebten. Denn dieser 27. April 1720 hat nur einen Mittelpunkt: Georg Friedrich Händel und seine neue Oper »Radamisto«.

Strenggenommen ist ihre Uraufführung nicht die eigentliche Eröffnung der Royal Academy. Händel, eine Seltenheit bei diesem Arbeitstier, war mit »Radamisto« nicht rechtzeitig fertig geworden und hatte rasch die Oper eines Kollegen eingeschoben. Unauffällig rauscht sie vorbei. Denn jedem ist klar, daß die wahre Eröffnung nur eine Händel-Uraufführung sein kann. An ihrem Ende empfängt ihn ein Jubel, neben dem der Beifall für »Agrippina« wie ein laues Lüftchen wirkt, und sein Lieblingskind, eben diese Akademie, scheint sich auf Anhieb durchgesetzt zu haben.

Niemand weiß, wer eigentlich als erster die Idee einer solchen Akademie hatte. Der Gedanke ist auf einmal da: künftige Opernproduktionen dem hektischen Jahrmarktsbetrieb zu entziehen und ihnen einen beständigen Rahmen zu geben. Aber das kostet Geld. Händel und Heidegger wollen es beschaffen.

Ihre Idee zündet. Selbst der König zeigt sich interessiert und spendet alljährliche tausend Pfund aus seiner Privatschatulle. Aber nötig sind wenigstens zehntausend Pfund, eine runde Million Mark nach heutiger Währung. Sie kommen rascher zusammen, als Händel selbst gehofft hat. Londons Hochadel steht geradezu Schlange, um Aktien zu zeichnen. Und bevor sich noch der Vorhang zu einer einzigen Vorstellung gehoben hat, ist die Königliche Akademie ein Schlager in der Londoner Gesellschaft.

Viel kommt dabei zusammen, der Ehrgeiz britischer Aristokraten, es den kontinentalen Standesgenossen gleichzutun und ebenfalls »ihre« Oper zu haben, Opernbegeisterung schlechthin und schließlich rüder Geschäftssinn. Denn dies sind Jahre hemmungsloser Spekulation. In Paris zieht um die gleiche Zeit ein schottischer Glücksritter namens John Law mit einer sogenannten Kolonialgesellschaft zahllosen Menschen das Geld aus den Taschen. In England sprießen überall ähnliche Handelsgesellschaften aus dem Boden und versprechen ihren Investitoren riesige Gewinne. Im wirtschaftlichen Prinzip unterscheidet sich Händels Opernunternehmen nicht von diesen Handelsgesellschaften. Auch die Royal Academy fordert zur Investition auf und verspricht Gewinne. Ihre Feinde notieren denn auch hämisch, ihre Aktien würden nicht anders gehandelt als andere Wertpapiere auch. Das Geld ist also da. Die Arbeit kann beginnen. Händel ist in seinem Element. Er schöpft aus dem Vollen. Alles muß vom Feinsten sein, Mitarbeiterstab, Ausstattung, Ensemble. Vor allem beim Ensemble darf nicht gespart werden. Denn an einem Punkt haben die adeligen Gönner des Unternehmens von Anfang an keinen Zweifel gelassen: Wenn sie die Akademie unterstützen, wollen sie bei aller Begeisterung für Händel und seine Musik vor allem die Spitzenstars dieser Zeit auf ihrer Bühne sehen.

Händel macht sich auf den Weg. Er bricht nach Deutschland auf, nach Düsseldorf und Dresden. Die sächsische Residenz ist dabei am wichtigsten. Denn dort ist der Star aller Stars engagiert, der Kastrat Francesco Bernardi, nach seinem Geburtsort Siena »Senesino« genannt. Eigentlich ist Senesino eine eher abstoßende Erscheinung mit frecher Stupsnase im feisten Gesicht und einer grotesk niedrigen Stirn. Aber wenn er seine kostbare Stimme ertönen läßt, samtweich und metallisch zugleich, öffnen sich für seine zahllosen Bewunderer die Himmelspforten. Denn dieses Zeitalter, immer vom Ausgefallenen und Überspitzten entzückt, schwärmt für die geschlechtslosen Stimmen solcher Star-Kastraten.

Senesinos Engagement gelingt nicht auf Anhieb. Händel muß sich

Händel um 1720, Bild von James Thornhill

gedulden, bis die verwöhnte Diva für eine Jahresgage von zweitausend Pfund an die Themse überzusiedeln bereit ist. Doch schon davor kann sich das Londoner Ensemble sehen und vor allem hören lassen. Der bewährte Boschi ist dabei und die Engländerin Anastasia Robinson, die zur Genugtuung britischer Nationalisten nicht schlechter singt als die von Händel herbeigeholte Italienerin Margherita Durastanti, damals in Venedig seine erste Agrippina, die nun mit der Anmut eines ausgewachsenen Elefanten auf die Londoner Bühne trampelt und die Besucher durch ihren Anblick ins blanke Entsetzen treibt. Doch wenn sie zu singen anhebt, ist alles wieder versöhnt. Im Hintergrund brüten aber die Herren Direktoren über der nächsten Sensation.

In königlicher Gemächlichkeit kommt von Italien her eine kleine, dicke Frau angereist, wenigstens so häßlich wie die Durastanti und die größte Sängerin ihrer Zeit. Francesca Cuzzoni singt nicht nur, als hätte sie lauter Nachtigallen im Bauch, wie ein atemlos staunender Bewunderer feststellt. Sie ist auch eine große Schauspielerin, auf der Bühne wie privat. Dort hat sie den schieren Teufel im Leib, und bei den Proben zu Händels »Ottone« treibt sie es so arg, daß sie der wieder einmal zornglühende Maestro anschreit: »Ich weiß, daß Sie eine leibhaftige Teufelin sind, aber ich will Ihnen zeigen, daß ich Beelzebub, der Oberteufel bin!« Nicht viel hätte gefehlt und Händel hätte die Cuzzoni aus dem Fenster geworfen, und einige wollen sogar gesehen haben, wie er die kleine, fette Person an ihrem Zopf auf die Gasse hinausbaumeln ließ.

Nein, Langeweile hat Händel wirklich nicht. Dafür sorgen schon die Herren vom Aufsichtsrat in ihrer unermüdlichen Sorge, der Meister aus Deutschland könne vielleicht zu selbstherrlich werden. Im Direktorengremium duldet er zwar einen weiteren Musiker neben sich, den Italiener Giovanni Porta. Aber jeder weiß, daß dieser wieselflink durchs Haus huschende und sich um alles und jedes kümmernde kleine Komponist nur der Schatten des großen Händel ist. Er schreibt liebenswürdig unauffällige Opern und darf im übrigen alles tun, was Händel will. So schütteln denn die Herren ihre wohlfrisierten Köpfe: Nein, so geht das nicht. Erst Konkurrenz belebt das Geschäft. Also muß für Händel ein Konkurrent her, der italienische Komponist Giovanni Bononcini. Die Nachwelt wird ihn bald vergessen haben. Um diese Zeit ist aber Bononcini fast so berühmt wie der fünfzehn Jahre jüngere Händel selbst.

Als Südländer hat er im Blut, was sich der schwerfälligere Sachse erst unter Mühen erarbeiten muß, die eingängige Eleganz und scheinbar schwerelose Grazie der Melodie. Händel reißt durch Wucht und Klarheit mit. Bononcini bezaubert durch Leichtigkeit. Händel-Klänge appellieren an Verstand und Nerven, Bononcinis Musik an das Gefühl. Der eine ist Dramatiker, der andere mehr ein Lyriker, und so müßten die beiden eigentlich die ideale Ergänzung sein. Aber natürlich nicht deshalb holen die Herren Bononcini an den Heumarkt.

Sie wollen den Kampf, das Duell. Der eine soll gegen den anderen antreten, ein jeder umlauert von der Clique des anderen. Wie? Der endlich eingetroffene Senesino singt als erste Partie die Hauptrolle in Bononcinis »Astarto«. Klarer Punktvorsprung für den Italiener – Händel muß ihn schleunigst aufholen. So setzt er den gefeierten Kastraten bei der Wiederaufnahme von »Radamisto« ein. Und sein »Floridante« wird kein wirklicher Erfolg? Hohngelächter im Bononcini-Kreis: Kein Wunder – hat doch der sächsische Maestro den italienischen Kollegen verzweifelt zu kopieren versucht. Und am Ende jeder Spielzeit wird die große Rechnung aufgemacht: Die erste geht an Händel, die zweite deutlich an Bononcini, in der dritten steht sein Erfolg mit »Erminia« gegen Händels Triumph mit »Ottone«. Es ist ein Wettstreit nach Noten, und den beiden Herren, die sich anfangs noch ganz gut verstehen, wird so lange eingeredet, daß sie eigentlich Feinde sind, daß sie es schließlich selber glauben.

Das alles hat weniger mit Kunst zu tun als mit dem Vergnügen an Hahnenkämpfen und Hunderennen. Auf höherer Ebene findet es eben in der Oper statt. Und so nachdrücklich besonnene und fachkundige Beobachter mahnen, man solle doch jeden Komponisten auf seine Weise gelten lassen, dann hätte man die beste Musik der Welt: In puncto Kasse geht die Rechnung auf. Die Schlacht um Bononcini und Händel treibt die allgemeine Neugier hoch. Beider Gemeinde drängt sich bei jeder neuen Runde dieses Wettkampfs in den Rängen. Jeder will Zeuge sein, jauchzt, wenn der Favorit gewinnt, ballt bei Siegen des anderen die Fäuste. Und gleich die zweite Spielzeit bringt die Supersensation: die Oper »Muzio Scevola«, von gleich drei Komponisten geschrieben, der erste Akt vom nicht weiter bedeutenden Filippo Amadei, der zweite von Bononcini, der dritte von Händel – und natürlich wissen die Händel-Fanatiker sofort: Der Sieg gehört einzig ihrem angebeteten Maestro.

Man wundert sich, daß sich ein Mann seines Ranges für solche Narrenpossen hergibt. Aber sie müssen wohl sein. Denn von Spielzeit zu Spielzeit entscheidet sich das Schicksal der neuen Oper, und da muß eben alles herhalten, was dem Opernkrieg die nötigen Mittel bringt. Händel schont sich in keiner Weise. All diese Jahre wirken wie ein einziger unermüdlicher Galopp in Sachen Oper. Händel komponiert, arrangiert, dirigiert. Er führt Regie, kümmert sich um die Ausstattung, überwacht die Technik. Er ärgert sich mit den ewig schmollenden Stars herum und scharwenzelt in den Salons um die Geldgeber herum. Und er läßt Oper um Oper folgen. Ein Werk reiht sich an das andere bis zum 1724 aufgeführten »Julius Caesar«, dem Meisterwerk dieser Schaffensepoche.

Bei »Julius Caesar« ist Händel schon ganz der große Musikdramatiker und nicht nur der Lieferant süßer oder dramatischer Klangmassen. Der Stoff ist hier nicht nur Anlaß für Musik. Nicola Haym hat ein gescheites, durchdachtes Buch geliefert, Händel kann überzeugende Charaktere und Konflikte gestalten, und der Chor ist nicht nur Klangstaffage, sondern selbständiger Handlungsträger. Londons Publikum zeigt sich wieder einmal hingerissen, »Julius Caesar« wird Händels meistgespielte Oper überhaupt und findet auch heute noch von allen Händel-Opern am ehesten den Weg in die Spielpläne, vor allem um berühmten Sängerinnen wie Joan Sutherland oder Lisa della Casa Gelegenheit zu geben, in der Paraderolle der Kleopatra zu glänzen.

»Julius Caesar« bedeutet auch den endgültigen Triumph über Bononcini. Anders als der geborene Kämpfer Händel hat der ältere und sensiblere Mann wohl nie Freude an ihrem seltsamen Duell gehabt. So schreibt er denn noch zwei Opern für die Königliche Akademie, überläßt jedoch seinen Direktorenposten dem Landsmann Attilio Ariosti. Der an Scarlattis schon etwas altmodischen Opern ausgerichtete Ariosti hat noch weniger Chancen als sein Vorgänger, neben dem Berserker Händel zu bestehen, und so sind denn die Herren im Vorstand besorgt. Der einträgliche Komponistenstreit scheint nicht wiederholbar. Man wird sich etwas Neues einfallen lassen müssen.

Nun war das Händel/Bononcini-Duell ohnehin mehr die Sache der Kenner im Parkett. Das breite Publikum braucht deftigeres Vergnügen, und was könnte besser sein als ein Wettkampf der populären Stars? Das ist das genau richtige Futter für das Raubtier London, das ständig etwas zu schauen, zu riechen, zu schmecken bekommen muß, damit es sich nicht gelangweilt anderen Sensationen zuwendet. Im Direktionsbüro am Heumarkt reibt man sich die Hände: Dort steht die Cuzzoni, die Göttin vom Haymarket – wie wäre es denn, dieser Göttin eine andere an die Seite zu stellen?

Noch ist Francesca Cuzzoni unbestrittene Primadonna. Das Publikum ächzt wohlig auf, wenn sie in den wogenden Braun- und Silbertönen ihrer raffiniert geschnittenen Kostüme an die Rampe tritt und ihre unvergleichliche Stimme ertönen läßt. Dann kann man sie fast für schön halten, und ihre Kleider sind ebenso Tagesgespräch wie der Nachtigallklang ihrer Arien. Huldvoll versinkt sie in den Beifallswogen. Doch eines Tages zuckt sie zusammen. Neben ihr steht, eben aus Italien eingetroffen, eine andere Frau. Auch über ihrem schmalen, dunklen Kopf schlägt der Jubel zusammen, und Stimmen schreien: »Es lebe Faustina Bordoni!«

Der berühmteste Mezzosopran dieser Zeit gehört jetzt zum Ensemble.

Was die Cuzzoni nur mit Hilfe einer kleinen Armee von Schneidern, Friseuren und Schminkmeistern vortäuschen kann, hat die Bordoni von Natur aus. Sie ist schön, elegant und eine große Dame. Dennoch brauchte sie nicht die Rivalin der Cuzzoni zu sein. Mit ihrer Altstimme singt sie ein anderes Fach, und von der ersten Oper an, in der die beiden Damen gemeinsam auftreten, sorgt Händel dafür, daß sie ähnlich große und dankbare Partien bekommen. Trotzdem geht die Rechnung der Direktoren auf. Zu groß ist der Gegensatz zwischen den beiden Primadonnen, daß nicht allein schon ihr Anblick das Publikum in zwei Parteien spalten würde. Die einen umschmachten weiterhin den kleinen Teufel Cuzzoni. Die anderen verfallen rettungslos dem damenhaften Charme der Bordoni und schwärmen nur noch vom dunklen Goldglanz ihrer Stimme. Schon funkeln sich die Damen erbittert an: Will etwa die eine der anderen den Rang ablaufen?

Das Theater wird zum Hexenkessel. Zettel wandern von Bank zu Bank. Entsprechend seiner Partei kann jeder nachlesen, wann er zu klatschen oder zu pfeifen hat. Tritt die Cuzzoni auf, schreien sie ihre Gegner nieder. Setzt die Bordoni zu einer Arie an, bricht die Cuzzoni-Gemeinde in Katzengeschrei aus. Londons Theatertiger lassen sich an Einfällen nicht lumpen. Sie schießen ihre Giftpfeile auch auf das Privatleben der Primadonnen ab. Die Cuzzoni macht es dabei ihren Feinden leicht. Ihre Amouren, mit denen sie ihren versoffenen Ehemann am laufenden Band betrügt, sind Stadtgespräch. Die Bordoni ist privat nicht so ergiebig. Aber das stört ihre Feinde nicht. Interessiert sie sich schon nicht für Männer, so doch bestimmt für Frauen – also muß sie lesbisch sein, Londons Königin der Frauenliebe!

1727 wird der Primadonnenkrieg endlich auch auf die offene Bühne getragen. Auf dem Programm steht noch einmal eine Oper von Bononcini. Aber für den halb vergessenen Wettkampf mit Händel interessiert sich niemand mehr. Um so gieriger wird auf die beiden Hauptdarstellerinnen geblickt. Nur noch ein Funke ist nötig, um das heimlich flackernde Feuer zur hitzigsten Glut hochzutreiben. Endlich sprüht er: Auf der Bühne passiert irgendein belangloses Mißgeschick, und die Sängerinnen halten sich nicht lange bei zornigen Seitenblicken auf. Schon hat die Cuzzoni ihre Rivalin bei der Perücke gepackt und schüttelt sie kräftig. Die Bordoni, jetzt gar nicht mehr die große Dame, revanchiert sich mit einer saftig knallenden Ohrfeige. Puder steigt auf. Kulissen wackeln. Die Damen prügeln sich auf offener Szene. Das Publikum johlt, lacht und pfeift. Jede Partei feuert ihre Favoritin an, und alle finden sich schließlich im seligsten Entzücken: Den Spaß zweier sich im Ringkampf über die Bühnen wälzenden Primadonnen hat selbst London noch nicht gehabt. Im Hintergrund entfernt sich aber, blaß und gefaßt, die Prinzessin von Wales. Gleich muß sie ihrem Mann erzählen, wie unglaublich ordinär es im Theater des angeblich so feinen Herrn Händel zugeht.

Herr Händel hat ganz andere Sorgen. Die Primadonnenkämpfe, sein Zwist mit Bononcini – das alles ist ganz lustig und eine gute Reklame. Aber es tobt noch eine andere, viel gefährlichere Schlacht, und es zeichnet sich schon ab, daß sie verloren werden wird. Riesengagen, Ausstattung verschlingen Unsummen. Selbst ständig ausverkaufte Häuser bringen sie nicht mehr herein. Geschäftliche Fehlschläge kommen hinzu, und die Aktionäre der Royal Academy erkundigen sich immer dringlicher, ob sie denn wenigstens ihre Einlagen herausbekommen würden. Im Hintergrund reiben sich ihre Feinde die Hände. Wetten werden abgeschlossen, ob die Akademie noch in dieser oder in der nächsten Spielzeit zusammenbricht.

Aber das eigentliche Problem sind nicht die Kosten. Händel hat viele Erfolge gehabt, aber nicht wirklich Erfolg. Seine Siege sind Scheinsiege gewesen. Der große Sturm auf London mißlang. Denn die italienische Oper hat sich nicht wirklich durchgesetzt. In ihrem Pathos, ihren Übertreibungen, ihrer Wirklichkeitsferne bleibt sie dem englischen Publikum fremd. Sie widerspricht seinem ausgeprägten Sinn für *common sense*, dem gesunden Menschenverstand. Henry Purcell war im letzten Jahrhundert auf dem richtigen Weg gewesen, als er nicht eigentliche Opern, sondern Schauspiele mit Musik und verständlichem Text schrieb. Das hätte *die* englische Oper werden können. Aber diese weltfernen Geschichten von überlebensgroßen Helden in einer fremden Sprache? Der brave *Englishman* schüttelt den biederen Kopf.

Aber sind nicht Händels und Bononcinis Opern Erfolge geworden? Ist der Jubel um sie nicht sensationell? Gewiß – aber dieser Jubel ist auch Bluff. Händel hat mit seinen Opern das Publikum interessieren, mitreißen, für Augenblicke begeistern können. Aber er hat es nicht wirklich überzeugt. Er hat es immer wieder von neuem in einen Rausch versetzen müssen. Aber auch dem stärksten Rausch folgt irgendwann die Ernüchterung. Er verfliegt. Der Reiz des Neuen ist dahin. Der Zuschauer hat sich in Händels Opernwelt wie in einem exotischen Garten voll seltener Tiere und Pflanzen bewegt. Das ist einen Sonntagsausflug lang ganz amüsant. Aber beim alltäglichen Spaziergang zieht man doch die gepflegten Wege und kurzgeschnittenen Rasenflächen heimatlicher Parkanlagen vor. Der Blick auf die Händel-Bühne wird immer kühler und kritischer: Ist das Treiben dort nicht eigentlich sehr komisch? Warum nimmt man eigentlich diese Helden so ernst wie sie sich selbst?

So kommt eines Tages Gelächter auf. Zunächst ist es nur ein grelles Kichern. Aber bald schwillt es zum wahren Lachorkan an. Er fegt durch die Straßen und rüttelt an den morschen Mauern des schon etwas windschiefen Haymarket-Theaters. Er reißt seine Türen auf und fegt durch die schwül parfümierten Zaubergärten seiner Szenerie. Aller Plunder wird durcheinandergewirbelt, Staub steigt in dicken Wolken auf. Die Helden stehen schließlich nackt da, armselige Tröpfe und Wichtigtuer unter ihrem farbenprunkenden Kostüm. Ihre Lächerlichkeit wird der Todesstoß für Händels eben noch so stolze Royal Academy.

Aber was ist eigentlich geschehen?

Wenn die Bettler Oper machen

Schon eine volle Stunde lang erdröhnt das kleine Lincoln's Inn Fields Theatre unter immer neuen Lachsalven. Auf der Bühne steht eine kleine, fette Frau und singt aus Leibeskräften. Aber sie ist nicht die Cuzzoni und singt nicht die Arie der Kleopatra. Sie jault ihrem Liebsten Macheath nach. Macheath tritt auf, Obergangster aus Londons Unterwelt und so würdig, als sei er Händels Caesar, Ottone und Teseo in einem. Das Publikum kichert. Und es quietscht vor Vergnügen, als sich Gangster Macheath und sein Liebchen Polly so innig wie im Zaubergarten einer Händel-Oper anschmachten. Das Publikum brüllt vor Beigeisterung.

Macheaths Kumpane rücken an, eine wohldressierte Räubergang. Sie werfen ihre Beine im Takt. Ein Marsch erdröhnt. Das Publikum horcht auf. Diese Musik kennt man doch. Natürlich – das ist der Marsch aus Händels »Rinaldo«. Das Publikum jauchzt. Als aber am Ende Räuber Macheath zu aufbrausenden Händel-Klängen von dieser schnöden Welt Abschied nimmt, als klage wenigstens Caesar um den toten Pompejus, sind die Menschen im Parkett nicht mehr zu halten. Sie rasen vor Entzücken. Und während sie sich noch vor Lachen auf die Schenkel schlagen, fällt am 9. Februar 1728 der Vorhang über einen der größten Theatererfolge aller Zeiten, über John Gays und John Pepuschs »Beggar's Opera«.

Der Kniff dieser »Bettleroper« ist eigentlich ganz einfach. John Gay erzählt eine simple Schauergeschichte aus Londons Unterwelt. Aber er erzählt sie eben in der Art einer Händel-Oper und macht sie damit unwiderstehlich komisch. Und Komponist Pepusch, ein gebürtiger Berliner, hat kaum anderes getan, als allerlei bekannte Melodien zu einem schmissigen Potpourri zu verrühren. Aber wie die Pointen dem Zuhörer um die Ohren knallen und jeder Song ins Publikum zu grinsen scheint – das hat einen Drive und Witz, der die Zuschauer von den Stühlen reißt.

Das aber nicht nur bei der Premiere: Allein in einer einzigen Spielzeit wird die »Bettleroper« vor ständig ausverkauftem Haus über sechzigmal gegeben, eine Zahl, von der am Heumarkt selbst in den stolzesten Stunden nicht geträumt werden kann. Auch das Ausland greift nach diesem Hit. »Die Bettleroper« wird ein Welterfolg und bleibt es in Bert Brechts und Kurt Weills »Dreigroschenoper«-Fassung bis heute. Wann immer ein Theaterdirektor in Not gerät: Die »Dreigro-

Eintrittskarte zur Bettleroper

schenoper« sichert volle Kassen. Und nur einem Direktor hat das Werk von Gay und Pepusch kein Glück gebracht: Georg Friedrich Händel.

Händel kennt die beiden Herren gut. In den stillen Tagen beim Earl of Carnarvon schrieb ihm Gay das Textbuch zu »Acis und Galatea«, während Pepusch Carnarvons Hauskomponist war. Vielleicht sind aus dieser Zeit Händel gegenüber Ressentiments geblieben. Aber das muß nicht einmal sein. Vielleicht haben sich Gay und Pepusch gar nichts Böses gedacht, als sie das Händel-Werk so schamlos parodierten. Denn Parodien auf Händel hat es schon vorher gegeben und waren nur eine gute Reklame für seine Opern gewesen. Aber die »Bettleroper« ist wie ein Witz, der im genau richtigen Augenblick gemacht wird: Er braucht gar nicht so komisch zu sein – und doch brüllt alles vor Lachen. In diesem Fall steigert sich das Gebrüll zum Triumphschrei: Endlich hat jemand der italienischen Oper die Meinung gesagt!

Die Bürger mögen sie nicht als ein Spielzeug der Aristokratie. Die

Nationalisten verabscheuen sie, weil sie aus dem Ausland kommt. Die fanatischen Protestanten sehen im Kult um die gefeierten Kastraten eine widernatürliche Geheimwaffe des Katholizismus. Sittenstrenge Puritaner lehnen jedes Theater als Sündepfuhl ab. Und die gewöhnlichen Theatergänger zucken mit den Achseln. Sie verstehen ohnehin kaum, was auf der Bühne vor sich geht. Für all diese Gegner wird die »Bettleroper« die große Angriffswaffe. Ihr schnoddriger Witz wirkt tödlicher als Addisons geistreich geschliffene Attacken im »Spectator«. Im Mittelpunkt des höhnischen Gebrülls steht aber Händel, blamiert, beschämt, fast eine komische Figur. Nach der »Beggar's Opera« sind seine Opern einfach nicht mehr gefragt, und über sein Unternehmen ist das Todesurteil ausgesprochen.

Am 14. Januar 1729 wird es vollstreckt. Die Generalversammlung beschließt die Auflösung ihrer Royal Academy. Sie zeigt sich großzügig. Die Herren am Heumarkt dürfen den gesamten Fundus behalten. Und auch sonst braucht Händel nicht verzweifelt zu sein. Finanziell berührt ihn der Bankrott nicht, und sein Ruf als Komponist bleibt unversehrt. Das Kapitel »Oper« könnte für ihn eigentlich abgeschlossen sein.

Seltsamerweise schließt Händel das Kapitel nicht ab. Der Kämpfer erwacht wieder. Bisher hat immer er selbst das Ende eines Lebensabschnitts bestimmt, in Halle, Hamburg oder Venedig. Jetzt will er sich nicht das Ende von anderen aufzwingen lassen. Der immer Erfolgreiche kann sich offenbar nicht vorstellen, einmal keinen Erfolg zu haben. Anders läßt sich jedenfalls kaum erklären, warum Händel die nächsten zwölf Jahre lang mit fanatischem Ehrgeiz das Sorgenkind Oper doch noch durchzusetzen versucht und dafür die wahrscheinlich beste und produktivste Zeit seines Lebens opfert.

Händel läßt sich kaum eine Minute Zeit. Noch im gleichen Jahr 1729 beschließen Heidegger und er die Weiterführung der Royal Academy, diesmal auf eigenes Risiko. Zwar spendet der König weiterhin seine jährlichen tausend Pfund. Aber für alles andere müssen die Direktoren selbst einstehen. Zunächst sind sie optimistisch. Denn als für das neue Unternehmen Abonnenten geworben werden, ist die Nachfrage überraschend groß. Ganz hat also die »Bettleroper« das Interesse an italienischen Opern nicht auslöschen können.

Händel bricht nach Italien auf. Er weiß, daß sein neues Ensemble wenigstens so gut wie das alte sein muß. Sein kühnster Plan mißlingt jedoch: Als er für den nach Florenz abgereisten Senesino einen ähnlich berühmten Kastraten, Farinelli, verpflichten will, winkt der verwöhnte Star nur müde ab. Dafür gelingt dem Maestro die Entdeckung einer neuen Primadonna. Anna Strada, auch »das Schweinchen« genannt, hat viel mit der Cuzzoni gemein, Launen, Stimme und vor allem die unförmige Figur, die Londons Publikum zu Heiterkeitsstürmen hinreißt. Dennoch setzt Händel seine Miß Piggy als neuen Stern am Opernhimmel durch, und sie dankt ihm mit jahrelanger, unerschütterlicher Treue. Einige andere gute Sänger kommen hinzu, und Händel sieht der neuen Spielzeit mit einiger Zuversicht entgegen. Mit seinen beiden neuen Opern »Lotario« und »Partenope« wird sie schon gutgehen.

Sie geht nicht gut. London kichert immer noch über die »Bettleroper« und will vom alten Händel-Theater nicht viel wissen. Und wenn nicht der altbewährte »Julius Caesar« einige Zeit lang die Kassen halbwegs füllen würde, wäre wohl schon die erste Spielzeit das glatte Fiasko geworden. Händel begreift. Es geht nicht ohne die ganz großen Stars, ohne einen Superstern wie Senesino – ja, wenn der an den Heumarkt zurückzulocken wäre . . .

Händels Stolz macht eine harte Prüfung durch. Denn noch vor der Schließung der ersten Royal Academy hatte er sich mit dem Kastraten rettungslos überworfen. Es war sogar zu einem »Der oder ich« gekommen, und zu Händels Erschütterung war die unverblümte Antwort »Dann lieber Sie« gewesen. Aber jetzt siegt sein Theaterverstand über seinen Stolz. Senesino kehrt zurück und singt in gleich zwei Händel-Opern, »Scipione« und »Poro«, die Hauptrolle. Und als Händel auch noch sein altes Zugstück »Rinaldo« hervorholt, können der fast schon verzweifelte Heidegger und er mit einiger Erleichterung die dritte Spielzeit abwarten.

Auch sie geht halbwegs gut. »Ezio«, Händels neuestes Werk, wird zwar eine Katastrophe. Aber das Zauberstück »Orlando« läuft schon besser. Händel meint allmählich Atem holen zu können. Aber der Friede täuscht. Im Hintergrund formiert sich bereits eine neue feindliche Allianz, viel gefährlicher als Kritiker wie Addison. Dem war es bei aller Schärfe letztlich doch um Kunst gegangen. Den neuen Feinden geht es um Politik.

Man muß sich erinnern, daß die ersten Könige aus dem Haus Hannover, Georg I. und Georg II., nur sehr widerwillig auf den englischen Thron gestiegen waren. Sie sprachen kaum Englisch und hielten sich viel lieber in ihrer hannoverschen Heimat als auf den britischen

Inseln auf. Um so bereitwilliger hatten sie von 1721 an ihrem Premierminister Robert Walpole die eigentliche Macht im Staat überlassen, einem tüchtigen Mann mit vielen Gegnern. Händel selbst hat nicht viel mit Walpole zu tun. Aber er wie Walpole gelten als die Favoriten des Königshauses. Wird auf Händel gezielt, meint man Walpole zu treffen. Schüsse auf Walpole gelten eigentlich König Georg II., der 1727 seinem Vater Georg I. auf dem Thron gefolgt war. Und an der Spitze dieser Allianz gegen Händel, Walpole und die Hannoveraner Könige steht ausgerechnet der Sohn Georgs II., Prinz Friedrich von Wales. Er haßt den Vater – und damit auch Händel.

Der neue Opernkrieg fängt noch harmlos an. Boshafte Karikaturen erscheinen, aber Händel kann sie noch als Preis seiner Popularität werten. Doch dann setzt die Meute zur eigentlichen Hatz an. Ihr Ziel ist klar: Händel soll vernichtet, aus London verdrängt werden – welch Triumph über den König und seinen Minister! Der erste massive Angriff der Clique ist die Gründung eines eigenen Opernunternehmens. Ist es Zufall oder böse Ironie, daß sie sich dafür ausgerechnet das Lincoln's Inn Fields Theatre aussucht, die Aufführungsstätte der »Bettleroper«?

Deren Pächter John Rich hatte mit der »Bettleroper« so viel Geld verdient, daß er es nun in ein größeres Unternehmen investieren kann. Er wechselt in das Königliche Theater in Covent Garden über, Vorläufer der Covent Garden Opera, heute eines der berühmtesten Opernhäuser der Welt. Sein Entstehen verdankt also Covent Garden eigentlich einer Anti-Oper, einer Opernparodie – ein Witz für sich. Und wie ein Witz nimmt sich auch der Name der Händel-Konkurrenz am Schauplatz der »Bettleroper« aus: Sie nennt sich die »Adelsoper«.

Die Herren der »Adelsoper« holen zum zweiten Streich aus. Noch rauschen die Zauberstürme aus »Orlando« über die Bühne am Heumarkt, als zwischen den Kulissen unscheinbare Herren auftauchen und die Sänger tuschelnd beiseite ziehen: Was sie denn noch an dieser Pleitebühne wollen? Bei diesem Händel, dem großen Schwierigen, dessen Musik so laut dröhnt, daß man kaum die Sänger versteht? Drüben in der Adelsoper wird jedoch Nicola Porpora als musikalischer Leiter einziehen, der internationale Spezialist im Schöngesang, ein Freund der Sänger und Förderer ihrer erlesenen Stimmen. Und über die Höhe der Gage läßt sich auch noch sprechen ...

Die neue Spielzeit kommt. Händel will die Verträge abschließen. Aber keiner seiner Sänger steht ihm länger zur Verfügung. Alle wandern an die Adelsoper ab, Senesino an der Spitze. Nur die Strada bleibt treu. Aber mit ihr allein läßt sich kein Haus füllen. Händel müßte verzweifelt sein: Woher so rasch ähnlich berühmte Sänger nehmen? Und wie sie bezahlen?

Händel verzweifelt nicht. Dieser erstaunliche Mann und verwöhnte Erfolgsmensch zeigt, daß er auch in mageren Zeiten der Titan und Kämpfer bleibt. Sein rasch aus englischen Sängern zusammengestelltes Ensemble kann sich zwar mit dem der »Adelsoper« nicht messen, und Händels Gegner behaupten feixend, er hätte sogar seinen deutschen Bäcker Gustav Waltz als Bassisten beschäftigen müssen. Aber Waltz ist eigentlich ein Schauspieler, der recht gut singen kann, und macht Händel ebenso wenig Schande wie sein übriges Ensemble. Außerdem tritt es zunächst gar nicht in London auf. Händel reist mit seiner neuen Truppe nach Oxford.

Dort wird ihr Gastspiel eine Sensation. Zwar murrt man über die hohen Eintrittspreise. Aber schließlich drängen sich doch viertausend Menschen im Oxforder Sheldonian-Theater, und Händel kehrt mit vollen Kassen zurück. Jetzt kann er es sich leisten, den berühmten Giovanni Caerestini als Senesino-Ersatz zu verpflichten, und zu den vielen unfreiwilligen Pointen in Händels Opernlaufbahn gehört, daß ihm dazu ausgerechnet jener windige Spekulant verhilft, der seinerzeit von seinem Direktorenposten am Heumarkt mit der Theaterkasse nach Venedig geflüchtet war. Auch eine alte Bekannte kehrt in seine Truppe zurück, Margherita Durastanti, nicht ganz jung mehr, doch immer noch eine imposante Erscheinung. So gerüstet geht Händel in den Wettkampf mit der »Adelsoper«.

Wäre dies noch die gute alte Vor-»Bettleroper«-Zeit, müßten von diesem Duell eigentlich beide Partner profitieren. Das Publikum würde sich ebenso zu Porporas »Ariadne« drängen wie zu Händels Vertonung des gleichen Stoffs, allein um zu sehen, welcher Komponist Gewinner bleibt. Aber das Publikum drängt nicht. Für nichts interessiert es sich so wenig wie für dieses Händel/Porpora-Duell. Also Mißerfolg auf beiden Seiten: Sowohl für die neue Royal Academy wie für die Adelsoper schließt die Spielzeit mit einem gewaltigen Verlust.

Aber die Adelsoper hat den längeren Atem. Am Heumarkt gerät hingegen der genau rechnende Heidegger in Panik. Schon kann er kaum noch hoffen, wenigstens sein investiertes Geld zurückzubekommen. Und er ist kein Händel, der neben der Oper gewaltige andere Einnahmen mit Hofmusik und Notenverkauf hat. So ist es fast verständlich, wenn Heidegger seinem künstlerischen Direktor einen üblen Streich spielt. Heimlich verhandelt er mit den Herren der Adelsoper, und am Ende ziehen sie als die neuen Besitzer in Händels eigenes Haus ein. Dort knallen sie aber gleich zu Beginn der nächsten Spielzeit einen Trumpf auf die Bühnenbretter. In der ersten Produktion steht Senesino neben seinem größten Rivalen, dem von Händel vergebens umworbenen Farinelli, auf der Bühne, und auch die Cuzzoni ist nach London zurückgekehrt – an die Adelsoper. Eine solche Sensation reißt selbst das opernmüde London aus seinem Halbschlaf. Die Aufführung wird ein Riesenerfolg.

Gibt Händel nun auf? Er denkt gar nicht daran. Er ist dabei kein Schütz der Dresdener Zeit. Dessen Kampf um die Erhaltung der Hofmusik war eine Mission gewesen. Bei Händel kann man sich nicht recht vorstellen, daß für ihn die italienische Oper wirklich eine Herzensangelegenheit ist. Der Komponist hat so viele Möglichkeiten, sich musikalisch auszudrücken. Er könnte davon in aller Ruhe und mit jedem Erfolg leben. Denn das Publikum lehnt ja nicht seine Musik ab. Es will nur diese überspannten, künstlich aufgedonnerten Opern nicht mehr sehen.

Aber Händel will es wohl wissen. Er schreitet den einmal gewählten Weg bis an sein Ende aus. Und er scheut dabei nicht den Gang zu John Rich, dem Produzenten der »Bettleroper«. Dessen Covent-Garden-Theater ist zwar kaum mehr als ein Revue- und Amüsierbetrieb. Aber vielleicht verspricht sich der clevere Rich gerade deshalb von der Mitarbeit des weltberühmten Händel eine besondere Sensation.

Händel ringt jetzt verzweifelt um den Erfolg. Alle Krisen und Kümmernisse scheinen seine unermüdliche Produktivität nur noch zu steigern. Er studiert seine »Ariadne«-Oper neu ein. Er holt den seinerzeit durchgefallenen »Il pastor fide« aus der Versenkung. In drei Jahren entstehen fünf neue Opern, und wenigstens eine, »Alcina«, wird ein bescheidener Erfolg. Aber nichts gelingt so richtig, und es bleibt ein schwacher Trost, daß es der Adelsoper nicht besser geht. Auch sie steht vor dem Bankrott.

Das Jahr 1737 kommt. Allen dürfte klar sein, daß dieses Jahr für beide Unternehmen die letzte Spielzeit ist. Aber noch einmal bringt Händel ein neues Werk heraus. Am 18. Mai 1737 hat »Berenice« Premiere. Händel erscheint im Theater. Aber er nimmt nicht wie sonst am Cembalo Platz. Zusammengesunken sitzt er im Parkett. Alle

Blicke gehen zu ihm hin: Also stimmt, was man sich zuraunt. Der Maestro hat einen Schlaganfall erlitten. Sein Blick ist trübe, der Mundwinkel hängt herab – Abschied von einem Großen, der noch einmal sein Theater in altem Glanz erleben will. Aber auch »Berenice« wird ein Reinfall, und das Theater schließt ein paar Wochen später, vierzig Tage nach der in diesem Sommer gleichfalls geschlossenen Adelsoper.

Für eine Weile ist Händel aus London verschwunden. Doch im Herbst ist er wieder da. Er hat sich in Aachen einer Kur unterzogen, und jetzt führt er natürlich wieder eine neue Oper im Gepäck. Er kann es also nicht lassen, und seltsamerweise erklärt sich der gewiefte Heidegger zur Zusammenarbeit bereit. Beide residieren wieder am Heumarkt, und ein großes Happy-End kündigt sich an: Bei der ersten Premiere, »Faramando«, empfängt den eintretenden Komponisten begeisterter Beifall.

Aber der Applaus gilt dem Künstler, nicht der Kunst. »Faramando« fällt ebenso durch wie drei Monate später »Xerxes«, Händels schwierigste Oper, von der sich nur das berühmte Largo bis heute als musikalischer Dauerbrenner hält. Händel steht vor einem Rätsel: Es kann doch nicht sein, daß die Zeit ihn überholt hat? Bei seinem letzten Italienaufenthalt hat er doch die neuesten Entwicklungen in der Oper studiert und sie in sein eigenes Werk aufgenommen. Am internationalen Standard gemessen sind also seine Werke hochmodern, viel raffinierter und anspruchsvoller als der grobgerasterte Stil früherer Jahre. Ein Weltstadt-Publikum müßte also begeistert sein. Aber es begeistert sich nicht. Es langweilt sich zu Tode. Und als für die nächste Spielzeit Abonnenten geworben werden sollen, meldet sich kein einziger Interessent. Händels Opernhaus schließt für immer.

Noch zwei Opern wird Händel schreiben. Aber das sind schon Rückzugsgefechte. Händel begreift allmählich wohl, daß es nicht an ihm und seinem persönlichen Versagen, sondern am Versagen der Kunstform Oper liegt, wenn sie sich in London nicht durchsetzt. Sie hat auf einen Irrweg geführt, und Händel selbst beschleunigt noch ihren Untergang, wenn er in seinen letzten Werken immer schwieriger wird und damit besser zu werden meint. Jetzt steht er an der Endstation und scheint sich zu Tode gesiegt zu haben. Der immer Erfolgreiche ist am Ende der große Verlierer im Opernkrieg.

Am 10. Februar 1741 fällt ein letztes Mal der Vorhang über Händels letzter Opernschöpfung »Deidamia«. Damit ist nach zwanzig Jahren und vierzig Werken das Kapitel »Oper« für ihn abgeschlossen, und auch mit ihm selbst könnte es zu Ende sein. Schon verkünden Feinde wie der Prinz von Wales, der alte Herr sei wohl erledigt, ihm falle nichts mehr ein. Aber Händel fällt immer noch etwas ein. Der alte Kämpfer rüstet sich zur neuen Schlacht. Denn im Jahr, da ihm seine »Deidamia« das Abschiedslied von der Oper singt, hatte er schon längst wieder einen neuen Anfang gefunden. Händels größte Zeit beginnt, als sie schon beendet zu sein scheint.

»Sein Wesen kennt kein Mittelmaß . . .«

Händel ist nun Mitte fünfzig, und man sieht ihm seine Jahre an. Aus der früheren blendenden Erscheinung ist ein massiger älterer Herr geworden, dessen gewaltig aufgequollener Leib die Lieblingsbeschäftigung des Komponisten verrät: schweres, gutes Essen zu Strömen von Bier oder Wein. Karikaturisten haben leichte Arbeit. Sie zeigen ihn mit Schweinskopf zwischen den Überresten eines gigantischen Mahls – so Joseph Goupy auf dem Blatt »The Charming Brute«. »Das charmante Ungeheuer«: Der Titel kennzeichnet recht genau die englische Mischung aus Schauder und Respekt gegenüber dem riesigen Deutschen.

Schon 1726 hatte Händel die britische Staatsbürgerschaft erhalten. Aber er bleibt der unverkennbar Fremde, mit seinem cholerischen Temperament so unbritisch wie nur denkbar. »Sein Wesen kennt kein Mittelmaß . . .«, heißt es in seinem Oratorium »Saul« über den Bibelkönig. Es gilt auch für Händel.

Alle Blicke folgen »Mr. Handel«, wenn der Hüne durch die Straßen schreitet. Die Menschen kichern über seine Aussprache, die nie ganz den deutschen Akzent verliert. Sie schütteln den Kopf über seine Launen und fast sprichwörtlichen Wutausbrüche. »Hush! Hush! Handel is in a passion!« wird ängstlich geflüstert, wenn jemand bei einem Konzert zu spät zu kommen wagt: »Schnell! Schnell! Händel ist in Fahrt!« Aber zugleich bewundert man ihn auch. Dieser Mann ist *so wonderfully crazy*, so herrlich verrückt. Das liebt man.

Sein internationaler Ruhm ist kaum zu übertreffen und reicht selbst bis Amerika. Überall in der Welt finden sich Gemeinden, die jeden Händel-Klang als Offenbarung aufnehmen, und schon 1738 wird ihm

The Charming Brute

in London ein Denkmal errichtet. Keiner seiner zahlreichen Fehlschläge, kein Spott und böser Angriff haben seinen Ruhm mindern können. Hinter dem öffentlichen Marmorbild steht aber ein Mensch aus Fleisch und Blut. Er hat viele Gesichter.

Es gibt den volkstümlichen Händel, der gern in Kneipen und Vergnügungsparks geht, durch Gemäldegalerien streift, sich in den Buchläden über die neuesten Noten beugt und einen unbekannten jungen Kollegen rasch auf ein Bier einlädt, großzügig, witzig, voller Humor und immer neuer kauziger Einfälle. Dann wieder steht dieser Mann vor dem Spiegel seines Ankleidezimmers. Er zieht sich sorgsam und dezent an. Seine Bewegungen werden leicht und höfisch. Händel ist jetzt der untadelige Kavalier, und in den Salons der Aristokratie umdrängt man ihn, der so gut plaudern kann und so amüsante Geschichten weiß. Nur manchmal streift ihn auch ein banger Seitenblick: Soll nicht derselbe Mann im Umgang mit Sängern und Musikern das wahre Ungeheuer sein?

Dort zählt für Händel nur die Arbeit. Vergessen sind Charme und großzügiger Humor. Er hört jeden falschen Ton, duldet nicht die geringste Unregelmäßigkeit. Seine erste Royal Academy war auch deshalb in die finanzielle Katastrophe geraten, weil kein anderer mit dem Orchester einen solchen Aufwand treibt wie Händel. Aber er will das so, er braucht das. Auch hier darf es kein Mittelmaß geben. Und ein musikalischer Monumentalstil wird geschaffen, der oft die feineren, leiseren Töne in seinen Kantaten und Suiten überhören läßt. Irgendwann streift aber Händel nicht mehr durch die Straßen. Irgendwann plaudert er nicht mehr in den Salons oder arbeitet in seinem Theater. Dann ist er in seinem Haus allein mit sich und dem schönen weißen Papier, auf das er in rastlosen Nachtschichten seine Noten hinwühlt. Keine allgegenwärtige Familie erwartet ihn, kein Kindergewimmel, keine Frau. Irgendwo wieselt Johann Christoph Schmidt herum, ein alter Studienkollege aus Halle. Als treu ergebenes Faktotum beaufsichtigt er die Dienerschaft, kümmert sich um die ausgedehnten Geschäfte des Meisters und kopiert seine Noten. Und irgendwann zieht sich auch Schmidt zurück. Im Haus ist es still.

Längst wohnt Händel nicht mehr beim Earl of Burlington. Er besitzt jetzt eine eigene Residenz in der Lower Brook Street am Hanover Square, in einer der besten Gegenden der Stadt. Innen sieht es nicht viel komfortabler aus als im Haus Bach. Auf schöne Möbel oder Teppiche, entnimmt man seiner Nachlaßliste, scheint Händel keinen Wert gelegt zu haben, übrigens auch nicht auf einen eigenen Wagen. Um so mehr liebt er kostbare Gemälde und gibt dafür viel Geld aus. Allein zwei Bilder von Rembrandt hängen in seinem Salon. Der Meister kann es sich leisten. Denn nicht einmal die Opernpleiten haben seine robusten Finanzen erschüttern können. Händel bezieht eine hohe Rente vom königlichen Hof, verdient viel am Notenverkauf seiner Werke und ist an der Börse ein tüchtiger Spekulant in Wertpapieren. Mit wenigstens zweitausend Pfund Einkommen im Jahr dürfte er der bestbezahlte Künstler seiner Zeit sein und könnte sich jeden Luxus leisten. Und doch ist es um den Privatmann Händel, diesen in der Öffentlichkeit so lauten, dröhnend auftrumpfenden, immer neuen Projekten nachjagenden Menschen, eigentlich recht still.

Er hat keine Familie. Seine Mutter ist 1730 gestorben. Die übrige deutsche Verwandtschaft hat in ihm einen guten Schwager, Bruder und Onkel, der Geld und liebe Briefe schickt. Das ist auch schon alles. Er hat zahllose Freunde, aber seit Mattheson keinen wirklichen Freund. Und er hat keine Frau.

Psychologen wissen es natürlich ganz genau: Händel hat nie geheiratet, weil er sich sein Leben lang an die über alles geliebte Mutter gebunden fühlt. Der Verdacht versteckter Homosexualität liegt damit nahe und macht sich wie immer gut. Nur gibt es dafür in Händels Werk und Leben nicht den geringsten Anhaltspunkt. So wird denn eine Anekdote hervorgekramt: Wohl noch in Hamburg hatte sich eine reiche Bürgerstochter in Händel verliebt. Aber die Mutter hatte die feine hanseatische Nase gerümpft: »Einen Bierpfeifer bringst du mir als Mann?« Händel aber, in wildem Gram, hatte von da an jeden Gedanken an eine andere Ehe zurückgewiesen. So kursieren denn Legenden und Gerüchte um den ehelosen Mann. Seltsamerweise hat sich aber noch niemand gefragt, woher dieses übermäßig anspruchsvolle und in seiner Schaffenswut unersättliche Arbeitstier eine passende Frau hätte hernehmen sollen.

Eine biedere Bürgerin wie die Bach-Frauen sind an seiner Seite ebensowenig vorstellbar wie eine seiner Theaterprimadonnen. Und der Adel unterscheidet fein zwischen dem bewunderten Künstler und einem möglichen Ehemann oder Schwiegersohn. Zwischen Händel und einer ganzen Reihe hochgestellter Aristokratinnen gibt es zum Teil recht innige Beziehungen. Aber alle sind mehr schwesterlich-mütterlicher Art. Und in seinen Opern fällt das gelegentliche Motiv einer unerfüllten, verlorenen oder unerreichbaren Liebe auf – hat es auch in Händels Leben eine solche Liebe gegeben? Und galt sie gar nicht einer bestimmten Frau, sondern einer Idealpartnerin, wie es sie auf Erden für einen Mann wie Händel gar nicht geben konnte?

Wir wissen es nicht. Aber wir können vermuten, daß sich bei Händel hinter der goldstrotzenden Fassade seiner in allen glühenden Farben lodernden Existenz ein sehr einsamer Mensch verbirgt, viel einsamer, als Schütz und Bach je gewesen sind. Er ist allein mit sich und seiner Arbeit. Sie bleibt sein einziger wirklicher Gefährte. An ihr hängt er mit selbstzerstörerischer Leidenschaft.

Manchmal bricht er zu Reisen auf. Aber Arbeit sind auch sie. Händel hetzt durch Deutschland, durch Italien. Für einen letzten Besuch bei der todkranken Mutter bleiben nur ein paar knapp bemessene Stunden Zeit. Dann wieder geht es zur Kur aufs Land und schließlich nach Aachen. Freunde haben ihn dazu fast zwingen müssen, und auch hier hat er nur das Ziel, bald wieder fit für neue Arbeit zu sein. Die anderen schütteln den Kopf: Wie dieser Mann das nur schafft, den man nach seinem Schlaganfall fast schon aufgegeben hatte! Aber jetzt, um 1740, scheint er wieder ganz der Alte zu sein. Und im Jahr darauf bricht er nach Irland auf, natürlich der Arbeit wegen. In der irischen Hauptstadt Dublin soll sein jüngstes Werk aufgeführt werden, ein Oratorium mit dem Titel »Der Messias«.

Wir denken zurück: In Rom hatte Händel zum ersten Mal die Form des Oratoriums kennengelernt, und sie hatte ihn beeindruckt. Aber er war der Oper, nicht der Oratorien wegen nach Italien gekommen. Dann, ein Dutzend Jahre später, erneute Versuche: »Esther« entsteht und »Acis und Galatea«. Wieder bleibt es beim Ansatz. Händel selbst scheint ihn vergessen zu haben.

Andere sind nicht so vergeßlich. Zum Beispiel will 1732 der Kollege Bernhard Gates Freund Händel eine Geburtstagsfreude machen und führt im »Gasthaus zur Krone und Anker«, einem beliebten Treffpunkt der Londoner Musikwelt, mit einigen englischen Sängern, einem Knabenchor und einem Laienorchester »Esther« auf. Händel sitzt wohl in der ersten Reihe. Er mag staunen, wie frisch die eigene Musik wirkt und wie gut sie noch ankommt – und das bei wesentlich geringerem Aufwand als bei Opern.

Jetzt könnte schon der Gedanke in ihm reifen, auch in den Heumarkt-Spielplan Oratorien aufzunehmen. Zunächst ist das wohl nur als einmaliger Versuch und Lückenfüller im Programm geplant. Händel überarbeitet »Esther« und dehnt es zu einem abendfüllenden Werk.

Am 2. Mai 1732 hat es Premiere, und die Londoner staunen: Auf der sonst so üppig überladenen Bühne ist eine Dekoration nur angedeutet. Stars wie Anna Strada und Senesino zeigen keine phantasievoll aufgeputzten Kostüme, sondern tragen Alltagskleidung. Sie singen auch nicht italienisch, sondern englisch. Englisch singt auch der Chor. Man versteht jedes Wort. Und das Staunen legt sich. Man hört zu und findet diese Art Theater eigentlich sehr ansprechend. »Esther« wird nicht gerade ein Triumph, aber doch ein guter Erfolg.

Oratorien kommen in Mode. Jeder will sie hören. Händel selbst hat wohl noch nicht ganz begriffen, was ihm für ein Fund gelang. Auch noch der nächste Anstoß muß von außen kommen, als ein Konkurrenzunternehmen ohne Rücksicht auf irgendwelche Urheberrechte und mit beträchtlichem Erfolg »Acis und Galatea« auf die Bretter hebt. Händel sagt sich mit Recht, daß er das selber und besser kann. Auch »Acis und Galatea« erscheint in überarbeiteter Fassung auf seinem Spielplan.

Das Oratorium setzt sich durch. Die Gründe liegen auf der Hand. Denn was hatte an der italienischen Oper so gestört? Ihre verworrenen Bücher, die unverständlichen Texte, die überspannten Helden mit ihren abstrusen, eigentlich ganz belanglosen Einzelschicksalen, die niemand ernst nimmt, nur sie selbst – in den Oratorien werden dagegen schlichte Geschichten aus der Bibel erzählt, in klarer, verständlicher Form mit wenigen, deutlich charakterisierten Einzelpersonen und einem Chor, ohne Ablenkung durch technische Tricks und wild wogenden Bühnenzauber. Und die Musik ist so schön, sie geht so gut ein. Der vernünftige Engländer kann sich auf sie konzentrieren und weiß, was er für sein Geld bekommt. Das – und nicht die Oper – ist seine Kunst.

Der Theatermann Händel erkennt natürlich auch die anderen Vorzüge des Oratorienspiels. Einmal ist es so herrlich billig. Man braucht kein Vermögen in Kostüme, Dekorationen und Technik zu investieren. Für die Einzelstimmen genügen englische Sänger, so daß man sich nicht länger mit den viel zu teuren, immer unzufriedenen Primadonnen jederlei Geschlechts herumärgern muß. Vor allem finden sich für Oratorien viel leichter geeignete Stoffe. Es brauchen keine verwickelten Tragödien zu sein. Einfache Geschichten, gut in Chor- und Einzelszenen aufzugliedern, tun es auch. Der ganze dramaturgische Ballast entfällt, aller pathetischer Plunder. Und Händel mag auch schon dumpf ahnen, was dann in den nächsten Jahren Gewißheit wird:

Auch ihm selbst, seiner ureigenen Natur und seiner nach Klarheit, massigem Ausdruck und wuchtiger Größe strebendem Künstlertemperament entspricht die schmucklose Oratorienform viel mehr als alle verschnörkelt ziselierte Opernkünstelei.

Die Kämpfe zwischen Heumarkt und Adelsoper wogen noch, der Krieg um die Oper ist noch im vollen Gang, als aus der Oratorienmode schon ein wahres Oratorienfieber wird. »Oh, wenn Sie das Oratorium nicht gehört haben, dann haben Sie überhaupt nichts gehört!« stöhnt es wohlig im Brief eines Zeitgenossen. Und seit langem hört Händel am Heumarkt wieder Beifall wie in seinen besten Zeiten. Der große Erfolg ist da.

Er macht Händel wohl ein wenig übermütig. Denn als er nun für sein Theater ein eigenes Oratorium schreibt, »Deborah«, bleibt der Erfolg aus. Das hat praktische Gründe: Voll Vertrauen auf die neue Attraktivität hatten Heidegger und Händel die Eintrittspreise schamlos erhöht, dazu noch zu einer Zeit, als auch Premierminister Walpole die Steuerschraube anzieht. Hämische Vergleiche zwischen Walpole und Händel liegen nahe. Händel muß zurückstecken. Noch ist der Oratorienkampf nicht zu Ende.

Den eigentlichen Durchbruch bringt 1733 das schon beschriebene Gastspiel in Oxford. Diesmal stehen nur Oratorien im Programm, neben »Esther«, »Deborah« und »Acis« auch die eigens für diesen Anlaß geschriebene »Athalia«. Händel stößt nicht nur auf Begeisterung. Professoren maulen über die Horde unzivilisierter Musikanten, die in die ehrwürdige Universitätsstadt eingefallen ist. Aber die Vorstellungen, zwei am Tag, sind ausverkauft, und Händel kann mit zweitausend Pfund Gewinn in der Tasche zurück nach London in die nächste Theaterschlacht ziehen.

Jetzt füllen Oratorien schon ganze Spielzeiten. Ohne sie wäre es schon viel früher zum großen Opernbankrott gekommen. Und allmählich scheint sich auch der *Künstler* Händel für die neue Form zu interessieren. Ein neues Terrain will ausgeschöpft sein. »Deborah« war noch ein hastig aus früheren Arbeiten zusammengestoppeltes Potpourri gewesen. Der Text ist nicht besser als frühere Händel-Texte auch. Aber jetzt liegt ihm eine wirkliche Dichtung vor, eine des bedeutenden Dichters John Dryden aus dem letzten Jahrhundert: »Das Alexanderfest«. Sie wird Vorlage für das nächste Händel-Oratorium – und wieder ein Erfolg.

Händel mag staunen. Die gleichen Leute, die seine doch viel aufwen-

digeren, an szenischen Effekten und musikalischen wie dramaturgi-
schen Finessen überquellenden Opern meiden, sitzen bei seinen Oratorien aufmerksam lauschend auf ihren harten Bänken. Sie vermissen
nicht die Dekoration, nicht die italienischen Superstars. Sie hören nur
der Musik zu. Aber sind es noch die gleichen Leute?
Bei den Bürgern ist die Oper nie beliebt gewesen. Sie hatten sie als
überspannt und unseriös verurteilt. Aber diese Oratorien mit ihren
meist frommen Texten sind etwas ganz anderes. Bei ihnen fühlt man
sich fast wie in der Kirche, und auch der tugendsamste Mensch kann
hineingehen, ohne heimlich schamrot zu werden. So erschließen die
Oratorien mit der Zeit auch ein neues Publikum. Nach dem Adel
gewinnt Händel die Bürger.
Auch hier gibt es Feinde. Vor allem Geistliche protestieren gegen dieses Theater im frommen Gewand, und schon bei »Esther« hatte Londons Bischof ausdrücklich verboten, dieses Werk je in einer Kirche zu
spielen. Händel und seinem neuen Publikum ist das gleich. Seine
Spielstätte bleibt das Theater, und das ist jedesmal voll, wenn wieder
ein Oratorium auf dem Programm steht.
Der Zusammenbruch von 1737 setzt eine Pause. Aber nach der Rückkehr aus Aachen nimmt Händel wieder die Oratorienkomposition
auf. Gleich zwei große Werke entstehen, »Saul« und »Die Kinder
Israel«. Jetzt experimentiert Händel schon bewußt. »Saul« ist eigentlich eine Fortsetzung der früheren Heldenopern in verknappter Form.
»Die Kinder Israel« haben jedoch nur einen wahren Helden, das Volk,
und nur einen Star, den Chor. Immer mehr steht er im Mittelpunkt
eines Oratoriums. So zeichnet sich schon die Linie ab, die zum größten aller Händel-Oratorien führt. Im Sommer 1741 entsteht in nur
vierundzwanzig Tagen »Der Messias«.
Einiges ist vorausgegangen. Händel hat seine endgültige Niederlage
als Opernkomponist erlitten. Sein letztes Werk, »Deidamia«, wird
gerade noch dreimal gegeben. Auch er muß eingestehen: Dieses Terrain ist für ihn endgültig erschöpft. Nach seinem bisherigen Lebens-
gesetz müßte jetzt eigentlich der spontane Aufbruch zu neuen Grenzen kommen, die Suche nach einem neuen, unverbrauchten Terrain.
Aber Händel ist kein Jüngling mehr. Die Krankheit hat an ihm stärker
gezehrt, als er zugeben will. Man meint Anfälle geistiger Umnach-
tung zu beobachten. Und seine Gegner grinsen über diesen Musiker,
dessen große Zeit vorüber ist.
Händel sucht sich keinen neuen Lebensraum. Aber er bricht zu einer

Reise auf, ins irische Dublin. Irlands Vizekönig William Cavandish hat ihn gebeten, einige Wohltätigkeitskonzerte zugunsten kranker Gefängnisinsassen zu geben. Solche Bitten schlägt Händel niemals ab. Er macht sich auf den Weg, den fertigen »Messias« im Gepäck.

Mit der Geschichte des christlichen Erlösers hat Händel das erste und einzige Mal für ein Oratorium einen Stoff aus dem Neuen Testament gewählt. Ist ihm, dem sonst gar nicht so Frommen, in den Wochen seiner schweren Erkrankung die religiöse Erleuchtung gekommen? Haben wir es von jetzt an mit einem »frommen« Händel zu tun? Die Fragen bleiben ohne Antwort. Vielleicht ist es Händel zunächst nur auf einen Stoff angekommen, der an Erbarmen und Nächstenliebe appelliert. Aber auch später bleibt »Der Messias« solchen Anlässen vorbehalten. Gerade an diesem Werk verdient der sonst so genau rechnende Geschäftsmann Händel keinen Pfennig. Und das spricht eben doch für einen Ausnahmewert innerhalb des Händel-Werks.

Vielleicht läßt sich sagen, daß der publikumsbewußte, erfolgsorientierte Händel zum ersten Mal ein Werk vor allem für sich selber schreibt. Er sagt, was er zu sagen hat, ohne Schnörkel und Finessen. Er findet dabei zu einer Sprache, die aller Monumentalität zum Trotz klar und einfach bleibt. Anders als in früheren Oratorien wie »Deborah«, in die Händel ungeniert theatralische Effekte setzt und selbst vor reißerischen Wirkungen nicht zurückscheut, ist hier der Komponist kein verhinderter Dramatiker, der lediglich seine Mittel zügelt, sondern ein Erzähler, der seine Geschichte mit großem Atem ausbreitet. In manchem fühlt man sich an Bach und seine Matthäus-Passion erinnert.

Bach kommt von erzählender Kirchenmusik her und findet eine fast theatralische Form. Händel kommt vom Theater und stößt zum großen musikalischen Erzählen vor. Sowohl die Matthäus-Passion wie »Der Messias« sind Ausnahmewerke. Sie entziehen sich jedem Schema und passen in kein Klischee. Sie gehören ganz und gar ihren Komponisten als tönende Monumente für die beiden Giganten des 18. Jahrhunderts.

Händel fühlt sich in Irland wohl. Die Ruhe im Vergleich zum hektischen London, die Verehrung einer großen Gemeinde, der Erfolg seiner Konzerte, früherer Oratorien und schließlich des »Messias« am 13. April 1741 tragen wahrscheinlich mehr zu seiner endgültigen Genesung bei als die Gewaltmethoden bei der Kur in Aachen. Fast zehn Monate bleibt Händel auf der vom freundlichen Regenbogen überzogenen Insel und teilt Freunden mit, er fühle sich so gut wie nie und habe auch noch nie so gut gespielt. Dann kehrt er nach London zurück, neuen Kämpfen entgegen. Aber er spürt auch neue Kraft. Er ist jetzt »der Mann, der den ›Messias‹ schrieb«.

Der Mann, der den »Messias« schrieb

Der Erfolg von Dublin wiederholt sich in London nicht. Dort findet »Der Messias« nur höflich-laue Aufnahme. Händel bleibt ruhig. Gerade dieses Werk wird er nicht, wie manche früheren Mißerfolge, nahezu mit Gewalt beim Publikum durchzudrücken versuchen. Er beläßt es bei einigen wenigen Aufführungen und nimmt es dann für Jahre ganz vom Spielplan. Es scheint ihn nicht zu bedrücken. Nicht, daß er nicht selbst von seiner Qualität überzeugt wäre, im Gegenteil: Jahre später noch grübelt er darüber nach, was ihn zum »Messias« inspiriert hat, göttliche oder irdische Kraft. Das sind bei Händel ungewohnte Töne. Von diesem Werk an scheint er sich zu wandeln.
Er wirkt jetzt ruhiger, weniger gehetzt. Er bleibt bei seinem ungeheuren Arbeitstempo. Aber zugleich zeigt er auch größere Gelassenheit. Die Krise nach dem Niedergang seiner Oper scheint überwunden. Mit ruhiger Kraft geht er nun daran, das Oratorium durchzusetzen – und ein neues gewinnbringendes Theaterunternehmen aufzubauen. Schauplatz ist das Covent-Garden-Theater.
Zunächst greift Händel auf einen Stoff zurück, mit dem er sich vor seiner Irland-Reise beschäftigt hatte. »Samson« ist die Geschichte des geblendeten Helden aus dem Alten Testament, der in die verderblichen Fänge seines ebenso schönen wie schlechten Weibes Delilah gerät. Wieder, wie beim »Alexanderfest«, hat es Händel mit einer wirklich großen Dichtung zu tun, von einem wirklich großen Dichter, dem legendären John Milton. Arm und blind war Milton 1674 gestorben. Er hinterläßt diese »Samson«-Dichtung, ein tiefböses, welt- und menschenverachtendes Werk, ein düsteres Denkmal seiner selbst.
Händel verachtet weder Welt noch Menschen. Aber der Theatermann erkennt sofort die dramatischen Vorzüge des Werks: wieder eine klare, einfache, jedem Zuschauer von der Bibel her vertraute Geschichte mit einem übergroßen Helden, ähnlich wie bei »Saul«. Er hört die Gelegenheit zu prachtvollen Soli und herrlichen Chören her-

aus. Seine Rechnung geht auf. Als er sich im Februar 1743 den Londonern seit längerer Zeit wieder als Komponist vorstellt, hat er beträchtlichen Erfolg.

Nach »Samson« will er mehr wagen. Einen Monat später hat »Der Messias« seine Londoner Uraufführung. Aber diesmal zeigt sich das Publikum überfordert. Es vermißt die Vielzahl von Arien, versteht die Chöre nicht und weiß überhaupt nicht so recht, ob dies noch ein Oratorium ist oder nicht eigentlich schon ein musikalischer Gottesdienst. Die Verwirrung steigt noch mehr, als zum Schluß die Chöre aufjubeln. Viele erheben sich von ihren Plätzen, halb andächtig, halb verlegen. Und natürlich protestiert die Geistlichkeit gegen die Anmaßung des Herrn Händel, Kirche ins Theater zu bringen. Wie war es bei Bach gewesen? Wurde da nicht gesagt, er hätte Theater in die Kirche gebracht?

Bei Händel meint man, eine gehörige Portion List zu erkennen. Er schreibt Oratorien, diese Zwitter zwischen Oper und Konzert. Aber schreibt er nicht eigentlich doch Opern, nur eben im oratorischen Gewand? Kämpft der alte Abenteurer also weiter? Vielleicht als Antwort auf einen Brief des alten Freundes Aaron Hill? Der hatte ihn während der noch wütenden Opernkämpfe angefleht, von den italienischen Abstrusitäten zu lassen und endlich die große englische Oper zu schaffen. Aber Händel schafft die englische Oper nicht. Er schafft Händel-Werke. Und jetzt heißen sie eben nicht mehr Opern, sondern Oratorien.

Seine Feinde, immer noch mächtig, sind auf der Hut. Mißtrauisch äugen sie nach Covent Garden hinüber. Ist »Semele«, das erste Werk nach »Samson« und »Messias«, überhaupt noch ein Oratorium oder nicht schon wieder eine Oper? Und wie steht es mit dem penetrant frommen, fast schon bigotten »Joseph und seine Brüder«, Händels schlechtestem Oratorium, das er wohl zur Beschwichtigung der aufgebrachten Geistlichkeit rasch und unfertig in den Spielplan geschoben hat? Anders als »Samson« haben »Semele« und »Joseph« wenig Erfolg. Aber sie zeigen doch auch, daß der alte Löwe immer noch lebt.

Ihre Bastion haben Händels Feinde im altvertrauten Theater am Heumarkt. Dort gibt es keine Adelsoper mehr, dafür einen gewissen Lord Middlesex. Er macht ein eigenes Opernunternehmen auf. Die Konkurrenz von Covent Garden will er auf eine Art erledigen, neben der sich die Abwerbungsmethoden der Adelsoper hochanständig ausnehmen. Der Lord, kein feiner Mann, hat offenbar beste Beziehungen zu Londons Unterwelt. Er läßt seine eigene Version einer Gangster- und Bettleroper spielen – diesmal nicht auf der Bühne, sondern in der Wirklichkeit.

Wer im Winter 1744 nach Covent Garden geht, um sich dort »Semele« oder »Joseph« anzuhören, wird schon vor dem Eingang von düsteren Gestalten angerempelt. Sie beschimpfen und bedrohen die Besucher. Es kommt zu Prügeleien, und der Radau setzt sich im Theater fort. Kaum eine Vorstellung verläuft ohne Unterbrechung und Störungen. Der König selbst greift schließlich ein, und die übelsten Rädelsführer werden festgenommen. Der Lord ist ruiniert. Er muß sein Theater schließen. Händel triumphiert. Und sein Triumph scheint vollkommen, als er nach Middlesex' Zusammenbruch mit seinem eigenen Unternehmen wieder in das Haus am Heumarkt einzieht.

Jetzt scheint Händel danach zu fiebern, an der vertrauten Stätte im alten Glanz hervorzutreten. Er hat auch schon einen idealen Oratorienstoff, »Belsazar«, die Geschichte des babylonischen Königs und der von ihm in Knechtschaft gehaltenen Juden. Unerbittlich treibt er seinen Autor Charles Jennens an. Aber Jennens, der schon die Texte für den »Messias« schrieb, läßt sich nicht so tyrannisieren wie damals der armselige Rossi. Er nimmt sich Zeit. Entschieden zuviel Zeit, wie der ungeduldige Händel findet. So stürzt er sich auf ein anderes Werk, diesmal aus der altgriechischen Sagenwelt, »Herakles«, bis schließlich die Arbeit an beiden Werken parallel läuft. In nur wenigen Wochen sind die beiden monumentalen Oratorien fertig – selbst für Händel ein Rekord.

Im Winter 1745 kommen sie im Abstand von zwei Monaten heraus. Aber Händels Scheintriumph am Heumarkt folgt die Ernüchterung. Weder »Belsazar« noch »Herakles« kommen beim Publikum an. Die Kasseneinnahmen sind verheerend. Auch Händels Oratorienbühne scheint also der sicheren Pleite entgegenzuwanken.

In Händel meldet sich der Kaufmann. Ihm steht kein Heidegger zur Seite. Aber auch er kann rechnen. Er zieht Bilanz und kommt zum trüben Resultat, daß am Ende der Spielzeit ein so riesiger Verlust bleiben wird, daß selbst er ihn nicht mehr verkraften kann. Die Saison muß abgebrochen werden. Aber da sind noch die Abonnenten. Händel hat ihnen eine bestimmte Zahl von Aufführungen garantiert, für die sie im voraus bezahlt haben. Und Händel ist ein Bankrotteur, aber kein Betrüger.

Der alte Komponist sitzt an seinem Schreibtisch. Er schreibt den rührendsten, demütigsten Brief seines Lebens. Noch einmal schildert er, wieviel Mühe er sich gab, »sich einem englischen Publikum zu empfehlen«. Er betont, »daß die englische Sprache ... sich am besten für die volle und feierliche Art von Musik eignet«. Er gibt zu, »daß meine Anstrengungen, zu gefallen, keine Wirkung mehr tun«. Es mögen denn seine treuen Freunde hinnehmen, daß die Spielzeit schon nach einem Viertel des geplanten Programms abgebrochen wird. Der Brief des »ergebensten Diener G. F. Handel« schließt mit der lakonischen Aufforderung: »In Mr. Handels Haus in Brook Street, beim Hanover Square, kann von neun Uhr früh bis zwei Uhr nachmittags, am Montag, Dienstag und Mittwoch, das Subskriptionsgeld, gegen Rückgabe des Billets, abgeholt werden ...«

Der erprobte Theatermann Händel hat natürlich die rührende Wirkung dieses Briefs im Auge. Ein kleiner Proteststurm zu seinen Gunsten erhebt sich. All seine Feinde scheinen jetzt verstummt. Dafür beklagt jeder das »Mißgeschick des großen Meisters«, und viele verzichten auf die Rückgabe des Geldes. Einer schwingt sich gar zu einem schwungvollen Verteidigungsgedicht auf. Dort heißt es dann in Anspielung auf das schon errichtete Händel-Denkmal: »Die Büste stellt man auf – der Mann mag Hungers sterben ...«

Ganz so schlimm steht es natürlich nicht. Der Hungertod droht Händel nie. Und die Großzügigkeit seiner Anhänger versetzt ihn sogar in die Lage, in der nächsten Spielzeit einige der ausgefallenen Veranstaltungen nachzuholen. Doch bleibt es ein Schwanengesang. Händel wird ein zweites Mal besiegt.

Sein schlimmster Feind ist dabei die Zeit. Er hat sich mit den Jahren ein ausgezeichnetes Ensemble überwiegend englischer Sänger aufgebaut. Aber diese Sänger werden nicht jünger. Nachwuchs findet sich nicht so schnell. Und auch Händel selbst ist nun schon ein erkennbar alter Mann. Das Feuer, mit dem er früher andere mitzureißen verstand, verglimmt allmählich.

Händel ist krank. Gicht plagt ihn. Gebückt geht er durch Londons Straßen, und mehr mitleidige als bewundernde Blicke folgen ihm jetzt. Wieder zeigen sich Anzeichen geistigen Ausfalls. Ein Leben in Maßlosigkeit beginnt sich zu rächen. Das übermäßige Essen, die Unmengen von Alkohol, die er in sich hineingoß, die durchwachten Nächte, die rastlose Arbeit in ständiger Hetze – das alles fordert seinen Preis. Der frühere Berserker zeigt jetzt eine Milde, die ihm völlig wesensfremd ist. Seine Oratorien kommen nicht an? Also gut, man wird keine Oratorien mehr schreiben. Und die Oper? Für Händel nur noch ein Stück Vergangenheit – mit resignierender Gleichgültigkeit sieht er jetzt auf die Versuche anderer, die Oper im italienischen Stil doch noch durchzusetzen.

Am Heumarkt wird wieder Oper gespielt. Die Unternehmer zeigen beträchtlichen Ehrgeiz. Sie holen aus Mailand einen jungen Meister dieser Kunst, den 1714 geborenen Christoph Willibald Gluck. Eigentlich stammt Gluck aus der Oberpfalz. Aber in London geht er als »Signor Gluck« allgemein als Italiener durch. Er hat in Mailand große Erfolge gehabt. Jetzt soll er sie in London wiederholen, wohl in bewußtem Kontrast zum alten Händel-Stil. Gluck hat dazu wenig Lust. Und wahrscheinlich hätte er den Auftrag von vornherein abgelehnt, wenn er gewußt hätte, daß er indirekt gegen Händel gerichtet ist. Denn Gluck verehrt den Altmeister. Sein Weg führt ihn denn auch gleich zum Hanover Square, und wieder einmal scheint sich eine jener Sternstunden anzubahnen, wie man sie sich immer von der Begegnung zweier ganz Großer erhofft. Und wieder findet eine solche Sternstunde nicht statt.

Bei jüngeren Kollegen ohne Erfolg kann Händel sehr großzügig sein. Ist einer aber so erfolgreich wie Gluck, macht er sich beim alten Herrn verdächtig. Schon vor seinem Besuch hatte Händel geknurrt, dieser junge Fant verstünde nichts von Komposition. Jetzt blättert er gelangweilt in der Partitur des ersten Werks, das Gluck für den Heumarkt vorbereitet. Händel lächelt ein wenig, sehr müde und etwas geringschätzig. Gluck habe sich zu viel Mühe gegeben, meint er nur. Die Engländer wollen solche Mühe nicht. Sie wollen Musik, die aufs Trommelfell dröhnt. Er soll damit recht behalten. Denn auch Gluck bleibt in London der Erfolg vorenthalten. Er verläßt das Land bald wieder und wird dann in Paris und Wien der große Reformer und Wegbereiter der modernen Oper. Seine Händel-Verehrung bleibt jedoch unangetastet, und immer wieder betont er, was er von ihm gelernt hat: Größe im Verein mit Einfachheit.

Am Heumarkt werden weiterhin Opern gespielt und ironischerweise sind es überwiegend Händel-Opern, zunächst noch schamhaft hinter anderen Titeln und Überarbeitungen verborgen, schließlich von einer neuen »Ottone«-Produktion in aller Offenheit. Der Meister selbst wird nicht erst lange gefragt, und er scheint es hinzunehmen. Der Vulkan ist erloschen. Allerdings glimmt unter der erstarrten Lava ein

Funke weiter. Wieder einmal fehlt es nur am Anlaß zu einem neuen Ausbruch.

Diesen Anlaß bringt die Politik: Mit Queen Anne, Händels königlicher Gönnerin, hatte ein letztes Mal ein Mitglied der Familie Stuart auf dem englischen Thron gesessen, jener unseligen schottischen Königssippe, die von der im 16. Jahrhundert hingerichteten Maria Stuart über den gleichfalls enthaupteten *unhappy king* Karl I. bis zum ebenso schmählich wie unblutig verjagten Jakob II. die traditionellen Pechvögel der englischen Geschichte gestellt hatten. Nach Königin Anna sollte nun im protestantischen England mit den katholischen Stuarts endgültig Schluß sein. Die Könige aus dem Haus Hannover kamen an die Macht. Aber die Stuarts können nun einmal von ihren immer etwas wirren und phantasievoll aufgeputschten Machtträumen nicht lassen.

1746 ist es wieder einmal soweit. Stuartprinz Karl Eduard landet in seiner schottischen Heimat. Jubel empfängt ihn. Denn die Schotten hängen an ihrer alten Herrschersippe. Die Hauptstadt Edinburgh öffnet sich Karl Eduard. Eine erste Schlacht gegen die Engländer wird geschlagen und gewonnen. Jetzt rücken die Truppen des Prinzen gegen London vor. Dort bricht Panik aus. Jeder sieht sich schon in den Klauen der Stuarts.

Aber es bleibt ein typisches Stuart-Unternehmen: glorioser Anfang, gehetzter Zwischengalopp und am Ende die Katastrophe. Bei Culloden kommt es zur Schlacht. Der Aufstand wird niedergeschlagen. Schottland stöhnt auf. Denn die britischen Könige verstehen sich auf die hohe Kunst grausamer Rache, und viel schottisches Blut fließt. In London kennt man aber nur das eine Gefühl: gesiegt zu haben. Und man kennt nur einen Helden: den jungen Herzog von Cumberland, den Sieger von Culloden.

Eine Welle nationaler Begeisterung rast durch das Land, und die bisher so unbeliebten Herrscher aus Hannover sonnen sich in ihrem Glanz. Die Stuarts hätten ihnen keinen größeren Gefallen tun können als diese unselige Invasion.

Die Welle packt auch den alten Händel. Seine Begeisterung ist echt. Längst fühlt er sich als ergebener Untertan Seiner Britischen Majestät und hat im übrigen dem Haus Hannover einiges zu verdanken. Jetzt schreibt er ein Siegesoratorium, auch das »Gelegenheitsoratorium« genannt. Noch gelingt kein Meisterwerk. Aber seine Arbeitslust scheint zurückgekehrt. Er schreibt ein weiteres Oratorium zum Ruhm der britischen Könige. Am 1. April 1747 wird in Covent Garden »Judas Maccabäus« uraufgeführt.

Bei drei gut besuchten Vorstellungen war das »Gelegenheitsoratorium« ein Achtungserfolg geworden. »Judas Maccabäus« wird ein Triumph. Über fünfzig Vorstellungen erlebt das Oratorium allein zu Händels Lebzeiten. Erst viel später verdrängt es »Der Messias« vom ersten Platz unter den beliebtesten Händel-Werken. Und »Judas Maccabäus« bleibt kein englischer Erfolg. Er geht um die halbe Welt und begeistert überall. Das liegt nicht allein an künstlerischen Qualitäten. Händel hat hier einen Nerv der Zeit getroffen.

»Judas Maccabäus«, wieder ein Stoff aus dem Alten Testament, der den Triumph der Kinder Israels über ihre Feinde beschreibt, feiert den Sieg. Aber auch die Schrecken des Krieges werden beschworen. Der Titelheld verherrlicht den Sieger Cumberland. Aber als Frucht eines jeden Kriegs wird auch ein dauerhafter und glücklicher Frieden gefordert. »Judas Maccabäus« ist ebenso Kriegs- wie Friedensepos, und Händel erzählt es in einer einfachen, jedermann verständlichen Sprache ohne Pathos und musikalische Schnörkel. Nichts hört im Jahr 1747 ein breites Publikum lieber. Nichts könnte es mehr begeistern. Wieder staunt man, *wer* da so begeistert ist. Es wurde schon gesagt, daß Oratorien mehr die Bürger als den Adel ansprechen. Diese Entwicklung entfaltet sich nun voll. Londons Bürger strömen in Scharen herbei und füllen das Theater bis auf den letzten Platz. Händel, praktisch wie immer, hilft noch etwas nach. Für »Judas Maccabäus« hebt er das kostspielige Abonnement auf und drückt die Eintrittspreise drastisch. Diesmal geht die Rechnung auf. Die Kassen schwappen über, wenn »Judas Maccabäus« auf dem Programm steht, 1747 ebenso wie in den kommenden Jahren.

Unverhofft steht Händel auf einem nicht mehr erwarteten Gipfel seiner Laufbahn. Er hat doch noch London erobert und doch noch in Gestalt der Oratorien die Oper durchgesetzt. Und es ist nicht nur die kleine Schicht der Premierensnobs und Theatertiger, die ihm jetzt zu Füßen liegt. Er hat das ganze London gewonnen. Der König schätzt ihn. Im Adel hat er seine Anhängerschaft. Und jetzt strömt ihm das breite Publikum zu. Berühmter und beliebter kann Händel nicht mehr werden. Er steht auf der Höhe, der Barbierssohn aus Halle, der einst aufbrach, die Welt zu erobern, und blickt jetzt in weite Fernen. Und allmählich breitet sich darüber Dunkel aus, nur noch manchmal von grellem Feuerschein erhellt.

Der Himmel steht in Flammen. Raketen, blau, rot, grün, zischen in die dunkle Höhe. Goldregen faucht. Feuerräder drehen sich. Im Hintergrund dröhnen die Geschütze. Und das Flammenmeer erfaßt das leichte Holz der Pavillons am Flußufer. Der Bau qualmt in eindrucksvollem Purpurrot nieder. Die Zuschauer staunen: Das ist wirklich perfekte Regie! Und dann staunen sie nicht mehr. Sie schreien auf in wilder Angst. Denn die Funken sind nun auch auf andere Häuser gesprungen. Auch sie gehen in Flammen auf, und das steht nicht mehr im Programm. Die Feuersbrunst ist echt.

Panik bricht aus. Die vielen tausend Menschen drängen fort. Einer stolpert über den anderen. Viele stürzen zu Boden, und die Masse trampelt über sie hinweg. Es gibt Verletzte und Tote. Aber das Feuer wird eingedämmt, und bald sind die Schrecken vergessen. Alle denken nur an dieses einmalige Feuerwerk zurück – und an die herrliche Musik, die dazu ertönte. Natürlich stammt sie von keinem anderen als Georg Friedrich Händel. Er ist der eigentliche Sieger dieses Tags, an dem ein ganz anderer Sieg gefeiert werden sollte.

1748 geht der Krieg um die österreichische Erbfolge zu Ende. In Aachen wird Frieden geschlossen. Alle Beteiligten geben sich zufrieden. Preußenkönig Friedrich hat nun häufig genug seinen Namen in den Zeitungen gelesen. Kaiserin Maria Theresia hat zwar nicht eigentlich gesiegt, sich aber doch mit erstaunlicher Bravour behauptet. Und auch in England ist man zufrieden. Jedenfalls tut man so. In Wahrheit ist man eher verlegen. Denn schon die Frage, was in diesem Krieg Engländer überhaupt zu suchen hatten, ist den Untertanen nicht ganz einfach zu beantworten. Und Englands sogenannter Sieg fällt, bei Licht betrachtet, eigentlich recht schäbig aus.

Aber man kennt auch damals schon das Gesetz: Was nicht groß ist, wird für groß erklärt – und das so lange und ausführlich, bis selbst der Dümmste mitbekommen hat, daß es sich um etwas ganz Großartiges und Einmaliges handelt, um einen kaum noch vorstellbaren Triumph. Also her mit dem größten Feuerwerk aller Zeiten, das diesen Sieg der Siege feiert – und die Musik darf natürlich nur vom Komponisten Nr. 1., vom »Mr. Handel« sein.

Händel geht geduldig an die Arbeit. Schließlich ist er solche Aufträge gewohnt. Schon fünf Jahre vorher hatte sein »Dettinger Tedeum« einen ähnlichen Anlaß gefeiert und bleibt entschieden länger im

Gedächtnis als die betreffende Schlacht und ihr Zufallserfolg. Und nun beschwört er in den glühendsten Farben einen anderen Sieg, der keiner war. Nie hat er mit ähnlichem Aufwand gearbeitet. Selbst echte Geschütze setzt er ein. Und die breite Masse braucht endlich nicht mehr für teures Eintrittsgeld nach Covent Garden zu gehen, um eine Händel-Premiere zu erleben. Allein zur Generalprobe, noch ohne Feuerwerk, strömen über zwölftausend Menschen. Alle Straßen sind hoffnungslos versperrt. Und nach der Uraufführung ist Händel der populärste Mann von ganz England.

Nach soviel Kämpfen und Niederlagen ist dieser Sieg für Händel doppelt Balsam. Geschmeichelt nimmt er die Einladung an, dem hochexklusiven Kommittee zum Unterhalt des Londoner Findelhauses beizutreten. Schon drei Jahre zuvor war er erstes und einziges Ehrenmitglied der »Societät der Wissenschaften« geworden, in die 1747 auch Bach gebeten wird. Bach, erinnern wir uns, gibt sich große Mühe. Er läßt sich eigens malen und legt zur Aufnahme eine neue Komposition vor. Händel gibt sich solche Mühe nicht. Die Ehrung aus Deutschland ist nur eine von zahllosen Erfolgstrophäen seiner Laufbahn, und Händel heftet sie sich ebenso gleichmütig an wie die umstritten gebliebene Ehrendoktorwürde der Universität Oxford.

Die Arbeit fürs Findelhaus nimmt Händel ernster. Gleich noch einmal dirigiert er seine Feuerwerksmusik und überläßt dem Institut die Einnahmen des Konzerts. Er schenkt dem Haus eine Orgel. Und wann immer ein Wohltätigkeitskonzert angesetzt wird: Der alte Meister steht bereit. Aber er ist auch schlau genug, die Ehrung für ein eigenes Sorgenkind zu nutzen, für den »Messias«. Von 1748 an wird das Werk zugunsten des Findelhauses regelmäßig aufgeführt und löst nun keinerlei Verwirrung mehr aus. Jetzt hat »Der Messias« seinen angemessenen Rahmen und wird mit der Zeit Händels beliebtestes Oratorium.

Händel kann zufrieden sein. Triumphe wie »Judas Maccabäus« feiert er nicht mehr. Aber seine Oratorien sind nun durchgesetzt. »Judas«, »Saul« oder »Samson« kann er beliebig oft ansetzen, und jedesmal ist das Theater voll. Zwei Schichten im Publikum scheinen dabei diese Oratorien besonders anzusprechen: einmal die Damen der besseren Gesellschaft, die eine Schwäche für diesen so aufregend männlichen, dabei so rätselhaft unbeweibten Komponisten und seine so männlich-entschiedenen Kompositionen haben, und dann Londons wohlhabende Juden. Sie wissen es dem Meister zu danken, daß er sie nicht zu antisemitischen Spottfiguren verzerrt, sondern mit Saul, Samson und Judas Maccabäus Juden als kraftvolle Heldengestalten auf die Bühnenbretter stellt. Außerdem sind gerade Juden die glühendsten britischen Patrioten, und an Patriotismus läßt es der Händel dieser Jahre wahrlich nicht mangeln.

»Judas Maccabäus« folgen zwei thematisch verwandte Oratorien. Aber auch Händel kann Erfolge nicht herbeizwingen. Die Begeisterung der ersten Stunde ist verbraucht. Krieg und Sieg lassen sich nicht mehr so stürmisch feiern. Also feiert Händel den Frieden. In seinem nächsten Oratorium zeigt er den Judenkönig »Salomon« als Idealbild eines Friedensfürsten. Dabei handelt es sich beim biblischen Modell um eine eher schillernde Figur, weise und gerecht zwar, aber auch anfällig für Götzendienst und Vielweiberei. Händel und seinen Textautor Thomas Morell stört das nicht. Sie schniegeln so lange ihren weisen Salomon, bis er in den edelsten Farben leuchtet, und das Publikum klatscht höflich Beifall. Salomon und sein Reich – das ist natürlich König Georg II. und sein erstarktes britisches Empire.

Der regelmäßige Besuch von Oratorien gehört nun schon zur feinen englischen Art. Die Zeit der Pleiten scheint vorbei. Und selbst das Problem eines überalterten Ensembles löst Händel und geht dabei nicht eben zimperlich vor. Er rächt sich an der Konkurrenz vom Heumarkt und wirbt ihr kurzerhand die besten Sänger ab. Ein anderer Senesino, eine neue Strada oder Cuzzoni sind nicht dabei, aber doch wenigstens eine Caterina Galli, die neue Primadonna von Händels Oratorientheater.

Aber eigentlich hat dieses Theater nur einen Star: den Meister selbst. Das alte Theaterpferd weiß sich nach wie vor blendend zu verkaufen. Schon in seine frühen Oratorien hatte er die Möglichkeit zu ausgiebigen Orgelimprovisationen von seiner begnadeten Hand eingebaut und mit diesem alten Erfolgsrezept die Star-Anbeter im Publikum mitgerissen. Jetzt inszeniert er die eigenen Auftritte wie einen heiligen Akt: Der Hohepriester der Musik bittet zur theatralischen Messe. Zunächst wird gewartet, bis auch der letzte Besucher im Zuschauerraum Platz genommen hat. Alle Mitwirkenden sind schon auf der Bühne versammelt. Nur der Meister fehlt. Im Saal ist es mäuschenstill. Jetzt werden zwei Kerzen hereingetragen und auf die Orgel gestellt. Dann erst tritt der Meister selber auf, leicht gebeugt, doch eindrucksvoll. Der Saal jubelt. Händel scheint den Beifall nicht zu hören: »Unter lautem Händeklatschen setzt er sich, und die ganze

Das letzte Porträt Händels

Musikkapelle beginnt im gleichen Augenblick zu spielen. Als Inter-
mezzo trägt er Konzerte seiner eigenen Komposition vor, entweder
allein oder mit Begleitung des Orchesters ...« So beschreibt eine
Französin einen solchen Händel-Auftritt, und die Dame fügt hinzu:
»Die italienische Oper, in drei Akten, gefällt uns sehr viel weniger ...«

Ein weiteres Mal erlaubt sich das Schicksal mit Händel einen Witz. Wie hat er für die Oper gekämpft! Welche Niederlagen mußte er erleiden! Was für ein Bankrott stand am Ende! Und jetzt, in den Augen einer unbefangenen Betrachterin, die wahrscheinlich von allem Vorausgegangenen nichts weiß, scheint die so heiß verteidigte Oper endgültig besiegt – durch Händel selbst.

Auf den alten Komponisten könnten ruhige letzte Jahre im warmen Abendschein früherer Erfolge zukommen. Er braucht sich ja nur noch zu wiederholen, um Theater und Kasse zu füllen. Aber der kampfgewohnte Abenteurer kann das Kämpfen auch jetzt nicht lassen. Nachdem er die Möglichkeiten des Terrains Oper bis zur Neige ausgeschöpft hat, scheint er jetzt wissen zu wollen, wie weit er auf dem neuen Territorium der Oratorienkunst gehen kann. Erfolg beim Publikum läßt ihn aber dabei eher gleichgültig. Er ist der »Messias«-Komponist. Er schreibt Musik für sich selbst.

Das Oratorium »Susanne« eröffnet diesen Abschnitt später Experimentierlust. Gleich nach »Salomon«, im Sommer 1748, ist es entstanden, und noch vor »Salomon«, im Februar des nächsten Jahres, bringt es Händel heraus. Die Londoner haben einiges zum Staunen und die Geistlichen zum Protestieren. Denn im Rahmen einer biblischen Episode bringt Händel sehr irdische und deutlich erotische Dinge zur Sprache: Eine junge Frau wird des Ehebruchs bezichtigt. Sie wehrt sich. Es kommt zum Prozeß, und das Werk gipfelt in einem Loblied auf die Gattenliebe – eigentlich ein merkwürdiges Thema für einen eingefleischten Junggesellen. Aber Händel ist ja nie ein Weiberfeind gewesen, und in seinen Werken gelingen ihm Frauen meist besser und lebendiger als die manchmal etwas blutleeren und schematisch abgefeierten männlichen Helden.

»Susanne« mag Händel selbst erschrecken. Vielleicht ist er doch zu weit gegangen. Jedenfalls zieht er das Werk trotz zweier gut besuchter Vorstellungen gleich wieder zurück und wählt als nächste Vorlage einen betont züchtigen Stoff aus der Welt des frühen Christentums und seiner Verfolgung im alten Rom. Händel findet ihn in einem Roman des letzten Jahrhunderts, und eigentlich ist diese Geschichte um das schöne Römermädchen Theodora ein rechter Schmarren, eine schwülstige Schnulze um Liebe und Opfertod mit vielen effektvollen Grausamkeiten. Aber gerade in »Theodora« scheint Händel vernarrt zu sein. Er macht fast schon ein Kammerspiel daraus, ohne große Chöre, und ihm gelingt mit seinem Lieblingsoratorium ein zärtlich-

intimes Werk, das in den feinsten Farben seiner Kunst gemalt ist.
Aber gerade dieser Liebling fällt durch, gründlicher und grausiger als
jedes andere Händel-Oratorium. Und es bleibt auch beim Mißerfolg,
trotz einiger schüchterner Versuche Händels, »Theodora« doch noch
durchzusetzen. Aber auch diesen Mißerfolg nimmt er gelassen und
hat dafür eine ironisch augenzwinkernde Erklärung parat: »Die Juden
kommen nicht, weil es ein christlicher Stoff ist, und die Damen nicht,
weil er moralisch ist ...«

Es gibt noch andere Erklärungen. Einmal hat Händel an das Ende seines Lieblingswerks nicht den üblichen Triumph gestellt. Und dann
haben im Frühjahr 1750 die Londoner ganz andere Sorgen als die Leiden einer edlen Christenmaid. Ein Erdbeben sucht die Stadt heim.
Viele flüchten aufs Land. Die Theater sind leer. Händel selbst bleibt
ganz ruhig. Er reist nicht ab und läßt sich auch nicht durch aufbre-
chende Naturgewalten in seinem still gewordenen Lebensrhythmus
stören.

Freunde beobachten, daß es in dieser Zeit Händel so gut wie lange
nicht mehr geht. Er wirkt gesund und ausgeglichen. Wutausbrüche
werden selten.

Man rühmt die Güte in seinem sanft gewordenen Blick und den
Humor, der immer wieder aus seiner Tiefe aufscheint.

Nach jahrzehntelangen Kämpfen scheint Händel seine innere Ruhe
gefunden zu haben, ein alter Mann, der sich an seinen Bildern freut
und sich um seine umfangreichen Geldgeschäfte kümmert. Sachkun-
dig und sorgsam hat er seine Riesenhonorare angelegt, er gilt als sehr
reich, und im eifrig seine Schätze hütenden und vermehrenden alten
Händel meint man auch die scharfgeschnittenen Züge Vater Händels
zu erkennen: Ganz vermag der große Herr und Abenteurer seine
besitzbürgerliche Herkunft nicht zu verleugnen.

Nur genauen Betrachtern dieser Jahre fallen auch die Anzeichen
zunehmender Altersschwäche auf. Ein müde gewordener Mann
arrangiert sich mit sich selbst und seiner immer größeren Einsamkeit.
Schon sind viele seiner Freunde gestorben und auch mancher Feind
wie der glücklose Kronprinz Friedrich, der am Ende doch noch zur
Händel-Gemeinde fand. Auch Heidegger stirbt und Aaron Hill, beide
längst vergessen. Die Spuren seines früheren Ensembles verlieren
sich in alle Windrichtungen. Längst ist die treue Strada aus seinem
Leben verschwunden und auch die nicht so treue Bordoni, die in
Venedig den Komponisten und Händel-Konkurrenten Johann Adolf

Hasse geheiratet hatte. Nur die Cuzzoni taucht noch einmal leibhaftig aus dem Nebel der Erinnerung auf.

Sie ist nun nicht mehr das Wunder an Eleganz und Stimme, das früher einmal Londons Opernpublikum in quietschende Begeisterung hineinzwang. Vor Händel steht eine fette, alte, ziemlich ungepflegte Frau, eine verkommene Schlampe, die weder den Teufel im Leib noch Nachtigallen im Bauch hat. Von ihrer Stimme blieb nur ein krächzendes Kreischen. Dennoch tritt sie noch auf und muß es tun, denn von ihren früheren Riesengagen blieb ihr kein Shilling mehr. Händel zeigt sich hilfsbereit wie immer. Es heißt sogar, er hätte der erbarmenswert um Nachsicht bettelnden Ex-Primadonna die Mitwirkung im »Messias« erlaubt, aber das tut er dann weder der Cuzzoni noch dem »Messias« an. Er beläßt es wohl bei etwas Geld und mag der in ihre italienische Heimat zurückkehrenden Frau ein melancholisches Lächeln nachsenden: Wie herrlich sie sich einst gestritten hatten – und wie jung sie beide damals waren . . .

Händel ist alt. Er weiß es. Er beginnt, sein Haus zu bestellen. Er reist noch einmal nach Deutschland. Aber das wird kein glückliches Unternehmen, und auf einer holländischen Straße überschlägt sich sein Reisewagen. Händel bleibt unversehrt und kehrt nach London zurück. Er entwirft ein erstes Mal sein Testament. Aber der Unermüdliche beginnt zugleich auch ein neues Oratorium. Es wird sein letztes sein.

Seit »Judas Maccabäus« ist sein Textautor Thomas Morell, ein liebenswerter und gebildeter Geistlicher, der sich leider in seinen Texten nie entscheiden kann, ob er nun mehr Prediger oder Dichter ist. Auch seine Neigung zu klassischen Zitaten an jeder passenden und vielen unpassenden Stellen stört. Aber am schlimmsten wird es, wenn er in sich den Poeten entdeckt und der Poet die Sprache in ihrer ganzen Schönheit. Dann stelzen und klappern seine Verse, daß sie Händels Musik gar nicht laut genug übertönen kann, und so intensiv der Komponist mit Morell arbeitet: Mit ihm hat er ebensowenig Glück wie mit seinen meisten anderen Textautoren auch, vom längst verstorbenen Nicola Haym einmal abgesehen.

Jetzt hat Morell wieder einmal ein Bibelthema hervorgesucht, »Jephta«, die grausame und erschütternde Geschichte um einen Mann, der vor einer Schlacht gelobt, im Fall eines Siegs den ersten zu opfern, der ihm bei der Rückkehr entgegentritt. Er siegt, er kehrt zurück – und als erste tritt ihm die eigene Tochter entgegen.

Händel ist fasziniert. Hier entdeckt er völlig neue Möglichkeiten und würde wohl am liebsten ganz und gar ein Musikdrama schaffen, ohne alle Chöre. Aber das hatte schon »Theodora« um den Erfolg gebracht. Doch weiß sich Händel zu helfen. Was ihn als Komponisten nicht interessiert, borgt er sich bei anderen aus. In diesem Fall bedient er sich großzügig bei seinem böhmischen Kollegen Franz Wenzel Habermann, und dem mittelmäßigen Habermann trägt diese freundliche Leihgabe den Ruf eines »böhmischen Händel« ein.

Der deutsch-englische Händel jedoch konzentriert sich nach dem elegant gelösten Chorproblem ganz auf Konflikt und Charaktere. Er arbeitet so genau wie in keinem anderen Oratorium und verwendet die lebendigsten, leisesten Klänge darauf, ohne alles auftrumpfende Pathos, leicht und exakt. Das ist eigentlich schon kein Oratorium mehr. Das zielt bereits auf das Musiktheater der Nach-Gluck-Zeit, auf eine Oper, die allen Schwulst überwindet und allein den Menschen in all seiner Tragik in den Mittelpunkt stellt.

Am 2. Februar 1752 wird »Jephta« uraufgeführt. Wir wissen nicht, ob es wenigstens ein Achtungserfolg war. Händel selbst ist das um diese Zeit sehr gleichgültig. Er kämpft jetzt mit einem ganz anderen Problem.

Im Januar 1751 hatte Händel mit »Jephta« begonnen. Erst im August schließt er es ab, ein Händel-Rekord an langer Arbeitszeit. Aber er hat diesmal auch nicht in einem Zug gearbeitet. Immer wieder wird er unterbrochen. Denn Händel wird krank. Im Februar 1751, mitten in »Jephta«, notiert er zum ersten Mal: Ich sehe plötzlich auf dem linken Auge nichts. Dann bessert sich sein Zustand wieder. Händel schließt den zweiten Akt ab. Offenbar ist er übermüdet, braucht eine Kur. Aber sie bringt keine Linderung. Die Sehstörungen nehmen zu. Man weiß jetzt: Händel wird blind.

Am Ende aller Kämpfe

Dumpf tönt die Trauermusik. Sie stammt nicht von Händel. Im dichtgefüllten Gotteshaus drängt sich, was in London Rang und Namen hat. Händel ist nicht darunter. Drei Chöre singen. Der Bischof spricht. Alle Häupter neigen sich zum Gebet. Auf dem gewaltigen Sarg leuchtet der Samt purpurn auf. Er ist eines Königs würdig. Und einen König trägt man auch zu Grab: Georg Friedrich Händel, verstorben am 14. April 1759. Dreitausend Menschen geben ihm sechs Tage später das letzte Geleit: eine allerletzte festliche Händel-Premiere vor vollbesetztem Haus.

Er findet sein Grab in der Westminster Abbey, der Ruhestätte für Englands Könige. Er selbst hatte sich das in aller Unschuld gewünscht, und ohne Widerspruch kommt man der Bitte nach. Über den Tod hinaus setzt er sich durch, und ein letztes Mal meint man den Blick zurück auf seine Anfänge zu spüren, auf die Bürgerwelt von Halle und die Sorgen des Vaters, wie nur einmal dieser mißratene Sohn enden soll. Jetzt endet er hier, zwischen toten Fürsten selbst ein Fürst.

Bis an sein Sterbebett hat er regiert. Denn die acht Jahre zuvor einsetzende Erblindung hatte wohl einen Einschnitt, nicht aber das Ende seiner Arbeit bedeutet. Dem sentimentalen Betrachter verdirbt er die Vorstellung vom in ewiger Dunkelheit dahinvegetierenden Genie gründlich. Händel bleibt Händel auch ohne Augenlicht. Er kämpft. Und er siegt. Daran ändert seine Krankheit nichts.

Jahr um Jahr findet eine Oratorien-Spielzeit statt. Anfangs sitzt Händel noch selbst an der Orgel. Er engagiert sogar einen von Kindheit an blinden Musiker, der ihn in alle Schwierigkeiten blinden Spielens einweihen muß. Und durch den Saal geht jedes Mal ein erschüttertes Raunen, wenn es im »Samson« heißt: »Völlige Finsternis! Sonne nicht, noch Mond . . .« oder der »Jephta«-Chor singt: »Wie hart, wie dunkel, Herr, ist dein Beschluß . . .« Jeder weiß, daß es an dieser Stelle war, wo Händel zum ersten Mal das Nachlassen seiner Sehkraft spürte, und Händel weiß, daß es die anderen wissen. Da setzt dann der alte Komödiant eine wirkungsvolle Pause, reißt weit die toten Augen auf und starrt mit blindem Blick ins ergriffene Auditorium.

Seine Krankheit wird ein öffentliches Anliegen. Die berühmtesten Ärzte werden herangezogen, leider auch der unsägliche Taylor. Die Zeitungen berichten regelmäßig über den Gesundheitszustand des Maestros, immer im Ton mitleidsvollen Respekts. Am wenigsten Mitleid mit Händel hat er selbst. Sein Arbeitstempo läßt kaum nach. Zwar komponiert er nichts eigentlich Neues mehr. Aber vor jeder Saison überarbeitet er die zur Wiederaufnahme anstehenden Oratorien, macht einen letzten Versuch mit seinem Lieblingsschmerzenskind »Theodora« und gräbt noch 1757 ein Frühwerk für eine neue Fassung aus, den »Triumph der Zeit« aus römischen Tagen. Über ihn selbst scheint die Zeit nicht zu triumphieren, und seine Sänger, die auf ruhigere Zeiten gehofft hatten, sehen sich grausam getäuscht. Bei den Proben, die meist bei ihm zu Hause stattfinden, ist Händel immer noch der alte, unerbittliche Dompteur.

Sein letztes großes Werk, meinen Ironiker, ist sein Testament. Händel verwendet unendliche Mühe darauf. Wie in seiner Musik soll nichts dem Zufall überlassen sein. Schon einmal, um 1750, hatte er seinen Letzten Willen niedergelegt. Damals war eine Nichte in Deutschland die Haupterbin gewesen. Inzwischen scheint ihn der Gedanke zu plagen, irgendeinem Unbekannten Unrecht zu tun. Durch halb Europa zieht sich seine Korrespondenz. Überall wird nach Händel-Verwandtschaft geforscht. Und jeder aufgespürte Verwandte erhält seinen Anteil am Erbe.

Es ist nicht eben gering. Allein Händels Staatspapiere haben einen Wert von über siebzehntausend Pfund, und mit allem übrigen besitzt er ein Vermögen von wohl zwanzigtausend Pfund, nach heutiger Währung und Kaufkraft runde zwei Millionen Mark. Das Haus kommt noch hinzu, die Instrumente, Partituren und Gemälde, Händel verteilt alles sorgsam und gerecht. Selbst »Beggar's Opera«-Prodzent John Rich, der ihn in Covent Garden aufnahm, wird bedacht und bekommt die vom Komponisten selbst angeschaffte Orgel des Theaters zugesprochen.

Händels Nichte bleibt die Haupterbin. Aber auch Faktotum Schmidt, des Komponisten anderes Ich in seinen blinden Jahren, erhält zweitausend Pfund, ein anderer treuer Diener, Duburk, sechshundert Pfund. Tausend Pfund stehen für notleidende Künstler bereit. In seinem Testament erleben wir noch einmal den großzügigen, hilfsbereiten Händel, den Fürsten, der verschwenderisch seine Güter verteilt.

Ein letztes Mal hat Götterliebling Händel Glück. Ein widerlicher Streit um seine Hinterlassenschaft wie nach Bachs Tod entbrennt nicht. Denn ein letztes Mal hat er genau die Menschen gefunden, die er braucht: Schmidt zum Beispiel erhält neben den Instrumenten auch die Partituren, verkauft sie später als geschlossene Sammlung an das Königshaus, und so werden sie nicht wie die Bach-Partituren in alle Winde zerstreut. Erbe Duburk wiederum ersteht vom empfangenen Geld Händels Haus, so daß es eine würdige Gedenkstätte in den richtigen Händen bleibt.

Wie aber steht es um Händels eigentliches Erbe? Was ist mit seiner Musik? Ist er nur der Meister einer bestimmten Zeit und so vergänglich wie sie? Oder wird er auch ein Anreger für die Zukunft sein? Endet oder beginnt mit ihm eine Entwicklung?

Konzentrieren wir uns nur auf den Kernteil seines Schaffens, sein Opern- und Oratorienwerk. Was hat dieses monumentale Gesamtwerk aus vierzig Opern, über zwanzig Oratorien und einem runden Dutzend weiterer Bühnenmusiken der Musik und dem Musiktheater gebracht?

Auf den ersten Blick muß es kurz und niederschmetternd heißen: Nichts. Sowohl die Opern wie die Oratorien haben in Sackgassen geführt. Seine Oratorien werden keine Nachfolge haben. Die Form des Oratoriums verschwindet wieder aus dem Zentrum des Musiktheaters und wird über die Jahrhunderte hin zu einer nur am Rande und vereinzelt gepflegten Sonderform. Und Händels Opern, diese hochgepeitschten Heldenstücke, münden schon zu seinen Lebzeiten im Leerlauf. Für kurze Zeit belebt das 19. Jahrhundert diese Opernform wieder, als Komponisten wie Bellini oder Donizetti ähnliche Vorlagen für Kehlkopfakrobaten schaffen und innere Substanz durch äußeren Stimmglanz und reißerische Effekte verdecken. Es bleibt, zum Glück, eine Scheinblüte. Die Opernzukunft gehört Musikdramatikern wie Mozart und Wagner, Verdi und Puccini, die in der Musik menschliche Wahrheit zum Ausdruck bringen.

Dennoch: Die musikhistorische Bedeutung der Händel-Opern besteht vielleicht gerade darin, daß hier ein großer Komponist mit aller Kraft und Konsequenz seines überdimensionalen musikalischen Talents einen bestimmten Weg bis an sein äußerstes Ende ausgeschritten hat. Von hier an geht es nicht weiter. Neue Wege müssen gesucht werden. Ein Gluck oder später ein Mozart finden sie. Von da an fängt die moderne Oper an, die zu Verdi, Wagner und Puccini führt. Die Frage bleibt, ob dieser Weg auch gefunden worden wäre, hätte nicht zuvor ein Händel das Terrain auf seine Möglichkeiten und vor allem seine Unmöglichkeiten hin erforscht. Das »Nein« späterer Generationen zur Händel-Oper wird ein »Ja« zum modernen Musiktheater.

So tut sich zwar unser Jahrhundert, das sich von etwa 1910 an mit der Wiederbelebung von Händel-Opern herumplagt, mit den Werken selbst schwer, und von der Ausnahme gelegentlicher »Julius Caesar«-Produktionen einmal abgesehen, ist keine Händel-Oper so selbstverständlich ins große, überdauernde Repertoire eingegangen wie Glucks »Orpheus und Eurydike« oder Beethovens »Fidelio«, wie die meisten Mozart- oder Verdi-Opern. Aber all diese Opern wären vielleicht ohne das Händel-Werk gar nicht erst entstanden. Auch ein Irrweg will erst einmal erkundet sein, und so mag man es als Glücksfall der Musikgeschichte sehen, daß dieser Kundschafter ein so gründliches, mutiges und kraftvolles Genie wie Händel war.

Und die Oratorien? In ihrer von Gluck so gerühmten einfachen Größe sind sie wohl von Anfang an Händels eigentliche Form des Musiktheaters. Und auf dem langen Weg von »Esther« bis »Jephta« öffnen sich nicht nur ihm selbst, sondern dem gesamten Musiktheater Möglichkeiten, die schon weit in die Zukunft der Nach-Händel-Oper weisen.

Eine Vermutung sei gewagt: Ein jüngerer, von keiner Krankheit geschlagener Händel hätte spätestens von »Jephta« an eine neue Form des Musikdramas entwickelt und vielleicht selbst die ersten modernen Opern geschrieben. Denn von »Jephta« bis dort ist es nur ein Schritt. Händel hat ihn nicht mehr tun können. Aber das Muster ist in seinen Oratorien vorgezeichnet: die neue Funktion des Chors als Handlungsträger, wie sie später Verdi zur Vollendung führt, die Konzentration auf wenige Personen und klare, durchschaubare, nur in der Musik voll zu erfassende und darzustellende Konflikte.

Das ist, im Kern, die gültige Operndramaturgie. Händels Oratorien nehmen sie mit seherischer Kraft voraus. Und in diesem Zusammenhang ist es schade, daß sich die äußere Form heutigen Musiktheaters gegen die szenische Neubelebung von Händel-Oratorien zu sperren scheint. Doch sprechen gerade in diesen Jahren Anzeichen dafür, daß sich das Musiktheater an dieses Abenteuer wieder wagen will. »Deborah« oder »Belsazar« finden sich schon vereinzelt in Spielplänen. Und »Jephta« wird derzeit so häufig inszeniert, daß man fast von einer kleinen »Jephta«-Welle sprechen kann. Vielleicht geht also gerade dieses schönste und schwierigste Händel-Oratorium ins künftige große Repertoire ein.

So endet Georg Friedrich Händel als doppelter Sieger: über sich selbst, da er aus seinem ursprünglichen Opernirrweg herausfand, und über die Oper, die er sich mit Hilfe seiner Oratorien unterwarf – ein Kampf voller Niederlagen und Rückschläge, aber im Ende der bleibende Triumph. In seinem Hintergrund hallen die Jubelchöre des »Messias«.

Händel hört sie ein letztes Mal am 7. April 1759, eine Woche vor seinem Tod. Das Werk steht am Ende seiner letzten Oratorienspielzeit und hat sich mit drei Aufführungen neben den anderen Werken dieser Saison erfolgreich behauptet. Nach Händels Tod wird dann Tradition, was bei der Londoner Uraufführung noch ein Mißverständnis war: Beim Schlußchor erheben sich die Zuhörer. Wie überhaupt in England Händel-Oratorien bis heute mehr wie musikalische Gottesdienste behandelt werden und darüber oft übersehen wird, was für ein kräftiges, sinnliches Theater sie sein können.

Nach dem letzten »Messias«-Besuch soll es für Händel eigentlich zur Kur nach Bath gehen. Aber dazu kommt es nicht mehr. Händel ist für die Reise schon zu schwach. Er dämmert nur noch vor sich hin, bleibt die Tage über im Bett und hat nicht einmal mehr den vertrauten großen Appetit. Mögliche Besucher werden schon an der Tür abgefangen: Der Meister ist für keinen mehr zu sprechen. Und an seinem morschen Leib zehren die Mittelchen des Mr. Taylor, der schon Bach zu Tode kuriert hatte.

Noch einmal die Parallele zwischen den beiden Titanen, ihr heimliches Duell: beide blind am Ende ihres Lebens, beide in den Klauen des gleichen Stümpers. Und mit Händels Tod enden nicht die Überschneidungen. Denn kurz nach seinem Ende trifft in London ein Komponist der jungen Generation ein. Er wird ähnliche Triumphe feiern wie einst Händel, wird ähnlich vergöttert und umschmeichelt, ein neuer, junger Händel gleichermaßen, der neue, große Superstar; Johann Sebastian Bachs Sohn Johann Christian.

Der Weg des Bach- und Händel-Werks durch zwei Jahrhunderte setzt den Zweikampf fort. Zunächst ist noch Händel der unangefochtene und alles andere überschattende Riese, während Bach mehr der Geheimtip für Kenner bleibt. Gluck und Mozart verehren Händel, Mozart orchestriert seinen »Messias«. Auch Bach-Wiederentdecker Felix Mendelssohn gehört gleichfalls zur Händel-Gemeinde. Und Bach-Verehrer Beethoven ist zugleich der allergrößte Händel-Verehrer überhaupt. Noch auf seinem Sterbebett läßt er sich nach und nach die vierzig Bände der 1787 erschienenen Gesamtausgabe reichen, streichelt die Notenblätter und murmelt dazu: »Händel ist der größte, der tüchtigste Komponist: von dem kann ich noch lernen!« Seine einzige Oper »Fidelio« trägt denn auch manche Züge eines Händel-Oratoriums.

In Händels englischer Wahlheimat bleibt es bei dieser vergötternden Bewunderung. Schon 1784 wird Händels 100. Geburtstag ungeachtet des kleinen Rechenfehlers mit ungeheurem Pomp gefeiert, und bis heute blieben Händel-Feste Tradition. Stolz kann sich sein Denkmal über dem Grab in Westminster Abbey erheben. Vorsorglich wie immer hatte Händel auch dafür in seinem Testament eine bestimmte Summe eingesetzt, nicht zu groß und nicht zu klein. Und so ruht er denn dort in der Nachbarschaft »anderer guter Gräber«. Seine deutsche Herkunft scheint vergessen. Der Mann aus Halle gilt als der große englische Komponist schlechthin, und seine Musiken sind britisches Nationalheiligtum.

Deutschland tut sich schwerer mit dem großen Mann. Dort kommt im 19. Jahrhundert die große Bach-Renaissance auf, und Händel wird darüber nicht gerade vergessen, aber doch deutlich beiseite gedrängt. Dabei machen sich auch gleich sehr dumme und sehr typische Vorurteile Luft.

Das 19. Jahrhundert ist die große Zeit des Nationalismus – aber wie steht es nun mit Händels Nationalgefühl? Was für ein Landsmann war überhaupt dieser naturalisierte Engländer? Muß man es nicht geradezu als Verrat an der Heimat werten, daß er ihr die Fremde vorgezogen hat? Und noch etwas anderes kommt hinzu, genauso dumm und typisch.

Die Romantik des 19. Jahrhunderts hat einen neuen Künstlertyp hervorgebracht. Der Maler Carl Spitzweg persifliert ihn auf seinem Gemälde vom »armen Poeten«. Dort sieht man, wie ein Genie gefälligst auszusehen hat: arm und krank, in einer armseligen Mansarde, wo er mit klammen Fingern und knurrendem Magen unsterbliche Werke schafft, die dann erst (welch Wunder!) die Nachwelt in all ihrer Größe und Schönheit erkennt. Das ist ein rührendes Bild und zugleich ein Trost für alle, die ihrerseits nur auf die Nachwelt hoffen können. Das ärmliche Leben eines Mannes wie Bach kommt diesem Klischee recht nahe. Händels Schicksal widerlegt es aber in jeder Einzelheit.

Händel hat *keine* schwere Jugend. Er ist *nicht* arm und krank. Er wohnt in schönen Häusern und hat Zeit seines Lebens mehr Erfolg und Geld, als sich für ein rechtschaffenes Genie gehört. Und er muß auch nicht erst von der Nachwelt entdeckt werden. Da will man doch wenigstens etwas an seiner bleibenden Bedeutung kratzen, und sei es nur dadurch, daß man gegen Händel immer wieder unseren guten Bach ausspielt. Über Bach lassen sich so herrlich billig Tränen vergießen, vor allem von denen, die zu seinen Lebzeiten kaum ein Achselzucken für ihn gehabt hätten: Einem so armen Mann verzeiht man sogar sein Genie. Händels lebenslanger Sternenflug hingegen schüchtert auch nach seinem Tod noch ein und provoziert bis heute Neid und Ressentiments.

Diese Ressentiments stehen nicht im Vordergrund der Bach-Händel-Bewertung. Aber sie bestimmten doch lange ihren Hintergrund. Heute ist zu hoffen, daß man zum einzig möglichen Standpunkt gefunden hat und jedem der beiden Titanen sein eigener, unvergleichbarer Stellenwert zugebilligt wird. Oder wie es beim Wettstreit zwischen Händel und Bononcini hieß: Man lasse einen jeden Musiker auf seine Art gelten, und man hat die herrlichste Musik der Welt. Tatsächlich läßt sich beider Lebenswerk, trotz der rätselhaften Parallelen in beider Schicksal und Persönlichkeit, nicht vergleichen. Bach-Musik verblüfft bis heute durch ihre schier unbegrenzte Universalität. Sie war schon bei ihrer Entstehung an keine Zeit gebunden. Heute will scheinen, als ob jede Zeit sie für sich neu und anders entdecken kann. So war es in unserem Jahrhundert unter anderem der von Amerika her kommende Jazz, der plötzlich die Nähe zu Bach spürte, und Jazzplatten mit dem Titel »Play Bach« wurden populäre Riesenerfolge. Bachs musikalischer Kosmos leuchtet eben in unzähligen Farben und bietet immer wieder Raum für neue Überraschungen.

So gibt es bei der Wiedergabe von Bach-Musik auch nicht den einzig möglichen Interpretationsstil. Als der Komponist noch ganz als der fünfte Evangelist galt, der erdentrückte Kirchenvater aller Musik, wurde auch sein Werk so streng und weltentrückt gespielt, als sei jeder sinnliche Beiklang pure Gotteslästerung. Das hat sich gewandelt. Das Weltliche im Kirchenmann, seine durchaus diesseitige Natur sind nicht länger ein Tabu. Bach-Musik wird heute fröhlicher, farbiger gespielt als noch vor Jahrzehnten. Seine Matthäus-Passion konnte sogar Vorlage für ein Ballett werden. Und diesen Wandel illustriert eine hübsche Anekdote von einem bekannten Dirigenten, der bei einer Bach-Probe das Orchester um mehr »Sinnlichkeit« bittet. Die Musiker sind entsetzt: Sinnlichkeit beim heiligen Bach! Der Dirigent: »Meine Herren, Bach hat zwanzig Kinder gezeugt. Glauben Sie, daß auch das ganz ohne jede Sinnlichkeit abgegangen ist?«

An der Sinnlichkeit Händelscher Musik ist nie gezweifelt worden. Allerdings: es ist die Sinnlichkeit einer Zeit, die in den Jahrzehnten des Händelschen Lebens- und Schaffenswegs zu Ende ging. Die leuchtenden Farben des Hochbarock dämpften sich zum vernünftigen Grau der Aufklärung. Die kolossalen Herrschergestalten in ihren ausladenden Monstreschlössern verschwanden. Frankreich setzte ihrer Epoche mit der Großen Revolution von 1789 ein Ende. In England brach mit dem Siegeszug der Dampfmaschine die Industrialisierung herein, schuf Arbeiterproletariat und soziale Frage, und ihre Rußwolken legten sich schwer über das Bunt von *merry old England*. Fortschritt wurde das genannt, und er war wohl nötig und nicht aufzuhalten. Wieviel an leuchtender Lebenslust darüber aber auch verlorenging, lehrt der volle, satte Klang Händelscher Musik und ihre über den Bogen von 250 Jahren hinweg strahlende lebens- und todesbejahende Vitalität. Sie gehört nicht nur zu einer bestimmten Zeit. Sie ist auch Ausdruck für die ganz persönliche Vitalität Händels, dieses großen Herrn, der sich seine Musik mit gebieterischer Geste unterworfen hat.

Sein letztes Porträt von 1756 zeigt Händel noch einmal als einen solchen großen Herrn. Der Maler Thomas Hodson verschweigt gnädig alle Anzeichen körperlichen Verfalls. Die blinden Augen blicken dunkel. Den kranken Leib verhüllt ein kostbarer Rock mit viel Goldstickerei. Die eine Hand ist napoleonisch in der Weste vergraben, die andere knüllt herrisch und elegant zugleich einen Handschuh. Der Künstler als Fürst – vielleicht nur noch einmal hat es in der Kunstgeschichte diesen Typ ähnlich stark ausgeprägt gegeben, beim Maler Peter Paul Rubens. Aber der Diplomat und Staatsmann Rubens war von Hause aus ein großer Herr. Der Arztsohn aus Halle wird es allein durch seine Kunst.

Ohne diese Kunst kann der Künstlerfürst nicht bestehen. Sie ist sein eigentliches, einziges Reich und seine ganze Welt dazu. Schütz ohne Musik – das wäre vielleicht der kluge, kultivierte, auf seine Weise erfolgreiche Großbürger geworden. Bei einem Bach ohne dessen Genie dürfen wir vermuten, daß er sich wie schon sein Vater in jede Stellung gefügt hätte, die ihm seine kleine, arme Welt ließ. Aber Händels Wesen und die Selbstbescheidung auf irgendeine bürgerliche Existenz? Das ist schlicht undenkbar. Er kann nur ein Fürst sein. Er braucht seinen Thron. Und da er ihn nicht von Geburt an hat, erobert er ihn sich selbst.

Händel ist ein Vielfraß. Er schlingt nicht nur pfundweise Austern, ganze Hammelkeulen, halbe Ochsen in sich hinein. Er ist ebenso gefräßig in seiner Kunst. Er gibt und nimmt, er reißt an sich, in raubtierhafter Beutelust. Wie viele seiner Werke sind kaum anderes als Potpourris, zusammengeklaubt aus früheren Arbeiten, von anderen, von sich selbst. Händel, immer in Eile, immer schon das nächste Werk im Kopf, kennt keine Hemmungen. Er packt einfach zu, greift nach Motiven, Melodien, Stilarten, wie er sie gerade gebrauchen kann.

Das hat wenig mit Bachs holdselig-unbefangener Naivität beim Umgang mit fremden Mustern zu tun. Bach eignet sich Musik an. Händel unterwirft sie sich wie ein Entdecker fremde Länder. Er ist dabei allein, ohne den Halt einer bestimmten Kunst- und Weltanschauung wie Schütz, ohne die von Kindheit an geübte Selbstbescheidung Bachs. Er hat auch, anders als Schütz und Bach, keine Schüler. Es gibt keine Händel-Schule, die in seinem Geist über ihn hinauswirkt. Er kann und will nichts weitergeben. Sein Reich gehört ihm allein. Er ist auf diese Weise vielleicht der erste große Einzelgänger der Musik, wie nach ihm alle großen Musiker Einzelgänger sein werden. Seine Musik dient endgültig keinem Gott mehr. Endgültig ist sie nun in die Freiheit entlassen. Diese Freiheit hat den Preis der Einsamkeit. Händel zahlt ihn.

Schütz hätte Händel nicht verstanden, Bach die innere Nähe nur schaudernd gespürt. An ihrem Ende sind aber alle drei blinde, alte Männer, die sich fragen könnten, was nun ihnen selbst ihr Werk gebracht hat. Persönliches Glück, die letzte große Zufriedenheit? Das sicher nicht, keinem Schütz in seinem verzweifelten Bemühen, die Kunst einer alten Zeit in eine neue hinüberzuretten, keinem Bach bei seinen Fluchten vor alltäglichen Widrigkeiten in die Höhen seines Genies und auch keinem Händel bei seinem lebenslangen Einzelgang. Und auf jeweils seine Weise hat wohl auch keiner der drei darauf Anspruch erhoben.

Glück – das haben diese drei Männer mit ihrer Musik immer nur anderen gebracht. Das allerdings noch drei- und vierhundert Jahre nach ihrer Geburt.

Literatur

Allgemein

Werner Bachmann, Musikgeschichte in Bildern. Leipzig 1976
Werner Braun, Die Musik des 17. Jahrhunderts. Wiesbaden 1981
Friedrich Blume, Die Musik in Geschichte und Gegenwart. Kassel 1968
Walther Hubatsch, Das Zeitalter des Absolutismus. Braunschweig 1970
Marc Honegger/Günther Massenkeil, Das große Lexikon der Musik. Freiburg 1980
Hans Joachim Moser, Musikgeschichte in 100 Lebensbildern. Stuttgart 1958
Gill Rowley, Das neue Buch der Musik. Hamburg 1979
Horst Seeger, Opernlexikon. Berlin 1978

Heinrich Schütz

Otto Brodde, Heinrich Schütz. Weg und Werk. Kassel 1972
Hans Joachim Moser, Heinrich Schütz. Sein Leben und Werk. Kassel 1936
Erich H. Müller, Heinrich Schütz. Gesammelte Briefe und Schriften. Regensburg 1931
Richard Petzold, Heinrich Schütz und seine Zeit in Bildern. Kassel 1972

Johann Sebastian Bach

Carl Hermann Bitter, Carl Philipp Emanuel Bach und Wilhelm Friedemann Bach und deren Brüder. Berlin 1868
Ernest Borkowsky, Die Musikerfamilie Bach. Jena 1930
Walter Dahms, Johann Sebastian Bach. Ein Bild seines Lebens. München 1972
Karl Geiringer, Die Musikerfamilie Bach. München 1958
Karl Geiringer, Johann Sebastian Bach. München 1971
Walter Haacke, Die Söhne Bachs. Königsstein 1972
Wilhelm Hitzig, Johann Sebastian Bach. Sein Leben in Bildern. Leipzig 1935

Bernhard Knick, St. Thomas zu Leipzig. Wiesbaden 1963
Walter Kolneder, Bach-Lexikon. Bergisch Gladbach 1982
Luc-André Marcel, J. S. Bach. Hamburg 1963
Erich H. Müller, Johann Sebastian Bach. Gesammelte Briefe. Regensburg 1838
Werner Neumann, Bach. Eine Bildbiographie. München 1960
Bernhard Paumgartner, Johann Sebastian Bach. Leben und Werk. Band 1. Zürich 1950
Richard Petzold, Johann Sebastian Bach. Leipzig 1970
Willi Reich, Johann Sebastian Bach. Leben und Schaffen. Zürich 1957
Max Schneider, Bach-Urkunden. Leipzig 1971
Hans Joachim Schulze, Leben und Werk in Dokumenten: Johann Sebastian Bach. Kassel 1975
Philipp Spitta, Johann Sebastian Bach. Leipzig 1873–80/Wiesbaden 1961

Georg Friedrich Händel

Antoine-E. Cherbuliez, Georg Friedrich Händel. Leben und Werk. Olten 1949
Karl Gustav Fellerer, Georg Friedrich Händel. Leben und Werk. Hamburg 1953
Richard Friedenthal, Georg Friedrich Händel. Hamburg 1959
Walter Haacke, Georg Friedrich Händel. Eine Schilderung seines Lebens. Königsstein 1958
Paul Henry Lang, Georg Friedrich Händel. Basel 1979
Hugo Leichtentritt, Händel. Stuttgart 1924
Hans Joachim Moser, Georg Friedrich Händel. Kassel 1952
Joseph Müller-Blattau, Georg Friedrich Händel. Potsdam 1933
Paul Nettl, Georg Friedrich Händel. Berlin 1958
Romain Rolland, Haendel. Zürich 1925
Walther Siegmund Schultze, Georg Friedrich Händel. Leben und Werk. Leipzig 1954
Walter Seranky, Georg Friedrich Händel. Sein Leben, sein Werk. Kassel 1956

Personenregister